中国人民解放军总医院
博士、儿科副主任医师
刘英◎主编

精英宝宝三部曲：
胎教、早教、喂养

中国人口出版社
China Population Publishing House
全国百佳出版单位

我们坚持以专业的精神，科学的态度，为您排忧解惑。

第一部 胎教

01 胎教基本理论

02 胎教十大方法

03 40周胎教课程

第二部 早教

第1个月 宝宝初来乍到

第2个月 宝宝会笑了

第3个月 宝宝会抬头了

第7个月 宝宝会坐了

第8个月 宝宝匍匐前进

第9个月 生活逐渐规律化

第10个月 向直立行走迈进

第11个月 迈出人生第一步

第12个月 对自由无限向往

第13~15个月 小手越来越灵活

第16~18个月 喜欢探索和挑战

第19~21个月 宝宝会原地起跳了

第22~24个月 观察能力日渐敏锐

第25~30个月 聪明活泼的宝宝

第31~36个月 宝宝身心大飞跃

第三部 喂养

01 母乳是宝宝最好的食物

02 充满爱意地喂奶粉

03 添加辅食与温情断奶

04 做宝宝的家庭营养师

早教六法则

法则一：生活教学法则　家庭是孩子的学校，游戏是孩子的生活，随时注意留心引导。

法则二：放松法则　孩子轻松自在时，学习更有效，孩子也容易进入有意识地学习状态。

法则三：奖赏法则　研究表明：受到表扬和肯定的行为会在孩子身上重复出现。

法则四：全面发展法则　智能是多元的，家长要全方位培养孩子。

法则五：充分发展法则　不仅要全面发展，还要最大限度地挖掘孩子的潜能。

法则六：快乐法则　孩子快不快乐是能否健康发展的前提，努力发掘孩子快乐的源泉。

——罗耀先

第一部 胎教

同智力曙光同时开始

卡尔威特说道：“对于孩子来说，最重要的是教育而不是天赋，孩子成为天才还是庸才，不是决定于天赋的多少，而是决定于**出生之前直到五六岁**的教育。对孩子的教育必须同孩子的智力曙光同时开始。”

胎教基本理论

认识胎教

胎教的真正含义

《辞海》中对胎教的词条是这样解释的："古人认为胎宝宝在母体中能够受孕妇言行的感化，所以孕妇必须谨守礼仪，给胎宝宝以良好的影响，叫'胎教'。"也就是说，胎教，一方面是胎，一方面是教，它是胎与教相结合的学问。胎是受教育的实体，教是指胎宝宝在母体内能受到各方面的感化并接受教育、教养之意。孕妇在各方面有意识地、主动地采取一些相应的措施，对胎宝宝进行良好影响的方法就是胎教。

胎教有广义和狭义之分。广义的胎教，是指为了促进胎宝宝生理和心理健康发育成长，同时确保孕产妇能够顺利度过孕产期所采取的精神、饮食、环境、劳逸等各方面的保健措施。因为如果没有健康的母亲，就不能生育出健壮的宝宝。

狭义的胎教，是指妊娠期间，在加强孕妇的精神、品德修养和教育的同时，重点通过母体，利用一定的方法和手段，刺激胎宝宝的感觉器官，以激发胎宝宝大脑和神经系统的有益活动，从而促进胎宝宝的身心健康发育。

我们通常所说的胎教，一般是指狭义的胎教。然而，广义和狭义的胎教是统一的，两者不可偏废，通过孕妇保健和对胎宝宝感官有益的刺激是胎教的两个方面，它们属于有机组成的整体，是不可分开的。

胎教可行性的依据

一般人通常都认为育儿工作是在婴儿出生后才开始的。事实上，胎宝宝在母亲子宫里，与母亲血脉相通，母亲通过一些正确的胎教方法，完全可以促进宝宝各种潜力的发展。

如今，还有很多人认为胎教是唯心主义的东西，认为胎宝宝在深“宫”内什么感觉也没有，就连产科医生在20世纪五六十年代也认为刚出生的宝宝什么也听不到，什么也看不见，甚至对胎教还产生着怀疑的态度。

随着科学技术特别是特殊检查记录仪器设备的发展，如B型超声扫描仪、胎心监护仪、胎宝宝镜的发展，使原先一无所知的有关胎宝宝的感知觉问题，对各种刺激的反应和受刺激后胎宝宝心跳和呼吸与胎动的变化乃至胎宝宝在子宫内喝羊水、撒尿与吃手的动作，都被观察或记录下来了。

更有趣的是，近年来北京医科大学所属的北京人民医院、北大医院、北京协和医院的科研人员一起合作，用各种仪器设备实验与观察记录到胎宝宝可以听到外面环境中的各种声音，并且在吵闹声音刺激下胎宝宝会心跳加快、胎动增强甚至生气地踢腿，在轻柔舒缓的音乐刺激下又由烦躁转为安静，胎心由原先的增快而渐渐减缓到原先安静状态下的胎心率上来，胎动也由受吵闹时的增强而减弱下来，直至安详地入睡。

国内外的实验报告，都说明了胎龄在4～5个月以上的正常胎宝宝，已经具备了人的一些感知能力，特别是听觉、视觉与触觉已经初步建立。这样，从前人们一无所知的胎宝宝能力范畴内的问题，随着科学技术的发展逐渐被人们发现和得到正确的认识。

这说明4～5个月的胎宝宝不仅具备了接受教育的条件，而且符合胎宝宝生长发育的实际情况，因此，胎教是科学的、可行的。

正确看待胎教的效果

常常听到一些爸妈抱怨："我们当初也是很积极的在做胎教，尝试了很多种胎教方法，可是为什么宝宝生出来之后，并没有成为天才儿童呢？"言语之间对胎教颇感失望。

之所以有这样的抱怨，是因为爸妈没有正确看待胎教的效果。胎教是在优孕和养胎的基础上，通过母亲对胎宝宝身心发展提供的良好影响，而对宝宝的成长发育起促进作用，是集优生、优育、优教于一体的一门实用科学，但并不是培养神童的手段。

尽管现代医学为胎教提供了可行的依据，也有诸多实验、实例证明了胎教的可能，但我们要以科学的态度审视胎教，肯定胎教的结果，绝对不要夸大胎教的作用；可以保留对胎教的传统认识，但不拒绝对胎教的尝试。

胎教是一种比较特殊的教育，胎宝宝在宫内的学习与出生后宝宝的教育都不一样，不同于一般的学习概念和学习功利性。

胎教并不是要向胎宝宝灌输生活知识和科学知识，而是为了促进胎宝宝的身心发育，提高胎宝宝的个体功能，对胎宝宝的心灵起到塑造、健全和完善的作用。也就是说，是为了促使胎宝宝素质优良化。如果带着功利的目的进行胎教，结果或许会令人大失所望，因为胎宝宝毕竟还没有出生，其各方面的能力尚处于雏形阶段，谁也不敢保证会有立竿见影的效果。

以科学的态度看待胎教，科学地实施胎教，从而收获胎教的效果，这便是我们所倡导的科学的胎教观。

胎教的作用

胎教对胎宝宝智力的影响

由于胎教的内容情感化、艺术化，集形象和声音于一体，从而可以促进胎宝宝右脑的发育，使宝宝出生后知觉和空间感灵敏，更容易具有音乐、绘画、几何和空间的鉴别能力，并使宝宝情感丰富，形象思维活跃，直觉判断准确。同时，胎教给胎宝宝大脑以新颖鲜明的信息刺激，具有怡情养性的作用，从而又有利于胎宝宝大脑的健康和成熟。

此外，胎教还有利于胎宝宝大脑潜能的全面开发。由于胎教重视情感化和形象化，使胎宝宝的语言学习和数学等知识学习变得容易，这样也就调动了胎宝宝左脑的功能，使左右脑功能得到互补，使胎宝宝出生后大脑的潜能得以更好发挥和利用。

胎教对胎宝宝心理的影响

胎教给胎宝宝的心理影响是积极的，不仅有利于胎宝宝感知能力的培养，而且有利于胎宝宝情感接受能力的培养，使胎宝宝未出世就容易在感知、情感等方面和爸妈相互沟通和交流。

抚摸胎宝宝时，胎宝宝会做出相应的动作；为胎宝宝播放音乐或唱歌时，胎宝宝会变得很安宁，这都是感知能力和情感接受能力的体现。这两种能力是基本心理功能，有了这两种能力，胎宝宝出生后在成长过程中就能更好地接受审美教育，具有想象、直觉、顿悟和灵感能力，并具有情感体验、调节和传达的能力，使宝宝心理得到健全发展。

胎教对胎宝宝个性的影响

胎教对胎宝宝的影响是整体性的，因此胎教有助于胎宝宝出生后精神素质各个方面的塑造，即有助于人格的完善。人格又称个性，即一个人各种心理特征的综合。

如果一个人能够在人生的开始就受到整体性的审美教育，那么这种教育就会对一个人的心灵产生长远的、深刻的、潜移默化的影响，最终使这个人的人格趋向完善，并使这个人成为一个真诚、善良、美丽的人，成为能够自我认识、自我完善和自我实现的人。

胎教就是人生最早的审美教育，对一个人的发展起着开创性的作用。澳大利亚和我国的专家对胎教儿童的追访表明，受过胎教的儿童大都性格活泼、爱活动，而且身体健康、聪明好学。

受过胎教的宝宝的特点

1.不爱哭

受过胎教的婴儿虽然在饥饿、尿湿和身体不适时也会啼哭，但得到满足之后便会停止。他们感音能力较好，每当听到妈妈的脚步声、说话声就会停止啼哭。宝宝比较容易养成正常的生活规律。如在睡前播放胎教音乐或妈妈哼唱催眠曲就能使婴儿很快入睡，出生后能较早地养成白天醒、晚上睡的习惯。

2.能较早与人交往

受过胎教的婴儿出生2～3天就会用小嘴张合与大人“对话”，20天左右就会逗笑，两个多月就能认识爸妈，3个多月就能听懂自己的名字。

3.较早学会发音

受过胎教的婴儿两个月时会发几个元音，4个月会发几个辅音，5～6个月发出的声音能表达一定的意思。

4.较早地理解语言

受过胎教的婴儿4个半月时能认出第一件东西，6～7个月时能辨认手、嘴、水果、奶瓶等。这样的婴儿能较早理解“不”的意思，早期学会服从“不”的宝宝更懂事、更听话。他还会较早学会用姿势表示语言，会做“欢迎”、“再见”、“谢谢”等动作，也能较早理解别人的表情，所以显得特别聪明可爱。

5.较早地学会说话

经过胎教和早教的宝宝9～10个月时，就会有目的地叫爸妈，如果出生后不继续给以发音和认物的训练，胎教的影响在6～7个月后就会消失。受过胎教和早教的宝宝在20个月左右便能背诵整首儿歌，并且也能背数字。受过胎教的宝宝入学后学习也会比较好。

胎教的内容

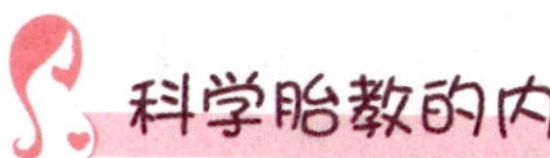

科学胎教的内容

1.合理营养

在胎宝宝脑细胞形成的关键时期，如果缺乏蛋白质就会影响脑的发育，以后难以弥补，会造成永久性的伤害。怀孕后，母体会出现一系列的生理变化，并会带来各种不适，如妊娠呕吐、偏食等，这都可能给母体的营养和情绪带来不利的影响。因此，孕妇应合理安排好生活和饮食，选择的食物应多种多样，营养要平衡、全面，千万不要偏食、挑食或节食。

2.稳定情绪

在妊娠期间，母体的情绪稳定是胎宝宝健康的基础和开发智力的基本保证。孕妇情绪的变化会引起体内的生理变化，如惊恐、暴怒会引起肾上腺素分泌增加，使血管收缩，子宫供血减少，对胎宝宝发育不利，因此，在安排好生活和饮食，保证供给足够的营养物质的同时，还要尽量保持情绪稳定，避免大的波动。但是，为了给宫内胎宝宝以各种良好的精神刺激，除了避免过度愤怒、悲伤、焦虑等不良情绪刺激以外，适当地欢笑、激动、思考等还是十分需要的。

3.语言训练

爸妈通过动作和声音与腹中的胎宝宝对话，用文明礼貌、富有哲理的语言有目的地和胎宝宝讲话，给胎宝宝大脑新皮质输入语言印记，能促进胎宝宝出生后的语言及智力方面的良好发育。爸妈可以将日常生活中的事项及科学知识等简单明了地讲述给胎宝宝听，注意语言应丰富、生动、富有感情。

4.激发胎宝宝的运动积极性

胎宝宝长到4～5个月时，就会开始出现胎动，并会做各种动作了，小至吞咽、眯眼、握拇指、握拳头，大到伸展四肢，转身、翻筋斗。由于肢体的运动功能和大脑的思维活动相互促进，由此可以通过抚摸孕妇的腹壁来训练和激发胎宝宝运动的积极性。

5.给胎宝宝美的熏陶

孕妈妈在工作之余欣赏一些美的绘画、书法、雕塑及戏曲、舞蹈、影视作品，并常到大自然中去欣赏美景，不仅可以使自身得到休息、娱乐并伴有清爽、舒适的感觉，还可以增长知识，增添青春的活力，胎宝宝在腹中也会得到灵性的熏陶。

6.欣赏音乐

妊娠早期，孕妇可以通过欣赏音乐的方式调节心情，愉悦情绪，给胎宝宝舒适的内环境，从妊娠6个月起，孕妇可以让胎宝宝自己听音乐，以锻炼胎宝宝的听觉能力和对胎宝宝进行音乐熏陶。

科学胎教的内容还包括孕前夫妻双方的准备，受孕时刻的科学选择以及妊娠期其他教育手段。所以在整个孕期，孕妈妈都可以有选择性地实施胎教。

胎教应遵循的原则

自觉遵循胎教的基本原则，是胎教成功的前提和保证。胎教原则是人们进行胎教时必须遵循的准则，它反映了胎教的客观规律，同时也是千百年来胎教实践经验的概括和总结，贯穿于胎教的整个过程，对具体的胎教活动起着极为重要的指导作用。

1.自觉性原则

自觉性原则要求孕妈妈在正确认识胎教的重要意义的基础上，主动学习和运用胎教方法，有目的、有计划地进行胎教。

2.及时性原则

胎教过程具有不可逆转性，因此胎教必须尽早、及时地进行，否则错过了胎教的最佳时机，再采取措施就难以弥补。一般来说，胎教的最关键时期是怀孕5～7个月。

3.科学性原则

以科学的教育学、心理学和生理学、优生学等理论为指导，根据胎教过程的基本规律，恰当地选择胎教方法，引导胎宝宝在母体内更顺利、更健康地成长。

4.个别性原则

由于孕妈妈本人的智力、能力、气质性格等许多方面都存在着个体差异。所以，胎教的途径和手段也应该因人而异。此外，家庭经济状况、文化背景和生活情趣等也会给胎教活动带来一系列的影响。遵循个别性原则，能够扬长避短，收到较好的效果。

胎教何时开始好

胎教应从什么时候开始呢？自然越早越好。从广义上来讲，应该从择偶时就开始。选择对象时就应考虑对方的思想品质、性格气质、健康状况以及相貌、教养、彼此的感情等多种因素。从狭义上来讲，则应从受孕，即新生命诞生的“人之初”开始。

幼儿具有很大的智力潜能（从胎宝宝时起），这与胎宝宝脑细胞的发育有关。人脑的140亿个神经细胞绝大部分是在3岁以前形成的，胎宝宝的脑神经发育从受孕后2周即开始分化，一直发育到3岁，出生后脑神经细胞急剧地生长出许多触突，互相联系，这时大脑主要的功能已基本完善。

脑细胞存在着很大的潜能，一般人只利用了其1/4，还有3/4的潜能未被开发，如果从胎宝宝期就开始进行超前教育，就可能最大限度地开发智力的潜能。因此，我们必须紧紧抓住这一重要时机，正确实施科学有效、切实可行的胎教手段，最大限度地开发胎宝宝的智力潜能，使其所有的能力在飞速发展的胎宝宝时期得到全面的发展，从而获得优越的先天遗传素质，使我们的宝宝更加聪明健壮。

胎教十大方法

营养胎教

什么是营养胎教

营养胎教是指，孕妈妈根据妊娠早、中、晚三期胎宝宝发育的特点，合理摄取食物中的六种营养素（即蛋白质、脂肪、碳水化合物、矿物质、维生素、水），尤其是科学摄取促进大脑发育的营养物质，以促进胎宝宝健康地生长发育。

为了做好营养胎教，首先应了解营养胎教。营养胎教至少包含两个方面：

一方面是满足营养需求。根据孕期的进程与胎宝宝发育的特点，合理摄取蛋白质、脂肪、碳水化合物、矿物质、维生素、水等六大营养素，以保证母胎双方对营养的需求，也就是胎教的物质基础。

另一方面是传递好的饮食习惯。胎宝宝出生后的生活与饮食习惯往往带有浓浓的母亲的影子。由此可见，营养胎教不等于以往单纯的摄取营养，仅限于母胎双方吃好、长好就行了，而是涉及食物的选择与组合、进食模式与习惯的更新等方方面面，展示出整个家庭累积的饮食科学与文明的程度，将优生的概念从胎宝宝期延伸到宝宝出生以后。

正因为如此，优生学家将营养胎教列为孕期第一胎教，的确颇有见地。

营养胎教的重要性

孕期饮食营养对胎宝宝是极其重要的，营养是胎宝宝发育的关键。胎宝宝是一个有一定独立性的机体，其消耗能量全部来自母亲饮食，因此孕妇的营养对胎宝宝的生长有着举足轻重的作用。

1.直接影响胎宝宝的发育

研究表明，人类脑细胞增殖和分化最旺盛的时期是在妊娠最后3个月和出生后1年左右。由于脑细胞发育在很多方面是不可逆的，因此在妊娠期间保证母体营养以使胎宝宝脑发育正常甚至优秀显得尤为重要。

通过母亲的合理饮食，促进胎宝宝大脑细胞数量的增加和质量的提高，为胎宝宝出生后良好的智力发育打下了基础。研究表明，孕期营养不良对胎宝宝的脑发育有阻碍作用。

2.保证胎盘的正常发育

孕期营养的重要性还表现在保证胎盘正常发育。胎盘是胎宝宝自母体汲取营养、排除代谢产物的主要通路。胎盘组织不仅被动转运营养物质，还进行正常代谢和主动转运，充足的孕期营养是胎盘正常代谢和发挥功能的前提条件。

如果孕期营养不足，尤其是伴有蛋白质、热量缺乏时，胎盘的正常代谢将受到影响，胎盘细胞数目减少、重量下降及发生功能性障碍，甚至可能导致流产、早产、死胎及出生低体重儿。

营养胎教的基本要求

既然营养胎教如此重要，那么营养胎教有哪些基本要求呢？

三餐定时 最理想的吃饭时间为早餐7～8点、午餐12点、晚餐6～7点，不论多忙碌，都应该按时吃饭。

三餐定量 三餐都不宜囫囵或合并，且分量要足够，注意热量摄取与营养的均衡，平分在三餐之中。

三餐定点 一边吃饭一边做别的事，例如开会或看电视都是不好的习惯。吃饭时最好固定在一个地点，进食过程从容不迫，保持愉快的心情。

以天然的食物为主 孕妈妈应该尽量多吃天然的食物，如五谷杂粮、青菜、新鲜水果等，烹调时也以保留食物原味为主，少用调味品。另外，少吃所谓的“垃圾食品”，多吃一些公认的健康食品。

合理安排孕妇的饮食

1.吃得不要太咸

不少孕妇孕前口味偏重，怀孕后也吃得比较咸，这样是不对的。孕妇摄取的钠离子过多，会导致妊娠期高血压疾病，发生死胎、胎宝宝发育不全、肺部发育不全；尤其是患有高血压、高血脂症、糖尿病、肾脏病的孕妇，更须少吃盐。所以，孕期切记清淡饮食。

2.均衡营养

妊娠期间，孕妈妈摄入营养的比例约为蛋白质10%～14%，油脂20%～30%，碳水化合物58%～68%。另外，由于孕妇子宫扩大压迫到肠道，比一般人更容易便秘，所以还需要能促进肠道正常蠕动的纤维素。

除此之外，亚麻油酸和次亚麻油酸也非常重要，因为它们是胎宝宝脑部发育所需的必需脂肪酸，且两者之间的比例最好在4：1～10：1之间，以帮助婴儿脑部和视网膜的发育。

怀孕女性最重要的就是要均衡摄取六大类食物，包括奶类、鱼肉蛋豆类、五谷根茎类、蔬菜类、水果类以及油脂类食物。孕期要注意调整饮食习惯，尽量均衡各类食物中所需要摄取的营养。

3.补充钙、铁

孕妇在怀孕晚期，会需要大量的钙质以通过胎盘供给胎宝宝，而一般孕妇所摄取的营养素中，钙质摄取的量和建议量的差距是最大的，所以需要补充钙质。另外，孕妇的铁质需求量比未孕时增加1倍左右，也需要补充铁质。

4.增加热量

妊娠期间，孕妇每天需要的热量应为每千克体重167千焦，要比平时多出3837～1675千焦。一般来说，妊娠早期每日应增加628千焦，妊娠中、晚期每日应增加1465千焦才够，孕妇不要因为害怕发胖而控制饮食，那样会导致孕期营养严重失衡。

情绪胎教

什么是情绪胎教

情绪胎教，是通过对孕妈妈的情绪进行调节，使之忘掉烦恼和忧虑，创造清新的氛围及和谐的心境，通过妈妈的神经递质作用，促使胎宝宝的大脑得以良好的发育。

孕妇情绪对胎儿的影响

尽管胎宝宝深居母亲的子宫内，但随着妊娠月份的增加，母儿之间的生命活动也日渐协调，胎儿与母体共同享受着人间的喜悦与温馨，伴随着母亲的精神心理节奏逐渐萌发出生命的智慧。

孕妇的心理活动要比一般人复杂得多，特别是在怀孕早期，由于早孕反应导致身体的不适，更容易使孕妇产生不好的情绪。再就是到了妊娠晚期，由于身体日渐笨重，以及对分娩的恐惧及担心宝宝生下来是否健康等问题也时常缠绕着孕妇，从而容易出现焦虑、恐惧等不良的情绪。

孕妇情绪的好坏，不仅直接影响自身的健康，而且对胎宝宝的影响也很大。医学研究表明，孕妇在情绪好的时候，体内会分泌一些有益的激素，以及酶和乙酰胆碱，有利于胎宝宝的正常生长发育。孕妇在情绪不良的情况下，如在应激状态或焦虑状态中，会产生大量的肾上腺皮质激素，并随着血液循环进入胎宝宝体内，使胎宝宝产生与母亲一样的情绪，并破坏胚胎的正常发育。

大量调查资料表明，孕妇在恐惧、愤怒、烦躁、哀愁等消极精神状态中，身体的各部分机能都会发生明显的变化，从而导致血液成分的改变，影响胎宝宝身体和大脑的正常发育。

医学研究还发现，妊娠7～10周内，是胎宝宝腭骨的发育期，此时孕妇的情绪若过度不安，则可能导致胎宝宝唇裂；孕期若过度恐惧、忧伤、高度紧张，或接受机体难以承受的精神刺激等，均可引起胎盘早剥，造成胎宝宝死亡。

孕妈妈的精神情志对胎宝宝形体影响就如此之大，更别提不良情绪对胎宝宝心理与智力的影响了。可见，孕期保持良好的精神状态是多么重要。

如何做好情绪胎教

（1）胸怀宽广，乐观舒畅，多想想宝宝远大的前途和美好的未来，避免烦恼、惊恐和忧虑。

（2）把生活环境布置得整洁美观，赏心悦目。还可以挂几张漂亮的娃娃头像，孕妇可以天天看，想象腹中的宝宝也是这样健康、美丽、可爱。多欣赏花卉盆景、美术作品和大自然美好的景色，多到郊外呼吸新鲜空气。

（3）饮食起居要有规律，按时作息，参与一些适当的劳动和锻炼。衣着打扮、梳洗美容应考虑有利于胎宝宝和自身健康。

（4）常听优美的音乐，常读诗歌、童话和科学育儿书刊。不看恐惧、紧张、色情、斗殴的电视、电影、录像和小说等。不要看刺激性强烈的杂志、刊物、报纸、电影等，以免孕妇的心理和情绪过于激动。

（5）情绪胎教的实施过程中，准爸爸也有着至关重要的作用。准爸爸应了解怀孕会使孕妈妈产生一系列生理、心理变化。应加倍爱抚、安慰、体贴妻子，做她有力的心理支柱，尽可能使妻子快乐，多做美味可口的食物。创造美好的生活环境，使生活恬静，谈吐幽默诙谐，双双憧憬美好的未来，这是做父亲给自己宝宝的第一份美好的礼物。

语言胎教

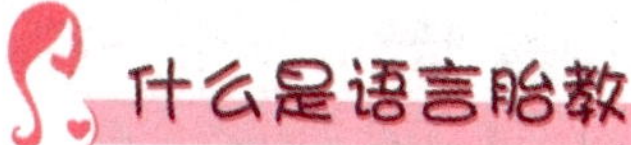

什么是语言胎教

孕妈妈及家人用文明礼貌、富于哲理和韵律的语言，有目的地对子宫中的胎宝宝讲话，给胎宝宝的大脑新皮质输入最初的语言印记，为后天的学习打下基础，这种方式称为语言胎教。

胎宝宝不断接受语言波的信息，使其在空白的大脑上增加“语音符号”。优美的语言不但可以刺激胎宝宝大脑的生长发育，而且还可以使孕妈妈进入愉快和宁静的状态。

如何进行语言胎教

胎宝宝从4个月开始就对声音有了感觉能力，因此，语言胎教可以在胎宝宝4个月时开始实施。但如果考虑孕妇愉悦的心情、充满爱意的抚摸和语言对胎宝宝早期气血形成方面的好处，语言胎教在胎宝宝开始形成时就可以进行。

怀孕早期可以配合抚摸胎教一起进行，孕妈妈边轻轻抚摸腹部，边说些温柔的、充满爱意的话，或者给胎宝宝讲一些有趣的胎教故事，这对胎宝宝不会有任何伤害，只有促使胎宝宝气血调和的作用。也可以与音乐胎教交替进行，有时说话，有时孕妈妈哼歌曲，有时播放音乐。

胎宝宝满6个月时，孕妈妈可以借鉴国外专家的一些方法，对胎宝宝开始系统性的语言胎教，即进行“胎宝宝对话”。同时也可以配合音乐胎教和抚摸胎教，或轮流进行这几项胎教内容。如能坚持，胎宝宝出生后会有不同的素质表现。

语言胎教的基本要求

1.语言讲解要视觉化

在给胎宝宝看画册或讲故事时，不能只念画册上的文字，而要把每一页的画面细心地讲给胎宝宝听，把画的内容视觉化。胎宝宝虽然不能看到画册上画的形象或外界事物的形象，但孕妈妈用眼看到的东西，胎宝宝用脑“看”即可以感受到。孕妈妈看东西时受到的视觉刺激，通过生动的语言描述就视觉化了，胎宝宝也就能感受得到。

2.将形象与声音结合

像看到影视的画面一样，先在头脑中把所讲的内容形象化，然后用动听的声音将头脑中的画面讲给胎宝宝听。这样的话，就是“画的语言”。这样，你就可以和胎宝宝一起进入你所讲述的世界。你所要表达的中心内容，也就会通过形象和声音输入到胎宝宝的头脑里。

3.把形象和情感融合

干巴巴地跟胎宝宝讲话，自然收不到好的效果，要创造出情景相生的意境。例如你到大自然中散步，一边走一边看，感到轻松愉快，有一种安详、宁静的情绪荡漾在心头的感觉。这时，你就用这样的心情把所见所闻讲给胎宝宝听：“宝宝，你看见红花和绿草了吗？它们是那么的美丽，等你长大了和妈妈再一起来这里好吗？”

语言胎教的注意事项

实施语言胎教时，首先要保持平静的心境并保持注意力的集中，其次在选择胎教书籍时应尽量广泛。如果某天没有太多的时间，也不要敷衍了事，哪怕只是选择一页图画，也要将故事的内容仔细、生动地传达给胎宝宝。

实施语言胎教的过程也是孕妈妈和准爸爸净化自己的过程，平时生活中应避免讲脏话，粗话和吵架，应以优美的语言充实、丰富、美化自己的生活，不断增强自己语言文学的修养，以使胎宝宝感受到爸妈之间和谐的情感和父爱母爱的伟大。

另外，实施语言胎教时，声音要轻柔。讲故事时要集中精力，保持平静的心态，尽量使讲故事的时间保持连续与固定，并反复讲同一则故事，以增强胎宝宝神经系统对语言的敏锐性，并有利于贮存语言信息和开发潜能。

音乐胎教

什么是音乐胎教

通过对胎宝宝有规律地传输优良的乐性声波，促使其脑神经元的轴突、树突及突触的发育，为优化后天的智力及发展音乐天赋奠定基础，称为音乐胎教。音乐的节奏作用于孕妈妈，也能影响到胎宝宝的生理节奏，使胎宝宝从音乐当中受到教育。

通过健康的音乐刺激，孕妈妈可以从中获得安宁与享受，分泌酶和乙胆碱等物质，发送胎盘供血状况同时使胎宝宝心律平稳，对胎宝宝的大脑发育进行良好的刺激。

音乐胎教的重要意义

音乐对人们的思想、情绪、文化生活产生着巨大的影响。健康的音乐，对于陶冶情操和性格，和谐精神生活，加强个人修养，增进身心健康，以及激发想象力等方面都具有良好的作用。同样，女性怀孕期间如能选择好胎教音乐，对孕妇和胎宝宝都有重要的意义。

在生活中，人们常常把那些适合于孕妈妈和胎宝宝听的音乐称为胎教音乐。毫无疑问，胎教音乐对于促进孕妈妈和胎宝宝的身心健康具有至关重要的作用。

1.能使母子保持良好的心境

在心理方面，胎教音乐能使孕妈妈心旷神怡、宁静轻松，从而改善不良情绪，保持良好的心境，并通过种种途径将孕妈妈的感觉信息传递给胎宝宝，使胎宝宝的心理变化与孕妈妈同步。

2.与母子的生理节奏产生共鸣

在生理方面，胎教音乐使孕妈妈的心率平稳，呼吸顺畅。这样，胸腹之间横膈膜的运动也会相应地平稳，流过大动脉的血流速度不急不缓，这些运动和声响传入胎宝宝的耳中，使他感到自己的生存环境是平和安逸、和谐而美好的。研究表明，胎教音乐中的节奏还能与母体和胎体的生理节奏产生共鸣，进而促进胎宝宝全身各器官的活动。

许多医生都做过类似的试验：对胎宝宝定时播放柔美抒情的胎教音乐，每当孕妈妈沉浸在胎教音乐的氛围里时，胎宝宝的心率便趋于稳定，胎动也平缓而有规律。待婴儿出生后再播放相同的胎教音乐时，婴儿就会循声张望，表现出极大的兴趣，并且神情愉快，反应敏捷，特别是对爸妈的呼喊，能很快地辨别和寻找出来，从而使婴儿性格和动作发育明显早于同龄婴儿。

优美的音乐旋律在大脑皮层留下的印记是深刻而久远的，对人从心理到生理的影响，也是深远而不易被其他方式替代的。

孕妇音乐和胎儿音乐

胎教音乐分孕妇音乐和胎儿音乐。

孕妇音乐以宁静为原则。孕妇通过欣赏音乐，可以调节情绪，产生宁静、舒适的感觉，也能使胎宝宝很快地安静下来。同时，声波还可以直接通过孕妇的腹壁传导给胎宝宝的听觉系统，促进胎宝宝的智力发育。适合孕妇听的音乐应选择那些委婉柔美、轻松活泼、充满诗情话意的乐曲。如中国古典乐曲“梅花三弄”，二胡曲“二泉映月”，筝曲“渔舟唱晚”；西方古典乐曲“A大调抒情小乐曲”，德国浪漫派作曲家门德松的“仲夏夜之梦”；现代音乐，如“让世界充满爱”，“好一朵茉莉花”等。

胎儿音乐应轻松活泼，此类音乐可以激发胎宝宝对声波的良好反应。适合于胎宝宝听的胎教音乐主要有“我将来到人间”、“秋夜”等，其他还有胎教音乐“小神童”等。

实施音乐胎教的方法

实施音乐胎教是很重要的，只是有的孕妈妈不知道如何实施音乐胎教，下面就给各位孕妈妈介绍几种简便有效的方法。

1.母唱胎听法

孕妈妈每天可以低声哼唱自己喜爱的、有益于自己及胎宝宝身心健康的歌曲或戏剧以感染胎宝宝。哼唱儿歌也是完全可以的。唱歌时心情要舒畅，富于感情，如同面对亲爱的宝宝，倾诉一腔柔爱，孕妈妈在哼唱时要凝思于腹内的胎宝宝，其目的是唱给胎宝宝听，使自己在抒发情感与内心寄托的同时，让胎宝宝得到美乐的享受。这是最简便易行的音乐胎教方式，适合于每一位孕妈妈采用。

2.母教胎唱法

胎宝宝虽然具有听力，但毕竟只能听不能唱。孕妈妈要充分发挥自己的想象力，让腹中的宝宝神奇地张开蓓蕾般的小嘴，跟着你的音乐和谐地“唱”起来，孕妈妈选好了一支曲子后，自己唱一句，随即凝思胎宝宝在腹中学唱。可以先将音乐的发音或简单的乐谱反复轻唱几次，如多、来、咪、发、索、拉、西，每唱一个音符后等几秒钟，让胎宝宝跟着“学唱”，然后再依次进行。本方法由于更加充分利用了母胎之间的“感通”途径，其实施效果较好。

3.音乐灌输法

这种音乐胎教的方法是英国心理学家奥尔基发明的。可以将耳机或微型录音机的扬声器置于孕妈妈的腹部，并且不断地移动，将优美动听的乐曲源源不断地灌输给母腹中的胎宝宝。每天重复2～3次，每次20分钟左右，一次播放2～3支乐曲。注意音量不宜过大，时间不宜过长，以免胎宝宝听得过分疲劳。

4.音乐熏陶法

有音乐修养的人，一听到音乐就进入了音乐的世界。情绪和情感都变得愉快、宁静和轻松。孕妈妈每天定时欣赏一些名曲和轻音乐，如《春江花月夜》、《江南好》等传统乐曲施特劳斯的《春之声》圆舞曲等等。

孕妈妈在欣赏音乐时，要沉浸到乐曲的意境中去，如痴如醉，旁若无人，如同进入美妙无此的仙境，遐思悠悠，以获得心理上、精神上的最大享受和满足，这样就可以收到很好的胎教效果。

5.朗诵抒情法

在音乐伴奏与歌曲伴唱的同时，朗读诗或词以抒发感情，也是一种很好的音乐胎教形式。科学胎教主张，在音乐胎教当中，器乐、歌曲与朗读三者前后呼应，优美流畅，娓娓动听，达到有条不紊的和谐统一，具有很好的抒发感情的作用，能给母子带来美的享受。

适合孕妈妈采用的音乐胎教方法还有很多，每一位孕妈妈可以根据自己的具体情况而采取相应的音乐胎教方法。

如何选择胎教乐曲

音乐的门类极多，并不是所有的音乐都能给胎宝宝身心健康带来裨益，不同类型的音乐能对人的心理行为产生不同的影响。胎教音乐的选择应根据自己的身体状况、兴趣爱好以及胎宝宝的承受能力综合考虑，不能光凭自己的一时兴趣。下面介绍部分乐曲的大概分组及其所产生的作用，供大家参考。

1.欢快明朗的音乐

如《江南好》《春风得意》《月亮代表我的心》等，听着这些曲子，心情自然而然就欢快起来了。如民族管弦乐曲《春江花月夜》《塞上曲》《小桃红》以及琴曲《平沙落雁》等。

解除忧郁的音乐《喜洋洋》《春天来了》及约翰·施特劳斯的《春之声圆舞曲》等。这类作品使人心情平静，仿佛看到春天穿着美丽的衣裳同我们欢聚在一起，其曲调优美酣畅，起伏跳跃，旋律轻盈优雅。

2.消除疲劳的音乐

如《假日的海滩》《锦上添花》《矫健的步伐》奥地利作曲家海顿的乐曲《水上音乐》等。这类作品清丽柔美，抒情明朗，在疲劳的生活中多听听这些音乐，会让人舒适无比。

3.促进食欲的音乐

如果有时候胃口不好，可以听听下面的音乐。如《花好月圆》《欢乐舞曲》等。这些作品充满生活热情，令人心情愉快，食欲大增。

4.安眠的音乐

有些乐曲有着非常好的安眠效果，如二胡曲《二泉映月》、古筝曲《渔舟唱晚》，此外还有《平湖秋月》《军港之夜》以及德国浪漫派作曲家门德尔松的《仲夏夜之梦》等。

音乐胎教的误区

科学的音乐胎教对胎宝宝有益，但错误的音乐胎教则会伤害胎宝宝。常见的音乐胎教误区有以下几种。

1.胎教音乐等于世界名曲

并非所有的世界名曲，都适合作为胎教音乐，例如贝多芬的交响名曲《命运》、柴可夫斯基的交响名曲《悲怆》、圣桑的名曲《悲歌》，虽说表现与自然、命运的抗争，成年人能欣赏并从中感悟生活，但孕妈妈听来，会有压抑感。胎教音乐还是应该尽量选择那些柔和、欢快、明朗的乐曲。

2.不分早晚，想起来就听

胎宝宝和成年人一样有自己的作息规律，如果希望自己在欣赏音乐的同时，也能让腹中的胎宝宝有所收获，那么建议先掌握胎宝宝的作息规律，即什么时候胎宝宝在睡觉，什么时候醒着而且很活跃。尽量要选择胎宝宝清醒并且很活跃的时候，每天最好养成习惯，让胎宝宝喜欢上“妈妈的音乐时间”。

3.胎教音乐放在肚子上听

放胎教音乐时，离胎宝宝太近或者声音太大，都会影响甚至伤害胎宝宝的听力，给胎宝宝听音乐应当使用专用的胎教传声器，音乐频率范围在500～1500Hz之间。或者说干脆什么都不要，让胎宝宝隔着妈妈的肚皮听。

4.随意购买胎教传声器

市面上关于胎教的产品很多，应购买经过卫生部鉴定、能保护胎宝宝耳膜的传声器。胎教传声器放在孕妇的腹壁胎宝宝头部相应的部位，音量的大小可以根据成人隔着手掌听到的传声器中的音响强度，就相当于胎宝宝在腹内听到的音响强度。

5.给胎宝宝听音乐的时间过长

一般给胎宝宝听音乐，每次在半个小时之内为宜。音乐胎教要让胎宝宝反复聆听，才能得到适当的刺激。等到胎宝宝出生之后听到这些音乐，就会有熟悉的感觉，能够令初生的婴儿产生在母体内的安全感，对于安抚婴儿情绪有相当好的功效。

6.听节奏快、音量大的乐曲

太快的节奏会使胎宝宝紧张，太大的音量会令胎宝宝不舒服。因此，节奏太强烈、音量太大的摇滚乐就不适合作为胎教音乐。音乐的音量放的较大，这会引起胎宝宝的躁动不安，长期下去，胎宝宝体力消耗太大，可能导致出生时体重过低，有时还会出现不良的神经系统反应。

环境胎教

什么是环境胎教

环境胎教是指，为胎宝宝营造一个良好、健康的内外生活环境，确保胎宝宝能够健康、愉快地成长。

胎宝宝所处的环境可以分为内环境和外环境，内环境是指胎宝宝居住于母体内的环境，外环境是孕妈妈所处的生活环境、工作环境及心理环境。

外界环境的优劣能通过孕妈妈的感受传递给胎宝宝，因此孕妈妈的居室要安静、舒适、幽雅，还要经常到室外去散步，接触美好的自然环境。

环境胎教的重要意义

胎宝宝先天异常的发生，不外乎是由不良的内外环境直接或间接作用于胚胎，使之发生异常，引起先天胚胎异常的因素称之为致畸因子。这些致畸因子，可能由遗传、环境、生物、营养等诸多因素互相作用的结果。要使胎宝宝发育良好、健康乃至出生后智力超群，就必须重视环境因素对胎宝宝的影响。

良好的环境能使胎宝宝受到良好的感应，不良的环境能使胎宝宝受到不良的感应。外界的色彩、音响和声乐，乃至无限美好的大自然景色等，不仅使孕妇置身于舒适优美的环境中，而且，孕妇也得到了美与欢快的感受，心情也会轻松愉快，从而影响她腹中的胎宝宝。

总之，胎宝宝的身心、智能的健康发育，不仅需要良好的内环境，同时与胎宝宝生长发育的外环境也密不可分。所以，准爸爸和孕妈妈在工作之余，也应该常常带着你的胎宝宝去感受、享受大自然的美。

环境对胎宝宝前三个月的生长发育影响很大，这早已引起古今中外医学家的重视，并成为传统胎教和现代胎教的重要论题。但实际上，环境在整个胎宝宝期都起作用，环境对胎宝宝的影响一刻也没有停止。

让孕妇拥有优美的环境

胎宝宝所处的内环境会通过母体受到外环境的影响，使得胎内环境和胎外环境关系十分密切。那么，怎样让孕妇拥有优美的环境呢？或者说，什么样的环境才是优美的呢？

优境是相对劣境而言的。劣境是被物理类、化学类、生物类有害物质污染过的客体环境，也包括母体患病、营养不良、嗜好烟酒、情绪波动的主体环境。优境就是客体环境和主体环境都很良好的环境。一般说来，优境包括以下三个方面。

1.家庭优境

家庭优境一是要有宁静而愉快的家庭气氛。夫妻相亲相爱、关系和睦、彼此谅解，就能形成良好的家庭气氛。孕妈妈都希望准爸爸能够理解自己，多体贴自己，平时多操持家务，对自己温存并富有幽默感。准爸爸如果能够勤快地做好家务，上下班不忘记向妻子和胎宝宝亲吻问好，必将使母子都感到满足和惬意。二是要有整洁、舒适而雅致的孕妇居室。新婚要布置新房，有了胎宝宝也要精心布置婴儿房，屋中挂的图片和器物陈设，都要使孕妇感觉赏心悦目，并使其产生一种将为人母的意识。

2.社会优境

养育后代是每一对夫妇的责任，也是社会的责任，因此社会要尽可能为孕妇创设优境，如医院、妇幼保健院应专门为孕妇开辟环境优美的胎教乐园，让孕妇们有一个学习和交流的地方。民政部门和街道居委会也应创办风景宜人的孕妇之家，让孕妇有宾至如归的感觉。孕妇的工作环境也要尽可能优化。

3.自然优境

孕妇可以欣赏名山大川的壮美与秀丽，也可以徜徉于街心花园，感受自然美景，激发孕妇孕育的快感，也可以漫步于小桥流水，麦田菜畦，欣赏农家风景。

创造安全的子宫环境

怀孕后，当你对自己的身体做任何决定时，都必须要考虑到宝宝的存在。你的行为对胎宝宝的影响程度，将远远大于对你自己的影响。你必须努力创造出一个健康的子宫环境，让胎宝宝在里面健康成长。

怀孕期间，胎宝宝通过血液，共享着孕妈妈的所有习惯（通过激素，胎宝宝甚至可以与你共享你的情绪）。如果你可以避免接触或食用不利于身体健康的任何物质，无论是对你还是对胎宝宝都是最安全的，生活中你需要注意以下问题。

1.环境污染的影响

目前最突出的问题是家装污染，而在这种污染中受害最严重的就是胎宝宝了。室内环境的主要污染源是甲醛、苯、氨和放射性物质。其中，甲醛来源于人造板材、胶水、墙纸等材料，是公认的潜在致癌物，它还能导致胎宝宝畸形，所以在准备怀孕前一定要将室内的环境污染治理干净，否则后果很严重。

另外还有一些环境污染在城市中尤为严重，如汽车尾气、工业垃圾等等，这些污染孕妈妈都要尽量避免。

2.噪声的影响

国内外的医学科研人员在这方面做了许多研究，证明强烈的噪声对孕妇和胎宝宝都会产生许多不良的后果。孕妇在怀孕初期可能会出现恶心、呕吐等反应，甚至其他严重的问题。对于噪声，孕妈妈应尽量远离。

3.辐射的影响

X射线检查 一般来说孕妇如果接受X射线过量，可引起胎宝宝小头畸形、新生儿生活能力低下、造血系统障碍和神经系统缺陷。在怀孕18～20天内接受X射线后，受精卵可能死亡；在怀孕20～50天接受X射线检查，可引起胎宝宝的中枢神经、眼睛、骨骼等严重畸形，甚至引起胚胎死亡。所以，怀孕期间尽量不要做X射线检查，尤其不要透视，因为透视比拍片的剂量要大得多。不得不做的，应该在腹部用铅围裙做防护，并且最好不超过2次。

电脑 电脑周围会产生低频电磁场，孕早期长期使用电脑可影响胚胎发育，增加流产的危险性，至于致畸的可能性，目前无统一说法，尚需大量资料来证实。专家还测定，电脑背面和侧面的电磁辐射强度比正面大。另外，长时间固定一种姿势坐在电脑前，将会影响心血管、神经系统的功能，盆底肌和肛提肌也会因劳损而影响正常的分娩。所以，妊娠头3个月，应尽量减少长时间的电脑操作，不得不操作时应注意室内通风，适时休息或起身活动。

电热毯 电热毯对人体的危害来源于极低频电磁场，孕妇在妊娠头3个月如果使用电热毯的方法不正确，则发生自然流产的几率较高。正确的用法是先预热半小时，睡前应关闭电热毯开关，拔掉电源插头。

家电辐射 根据国家对家电辐射的相关标准，只要辐射小于12伏米就符合国家标准，孕妇只要不长期靠近家用电器就可以避免辐射危害。微波炉和电磁炉被专家认为是2种辐射较大的家用电器。妇产科专家的临床调查显示，排除遗传、用药不当等因素，家电辐射在很大程度上已成为损害人体生殖系统的凶手，主要表现为导致自然流产、胎宝宝畸形等，甚至能够造成儿童智力低下。

运动胎教

什么是运动胎教

运动胎教是指，孕妈妈适时、适当地进行体育锻炼和帮助胎宝宝活动，以促进胎宝宝大脑及肌肉的健康发育。研究表明，凡是在宫内受过“体育”运动训练的胎宝宝，出生后翻身、坐立、爬行、走路及跳跃等动作的发育都明显早于一般的宝宝。

运动胎教的作用

1.使胎宝宝相对位置改变及子宫内羊水晃动，训练胎宝宝的平衡感。

2.促进全身血液循环，增加胎盘供血供氧，有利于胎宝宝的健康发育。

3.增强孕妇腹肌、腰背肌和盆底肌的张力和弹性，使其关节、韧带松弛柔软，有利于孕妇正常妊娠及顺利分娩。

4.控制孕期体重的增加，促进产后体形恢复。

5.解除孕妇的疲劳和不适，使其心情愉悦、舒畅。

如何进行运动胎教

孕妈妈应该根据不同的妊娠阶段，在整个孕期都实施运动胎教，下面就介绍一些适合孕妈妈的运动胎教方法。

1.怀孕早期的运动

一般在怀孕早期，妊娠反应比较严重，但是孕妇可以进行适当的运动，这不仅可以转移孕妇的不良情绪，而且对胎宝宝的发育也是非常有益的。

散步

散步是孕期运动形式中最好的一种。它不受条件限制，可以自由进行。

益处分析 孕妈妈在散步的过程中，可以边呼吸新鲜空气，边欣赏大自然美景；散步过后，会产生轻微适度疲倦，对睡眠有帮助，还可以改善心情，消除烦躁和郁闷。

踝关节运动

孕妇坐在椅子上，一条腿放在另一条腿上面，下面一条腿的足踏平地面，上面一条腿缓缓活动踝关节数次，然后将足背向下伸直，使膝关节、踝关节和足背连成一条直线。两条腿交替练习上述的动作。

益处分析 通过踝关节的活动，可以促进血液循环，并且增强脚部肌肉。

足尖运动

孕妇坐在椅子上，两足踏平地面，足尖尽力上翘，翘起后再放下，反复多次，注意足尖上翘时，脚掌不要离地。

益处分析 通过足尖运动，可以促进血液循环，并增强脚部肌肉。

2.怀孕中期的运动

散步

散步是整个怀孕过程中最好的一种运动方式，它可以贯穿运动胎教的始终，但是到了孕中期以后，除此之外还可以做些其他的运动。

益处分析 此活动通过伸展肌肉，可达到松弛腰关节。

骨盆扭转运动

仰卧，左腿伸直，右腿向上屈膝，足后跟贴近臀部，然后，右膝缓缓倒向左腿，使腰扭转。接着，右膝再向外侧缓缓倒下，使右侧大腿贴近床面。如此左右交替练习，每晚临睡时各练习3～5分钟。

益处分析 可以加强骨盆关节和腰部肌肉的柔软性。

振动骨盆运动

仰卧、屈膝，腰背缓缓向上呈反弓状，复原后静10秒钟再重复；然后，两手掌和膝部着地，头向下垂，背呈弓状，然后边抬头，边伸背，使头背在同一水平上，接着仰头，使腰背呈反弓状，最后头向下垂，反复。

益处分析 目的是松弛骨盆和腰部关节，使产道出口肌肉柔软，强健下腹肌肉。

练习盘腿坐

早晨起床和临睡时盘腿坐在地板上，两手轻放两腿上，然后两手用力把膝盖向下推压，持续一呼一吸时间，即把手放开。如此一压一放，反复练习2～3分钟。

腹式呼吸练习

腹式呼吸应从卧位开始，分4步进行：第一步用口吸气，同时使腹部鼓起；第二步再用口呼气，同时收缩腹部；第三步用口呼吸熟练后，再用鼻吸气和呼气，使腹部鼓起和收缩；第四步在与呼吸节拍一致的音乐伴奏下做腹式呼吸练习。

3.怀孕晚期运动

孕晚期是整个孕期最疲劳的时期，因此孕妇应以休息为主。此期的运动锻炼应视孕妇的自身条件而定。除坚持散步外可以进行以下几种方式的运动，每次以15～20分钟为宜，每周至少3次。

伸展运动

站立后，缓慢地蹲下，动作不宜过快，蹲的幅度尽本人力所能及；双腿盘坐，上肢交替上下落。

四肢运动

站立，双手向两侧平伸，肢体与肩平，用整个上肢前后摇晃划圈，大小幅度交替进行；或用一条腿支撑全身，另一条腿尽量高抬（注意手最好能扶物支撑，以免跌倒），然后可以反复几次。

腹肌活动

进行半仰卧起坐。孕妇平卧，屈

膝，身体缓慢抬起从平卧位到半坐，然后再回复到平卧，这节运动最好视本人的体力而定。

骨盆运动

孕妇平卧在床，屈膝，抬起臀部，尽量抬高一些，然后慢慢下落。

运动胎教的注意事项

1.务必做好热身运动

孕妈妈由于激素的变化会使得肌肉、关节较松弛，如果没有做好暖身运动，很容易在运动的过程中造成肌肉、关节的拉伤。因此，运动前一定要做好热身运动，这样也能避免抽筋。

2.穿着运动专用的服装

运动专用的服装往往具有吸汗散热的功能，可以避免不吸汗的材质为皮肤带来的不适，有弹性的运动服装才有利于身体的活动及伸展。

3.运动强度要适当

运动时心跳速率需在每分钟140下以内，若是超过此范围，孕妈妈的血流量会较高，血管可能负荷不了。

4.每次不应超过15分钟

一般人运动需维持30分钟以上才会燃烧脂肪，但孕妈妈需在运动15分钟后就稍作休息，即使体力可以负荷也必须在稍为休息过后再开始运动。这是因为孕妈妈必须避免过度劳累与心跳过快，并且孕期运动的目的并不是燃烧脂肪，而是在训练全身的肌力，因此孕妈妈每运动15～20分钟就要停下来稍作休息。

5.运动三个阶段要尽量补水

运动期间补充水分除了能避免脱水外，还可以控制体温上升的速度。一旦孕妈妈体温快速上升，胎宝宝心跳也会跟着加速。孕妈妈体温每上升半度，胎宝宝的心跳约会增加10～20下，会相对增加胎宝宝状况的不稳定性，因此，孕妈妈运动前、中、后三个阶段一定要记得补充水分。孕妈妈在运动期间要多喝水，但不要只喝白开水，最好补充一些果汁等，孕妈妈也不宜喝可乐以及运动饮料。

6.避免跳跃和震荡性的运动

震荡或跳跃性的运动都容易使孕妈妈重心不稳，若是滑倒或碰撞到物体，都容易使胎宝宝产生撞击造成宫缩或破水，甚至发生早产。

7.避免在天气炎热和闷热时运动

在天气过分炎热或闷热时，孕妈妈都不适宜做运动，以免导致孕妈妈出现中暑的现象，最适宜孕妈妈做运动的温度约为26℃～27℃。

8.怀孕4个月后，禁做俯卧运动

怀孕4个月后，孕妈妈的腹部隆起逐渐明显，为避免压迫到胎宝宝，应禁止做俯卧运动。

9.孕期运动不能太疲劳

孕妈妈在运动期间不宜太疲惫，也不要运动到身体过热，过度疲劳，也就是说孕妈妈不宜做出汗的运动。对于孕妈妈来说，运动的限度是以不累、轻松舒适为宜。

抚摸胎教

什么是抚摸胎教

抚摸胎教是指，孕妈妈或准爸爸用手轻轻抚摸胎胎宝宝或轻轻拍打胎宝宝，通过孕妈妈的腹壁传达给胎宝宝，形成触觉上的刺激，促进胎宝宝感觉神经和大脑的发育。

轻柔的抚摸，是父母与胎宝宝最早的触觉交流。他们可以通过手感受胎宝宝的胎动，胎宝宝也可以通过温柔的爱抚感受到父母的爱。

抚摸胎教的益处

1.促进胎宝宝的智力发育

抚摸的过程中可以锻炼胎宝宝皮肤的触觉，并通过触觉神经感受体外的刺激，从而促进胎宝宝大脑细胞的发育，加快胎宝宝智力的发育。

2.激发胎宝宝的运动能力

抚摸还能激发胎宝宝活动的积极性，促进运动神经的发育。经常受到抚摸的胎宝宝，对外界环境的反应也比较机敏，出生后翻身、抓握、爬行、坐立、行走等大运动发育都能明显提前。

3.增进亲子关系

抚摸胎教的过程中，不仅让胎宝宝感受到父母的关爱，还能使孕妈妈身心放松、精神愉快。通过对胎宝宝的抚摸，母子之间沟通了信息，交流了感情，从而激发了胎宝宝的运动积极性，可以促进出生后动作的发展。在动作发育的同时，也促进了大脑的发育，会使宝宝更聪明。

抚摸胎教的方法

正常情况下，怀孕2个月开始，胎宝宝就可以在母体内活动了，这时的活动幅度很小，孕妈妈一般察觉不到。随着妊娠月份的增加，活动幅度会越来越大，从吞吐羊水、眯眼、咂手指、握拳，直到伸展四肢、转身、翻筋斗等。一般过了孕早期，就可以开始实施抚摸胎教，下面介绍几种抚摸胎教的方法。

1.来回抚摸法

实施月份 怀孕3个月以后。

具体做法 孕妈妈在腹部完全松弛的情况下，用手从上至下、从左至右，来回抚摸腹部。

要领 抚摸时动作宜轻，时间不宜过长。

2.触压拍打法

实施月份 怀孕4个月以后。

具体做法 孕妈妈平卧，放松腹部，先用手在腹部从上至下、从左至右来回抚摸，并用手指轻轻按下再抬起，然后轻轻地做一些按压和拍打的动作，给胎宝宝以触觉的刺激。刚开始时，胎宝宝不会做出反应，孕妈妈不要灰心，一定要坚持长久地有规律地去做。一般需要几个星期的时间，胎宝宝会有所反应，如身体轻轻蠕动、手脚转动等。

要领 开始时每次5分钟，等胎宝宝做出反应后，每次5～10分钟。在按压拍打胎宝宝时，动作一定要轻柔，孕妈妈还应随时注意胎宝宝的反应，如果感觉到胎宝宝用力挣扎或蹬腿，表明他不喜欢，应立即停止。

3.推动散步法

实施月份 怀孕6、7个月以后，当孕妈妈可以在腹部明显地触摸到胎宝宝的头、背和肢体时，就可以增加推动散步的练习。

具体做法 孕妈妈平躺在床上，全身放松，轻轻地来回抚摸、按压、拍打腹部，同时也可以用手轻轻地推动胎宝宝，让胎宝宝在宫内“散散步、做做操”。

要领 此练习应在医生的指导下进行，以避免因用力不当或过度而造成腹部疼痛、子宫收缩，甚至引发早产。每次5～10分钟，动作要轻柔自然，用力均匀适当，切忌粗暴。如果胎宝宝用力来回扭动身体，孕妈妈应立即停止推动。

4.亲子游戏法

实施月份 怀孕5个月以后，孕妈妈感受到胎动了，就可以进行亲子游戏。

具体做法 每次游戏时，孕妈妈先用手在腹部从上至下、从左至右轻轻地有节奏地抚摸和拍打，当胎宝宝用小手或小脚给予还击时，孕妈妈可以在被踢或被推的部位轻轻地拍两下，一会儿胎宝宝就会在里面再次还击，这时孕妈妈应改变一下拍的位置，改拍的位置距离原拍打的位置不要太远，胎宝宝会很快向改变的位置再作还击。这样反复几次，一定能够体会到亲子游戏的乐趣。

要领 这种亲子游戏最好在每晚临睡前进行，此时胎宝宝的活动最多，时间不宜过长，一般每次10分钟即可，以免引起胎宝宝过于兴奋，导致孕妈妈久久都不能安然入睡。

抚摸时的注意事项

（1）抚摸及按压时动作要轻柔，以免用力过度引起意外。

（2）有的孕妇在孕中期、孕晚期经常会有一阵阵的腹壁变硬，可能是不规则的子宫收缩，此时千万不可以进行抚摸胎教，以免引起早产。

（3）如果孕妇有不良产史，如流产、早产、产前出血等，则不宜使用抚摸胎教，可以用其他的胎教方法代替。

（4）抚摸胎宝宝之前，孕妈妈应排空小便，以保证足够的抚摸时间。

（5）进行抚摸胎教时，室内环境要舒适，空气要新鲜，温度要适宜。

（6）进行抚摸胎教时，如果能配合对话胎教等方法，效果会更好。

（7）抚摸胎宝宝时，孕妈妈应避免情绪不佳，保持稳定、轻松、愉快的心情和平和的心态。

（8）抚摸胎教应有规律性，坚持在固定的时间进行，这样胎宝宝才能心领神会地在这段时间里做出反应。

意念胎教

什么是意念胎教

意念胎教是指，孕妈妈积极展开美好的联想，在意识中形成令人愉悦的意念，从而对胎宝宝的生长发育产生积极的影响。

母亲与胎宝宝具有心理和生理上的相通，从胎教的角度来看，孕妇的想象是通过母亲的意念构成胎教的重要因素，转化、渗透在胎宝宝的身心感受之中。同时母亲在为胎宝宝形象的构想中，会使情绪达到最佳状态，而促进体内具有美容作用的激素增多，使胎宝宝面部器官的结构组合及皮肤的发育良好，从而塑造出自己理想中的胎宝宝。

意念胎教其实很宽泛，凡是将良好的心理感受传递给胎宝宝的有益过程，都属于这一范畴。如美学胎教，其实属于意念胎教，由于其从审美感受的角度进行胎教，自成体系、蕴涵丰富，所以专门独立出来。

意念胎教对胎儿的影响

1.对胎宝宝的“干预”作用

由于联想对胎宝宝具有一定的“干预”作用，孕妈妈的联想内容十分重要，联想美好的内容就会对胎宝宝产生美的熏陶；内容不佳的联想，则会起到反面的作用。所以在实施意念胎教时，一定要想那些最美好的事物。

早已有实例证明，由于胎宝宝意识的存在，孕妇自身的言语、感情、行为以及联想内容均能影响胎宝宝，“干预”一直会持续到出生后，因此孕妇联想内容的优劣十分重要。

2.异常反应的作用

在日常生活中，少数孕妇由于怀孕后的身体不适而出现对胎宝宝怨恨的心理以及产生不好的联想感受，这时胎宝宝在母体内就会意识到孕妈妈的这种不良感受，从而引起精神上的异常反应。许多专家认为，在这种情况下发育的胎宝宝出生后大多数会有情感障碍，出现感觉迟钝、情绪不稳、易患胃肠疾病、体质差等现象。

因此，孕妇必须在妊娠期间排除不良的意识和联想，尽量多想美好的事情，将善良、温柔的母爱充分地体现出来，通过各方面的爱促进胎宝宝成长。

如何做意念胎教

实施意念胎教，大致分两个阶段：

1.第一阶段

孕妈妈处于松、静、空、自然的心境及思维状态中，集中注意力，大脑意想胎宝宝，好似胎宝宝的形象浮现在脑海里（如果没有这种感觉，胎教可以照样进行，只是效果要差点），通过孕妈妈的意识波沟通与胎宝宝的联系，将信息逐一的、若有若无地通过意念并可以配合语言同时传导给胎宝宝，逐步激发胎宝宝的脑细胞活力，挖掘并强化胎宝宝的潜意识功能，使胎宝宝具有接受外界信息的功能。

如果你想让胎宝宝知道什么是花，你可以轻轻闭上双眼，先在头脑中浮现或想一下胎宝宝的形象，接着在头脑中浮现或想像一种或多种花的样子，同时说：这就是花。接下来，你可以用意念并配合语言告诉胎宝宝，花的种类、颜色、香味等各种花的知识。

如果你想培养胎宝宝勤劳的品德，可以在你做家务活时，大脑时时意想小宝宝，并将自己的动作像放电影一样，时时在头脑中过一过，同时对胎宝宝讲，人为什么应该勤劳。逐渐地，你可以将各种期望以及科学知识由浅入深、由感性到理性灌输给胎宝宝。在这一阶段，每次以十分钟的时间为宜，一天1～2次，根据大人的精力情况及胎宝宝的反应情况决定是否逐步延长胎教的时间。

2.第二阶段

孕妈妈偕同胎宝宝一起练气功。功法的选择，以内养功、益智功为主，孕妈妈练气功，可以增强体质，增强意念胎教时发出的意识波。通过练气功，可以进一步巩固和增强胎宝宝接受孕妈妈发出指令的功能，并挖掘胎宝宝的内在潜力。在此阶段，要与第一阶段的方法交叉进行，对胎宝宝传导意念可以以理性知识为主，每次胎教时间以四十分钟到一个小时为宜，每天1～2次，直到胎宝宝出生为止。

意念胎教的注意事项

1.顺其自然

意念走神是一种常见的现象，这时切忌急躁紧张，不要强迫自己集中注意力。一旦发现自己走神，可以先对胎宝宝说一声："对不起，妈妈开小差了，宝宝不要学妈妈，要学会集中注意力哦！"，然后，不慌不忙，有意无意地将意念收回来，这也很自然、很好。

2.充满爱心

爱是自然界普遍存在的现象，是一种高级情感活动，也是人的本能。爱在意念胎教中起着极其重要的作用，它是加速开发胎宝宝智力的催化剂。孕妈妈在实施意念胎教时，内心要充满对胎宝宝的爱，并时刻对胎宝宝表示自己的爱，胎宝宝在爱的环境中，才有安全感，才会更加开心、活跃。

3.保持健康的意识

孕妈妈要保持健康的意识，积极的进取精神，且夫妻相处融洽，恩爱有加，这样有利于培养、熏陶胎宝宝潜在的意识。如果孕妈妈常常想一些不健康的事情（私利、极端个人主义等），被潜在意识已经开发的胎宝宝不知不觉中探知、接纳，将打上不可磨灭的烙印，贻害无穷。

4.循序渐近

施行意念胎教必须循序渐进，由浅入深，由具体到抽象，从感性到理性。要教导胎宝宝思维的方式、方法，独立处理问题的方式、方法，要一遍又一遍，不厌其烦地对胎宝宝讲清道理，不要觉得麻烦。

光照胎教

什么是光照胎教

光照胎教是在胎宝宝期适时地给予光刺激，促进胎宝宝视网膜光感受细胞的功能尽早完善。

适度的光照对视网膜以及视神经有益无害，利用彩色超声波观察，光照后，胎宝宝立即出现转头避光动作，同时，心率略有增加，脐动脉和脑动脉血流量亦均有所增加，这表明胎宝宝可以看到射入子宫内的光亮。胎宝宝的感觉功能中视觉的发育最晚，7个月的胎宝宝视网膜才具有感光功能。

光照胎教的益处

国内外的专家通过研究认为，适当的柔和光照有利于增强胎宝宝的视网膜发育、刺激胎宝宝脑细胞活动，从而增强胎宝宝的智力和肌体活动能力。

实验和观察表明，胎宝宝对光照不是毫无感觉的，当孕妇在阳光灿烂的地方晒太阳时，胎宝宝会显得很安详，或肌体细胞活动程度明显减低，这说明光线对胎宝宝个性的活跃程度、身体的健康程度有一定的影响。

怎样进行光照胎教

胎宝宝的视觉较其他感觉功能发育得缓慢。孕27周以后胎宝宝的大脑才能感知外界的视觉刺激；孕30周以前，胎宝宝还不能凝视光源，直到孕36周，胎宝宝对光照刺激才能产生应答反应。用B超检查仪可以观察到，用手电筒的微光作为光源，一闪一灭地照射孕妇的腹部，胎宝宝的心率就会出现变化。

光照胎教，一般从孕28周开始。有些胎教研究人员建议选择冷光源。最方便的光源是手电筒。每天固定在某一时段，在胎宝宝有胎动即觉醒时，用手电筒作为光源，照射孕妇腹壁胎头方位。每次5分钟以内，结束前可以连续关闭、开启手电筒数次，以利于胎宝宝的视觉健康发育。

光照胎教的注意事项

（1）进行光照胎教时，孕妈妈应该注意把自身的感受详细地记录下来，如胎动的变化是增加还是减少，是大动还是小动，是肢体动还是躯体动。通过一段时间的训练和记录，可以总结一下胎宝宝对刺激是否已建立起了特定的反应或规律。

（2）光的强度要适合，开始时宜采用弱光，切忌强光照射，同时照射时间也不能过长。

（3）应在有胎动的时候进行光照胎教，而不要在胎宝宝睡眠时进行光照胎教，以免打乱胎宝宝的生物钟。

（4）和其他胎教一样，光照胎教要取得预期的效果，就必须持之以恒、有规律地去做，这样才能使胎宝宝领会其中的含义，并积极地作出回应。

美学胎教

什么是美学胎教

我们生活的这个世界到处都充满了美，美感即是对美的感受与体会。强调孕妇注重美感熏染，这是胎教的重要内容。从丰富孕妇的精神生活来讲，主要说的是欣赏美、追求美，提高美学修养，获得审美享受，从而熏染腹内的胎宝宝。

美所包含的内容很广，从美学胎教的角度，它主要包括：音乐美学、形体美学和大自然美学3大部分。

何为音乐美学胎教

对胎宝宝进行音乐美学的培养，可以通过心理作用和生理作用这两种途径来实现。

心理作用方面 音乐能使孕妇心旷神怡，浮想联翩，从而使其情绪达到最佳状态，并通过神经系统将这一信息传递给腹中的胎宝宝，使其深受感染。同时安静、悠闲的音乐节奏可以给胎宝宝创造一个平静的环境，使躁动不安的胎宝宝安静下来，使他蒙胧地意识到世界是多么和谐，多么美好。

生理作用方面 悦耳怡人的音响效果能激起孕妈妈神经系统的活力，从而激发胎宝宝大脑及各系统的功能活动，来感受孕妈妈对他的刺激。

其实这里提到的“音乐美学胎教”也是属于前面讲到的“音乐胎教”。

何为形体美学胎教

孕妈妈如果有优雅的气质、饱满的情绪和文明的举止，就能体现出源于孕妈妈自身的一种美。这种状态确立了孕妈妈的审美观，孕妈妈也能将这种审美观传递给胎宝宝，使胎宝宝在母体内也得到美的熏陶。

因此，专家经常告诫妇女在怀孕期间，不仅要保持精神焕发，穿着整洁，举止得体，还要适当丰富自己的精神生活，例如，多听音乐、看书、旅游、欣赏美术作品等，通过感受这种美好的行为来增加孕妇的情趣，丰富美的内涵，陶冶人的情操。

何为大自然美学胎教

大自然是美的最高境界，孕妇多到大自然中去欣赏美丽的景色，可以促进胎宝宝大脑细胞和神经的发育。在前文的“环境胎教”中，我们讲到过孕妈妈要经常起进大自然。这里，我们要重提一下大自然的美对胎宝宝的积极作用和熏陶。

在我们生存的这片土地上，不管是神奇辽阔的草原、挺拔峻峭的高山、幽静神秘的峡谷、惊涛拍岸的河海，无不开阔着我们的胸襟，启迪着我们的思考，给我们带来美的享受和精神的升华，孕妈妈在大自然中感受到这一切，将提炼过的感受传递给胎宝宝，就使得胎宝宝也能受到大自然的美。

40周胎教课程

第1周 受孕前的准备

宝宝，尽管你还没有来，但是爸妈一直等待着你！

妈妈可以利用这段时间来做些胎教的准备工作，为以后的胎教教程打好基础，这可是我和你的一次特殊约会哦！

现在要注意营养胎教的准备工作，要注意保证热能的充足供给，并补充充足的无机盐和微量元素及适量的维生素，这些都能为你的到来打下坚实的基础。

本周妈妈变化和宝宝成长

1.还没影儿的胎宝宝

现在胎宝宝还不存在呢，只是分别以精子和卵子的“前体”状态存在于爸爸、妈妈体内，爸妈的营养会成就他“精壮卵肥”的体魄。

孕妈妈卵巢中的某一个卵子将从数十年的沉睡中醒来，唯独她将成为那位勇敢精子的“新娘”。至于那位勇敢的精子，目前还在准爸爸的身体里。与其说他勇敢，不如说他更加幸运。他是亿万精子军团中的一员，他们个个都肩负着人类传种的使命，尽管最后只有一人成功，但他们个个都义无反顾，勇敢地赴命。

2.准妈妈的小变化

准妈妈本周正处在月经期，你可以根据自己的月经周期推算排卵期。一般来说，月经后第13～20天就是最佳怀孕期，准妈妈要抓住这个大好时机，积极实施造人计划。

营养胎教：孕前要补充叶酸

叶酸是一种水溶性B族维生素，对细胞分裂和生长有重要的作用。备孕准妈妈如果缺乏叶酸，会影响胎宝宝大脑和神经系统的正常发育，严重时将造成胎宝宝神经管发育畸形，出现无脑儿、脑积水、脊柱裂等，也可以造成因胎盘发育不良而引起流产、早产等，同时备孕准妈妈自身健康也会受到影响，如出现贫血症状，严重时还会导致贫血性心脏病、妊娠期高血压疾病等。

由于体内缺乏叶酸的状况要经过2～3个月的时间才能得以切实改善，所以备孕准妈妈要在怀孕前2～3个月就开始补充叶酸，使其维持在一定的水平，以确保胎宝宝早期的叶酸营养环境。富含叶酸的食物有以下几类，备孕妈妈要适量多摄取。

富含叶酸的蔬菜：莴苣、菠菜、西红柿、胡萝卜、青菜、龙须菜、花椰菜、油菜、小白菜、扁豆、豆荚、蘑菇等。

富含叶酸的水果：橘子、草莓、樱桃、香蕉、柠檬、桃子、李、杏、杨梅、海棠、酸枣、山楂、石榴、葡萄、猕猴桃、草莓、梨等。

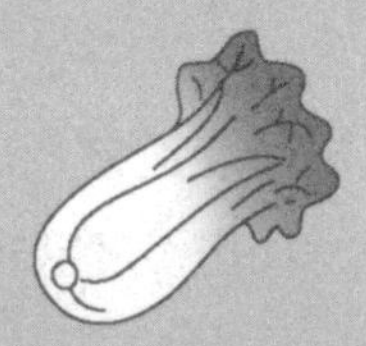

富含叶酸的动物食品：动物的肝脏、肾脏，禽肉及蛋类、牛肉、羊肉等。

富含叶酸的谷物：大麦、米糠、小麦胚芽、糙米等。

富含叶酸的豆类：黄豆、豆制品等。

富含叶酸的干果：核桃、腰果、栗子、甜杏仁、松子等。

环境胎教：美化居室的环境

美好的环境能对人的神经系统起到调节作用，也能对孕妈妈的性格、心情起到改善、缓和的作用。一个干净整洁、安静舒适的居室还会使孕妈妈从精神上感到愉悦。

为了迎接胎宝宝的到来，需要从下面几个方面营造良好的居室环境。

1.居室干净舒适

保持居室内干净整洁、安静舒适、不拥挤、通风透气。

2.室温适宜

居室内的温度以20℃～26℃最好。温度太高会使人感到精神不振、头昏脑涨、全身不适；温度太低会使人感到寒冷难受，且容易感冒。夏天可以用风扇、空调降温，但不宜让风直吹孕妇；冬季可以使用暖气升温，也可以使用火炉，但要防止一氧化碳中毒。特别注意的是，孕妇不可以直接睡在正在通电的电热毯上。

3.湿度适宜

房间里湿度以50％最为理想。湿度太低容易使人口干舌燥、鼻黏膜充血；湿度太高会让人关节酸痛、难受。如果室内湿度太低，可以使用加湿器或在床头上放水壶或在室内洒水；如果湿度太高，可以开门通风。

4.室内设施安全方便

室内设施要便于孕妈妈使用，孕妈妈要避免爬高、踮脚等危险动作；家中设施要摆放整齐，以免孕妈妈磕着碰着；光滑的地板上要放上防滑的地毯。

5.良好的音响刺激

噪音不利于孕妈妈的健康和胎宝宝的发育，但是，无声也不利于优生。过于寂静会使孕妈妈感到孤独、寂寞，使胎宝宝失去听觉刺激。所以，二者均不可取。家中可以经常播放一些有益的胎教音乐，经常对胎宝宝说说话。

此外，还要注意在室内作适当的装饰，如摆放一两盆花卉，贴几张胖娃娃的图像或风景画等，让孕妈妈每天都有良好的心情。

情绪胎教：保持好心情备孕

现在大多数女性在怀孕前，都从事着重要的工作，平时工作节奏快，生活压力大，在工作和生活中的强烈追求和较高的期望值，都会导致精神心理持续紧张。科学已经证实，孕前心理过度紧张会影响到正常受孕。

医学专家指出，人的精神心理活动受神经与内分泌系统的调节，女性更为明显，如月经的周期、月经量等都很容易受到情绪的影响。

其实，女性的排卵功能也会受到精神心理因素的影响；卵子的受精、受精卵的发育与着床、早期胚胎的发育等都受到女性精神心理因素的调节和影响。

所以，备孕妈妈一定要保持愉悦的心情，主动调节不利于受孕的不良情绪，使自己有一个好的心理状态，为优孕创造好条件。

准爸爸参与胎教的重要性

很多准爸爸都认为胎教是妻子一个人的事，但事实证明，准爸爸积极参与胎教也很重要。

胎宝宝对准爸爸低频率的声音比孕妈妈高频率的声音还要敏感。因此，胎宝宝虽然是在孕妈妈的肚子里孕育长大，可还是会与准爸爸有着一种很自然的亲密关系。所以，准爸爸要经常陪妻子一起和胎宝宝“玩耍”，给胎宝宝讲故事，描述每天的工作和收获，这样有助于建立准爸爸与胎宝宝间的情感纽带。

同时，准爸爸和妻子一起进行胎教，能让妻子感受到被重视与疼爱，胎宝宝也能感受到孕妈妈愉快的心情，这对宝宝以后的情绪培养有帮助，因此准爸爸在胎教扮演着非常重要的角色。

第2周 受孕时的胎教

这一周的周末，根据基础体温我发现我已经进入了排卵期，也就是月经后的第13～20天是最佳怀孕期，我和老公会一起将身体调整到最佳的状态，在最佳时间完成我们的使命。宝宝，你知道妈妈有多想见到你吗？快点来吧！我的宝贝！

本周妈妈变化和宝宝成长

1.精子与卵子相遇了

本周胎宝宝依然不存在，但到本周周末前后，一批精子与卵子相遇，并释放一种酶，这种酶会使一个精子穿过卵子的保护层，这就是受精的瞬间。受精一旦发生，会立即发生化学变化，防止其他精子再进入卵子。受精后，精卵结合成为受精卵，新的生命才诞生。此刻，宝宝的性别就已经决定了。

2.抓住最佳受孕时间

母体卵巢中的卵子即将成熟，本周周末将发生排卵。因此，月经周期的中间即第14天，是最容易受孕的时间。

“造人计划”实施后，亿万精子军团登陆妈妈体内，但经过阴道、子宫颈后，能从孕妈妈的子宫移向输卵管的精子数，就只剩下几百万了。最后与卵子相遇的可能就只有几百个精子而已。

情绪胎教：受孕瞬间的良好状态

医学上认为，男女交合时必须情绪良好，才能为优生打下良好的基础。从广义上来讲，这就是胎教。

因此，在选择好的最佳受孕日里，下班后夫妻双方应早点回家，共同操持家务，在和谐愉快的气氛中共进晚餐。饭后最好夫妻单独呆在一起，再放上一曲轻音乐，一边听一边进行感情交流。可以体会对方的情感和需求，可以表达自己的感受，也可以共同回忆恋爱中的趣事，憧憬未来家庭和宝宝的美好，当夫妻双方在情感、思维和行为等方面都达到非常和谐统一的境界再进行同房。

在同房的过程中，夫妻双方都应有好的意念，可以把好的意念转化为具体的形象，想象大自然中一切美好的东西，引导丈夫以最饱满的激情进入“角色”，极大限度地发挥自己的潜能。

掌握好受孕瞬间的心理状态其实就是胎教，这并非无稽之谈。为孕育健康的宝宝，做爸妈的要最大限度地作出各种努力，这样才能生一个健康、聪明的优秀宝宝。

环境胎教：应远离的工作环境

现在越来越多的女性怀孕后也一样坚持上班，职场妈妈可以参加一般的日常工作，但不宜从事以下可以导致流产、早产、胎宝宝畸形等严重危害母胎健康的工作。

（1）繁重的体力劳动。

（2）频繁弯腰、下蹲或攀高的工作。

（3）高空或危险作业。

（4）接触化学有毒物质或放射性物质等的作业。

（5）高温作业、振动作业和噪声过大的工作。

（6）接触电磁辐射的工作。

（7）较多接触患者的医务工作者。

营养胎教：孕前要适量补碘

碘是甲状腺素的组成成分，甲状腺素能促进蛋白质的生物合成，从而促进胎宝宝生长发育。妊娠期间甲状腺功能活跃，碘的需要量增加，这样就容易造成妊娠期间碘摄入量不足和缺乏，特别是在我国有很多地区属于缺碘区，更易造成孕妈妈缺碘。

孕妈妈如果缺碘，就会造成胎宝宝甲状腺发育不全，导致胎宝宝甲状腺功能低下，引起甲状腺肿大、死胎、流产、先天畸形、聋哑等，还会严重影响胎宝宝的智力发育。

补碘的关键时间是在孕早期的3个月，尤以孕前开始最好。若怀孕后5个月再补碘，已起不到预防后代智力缺陷的作用了。因此，为了孕妈妈本身的健康和胎宝宝的正常发育，孕妈妈必须注意补碘，尤其是在缺碘的地区更要多吃些含碘丰富的食物。

语言胎教：《新月集》诗选（一）

《新月集》（The Crescent Moon，1903），由印度著名诗人、作家泰戈尔所著，主要译自1903年出版的孟加拉文诗集《儿童集》，也有的是用英文直接创作的。诗集中，诗人生动描绘了儿童们的游戏，巧妙地表现了孩子们的心理，以及他们生动的想象。它所拥有的特殊的隽永的艺术魅力，把我们带到了一个纯洁的儿童世界，勾起了我们对于童年生活的美好回忆。同时，也让孕妈妈对胎宝宝的爱更加强烈。

开始

“我是从哪儿来的，你，在哪儿把我捡起来的？”孩子问他的妈妈说。

她把孩子紧紧地搂在胸前，半哭半笑地答道——

“你曾被我当作心愿藏在我的心里，我的宝贝。

“你曾存在于我孩童时代玩的泥娃娃身上；每天早晨我用泥土塑造我的神像，那时我反复地塑了又捏碎了的就是你。

“你曾和我们的家庭守护神一同受到祀奉，我崇拜家神时也就崇拜了你。

“你曾活在我所有的希望和爱情里，活在我的生命里，我母亲的生命里。

“在主宰着我们家庭的不死的精灵的膝上，你已经被抚育了好多代了。

“当我做女孩子的时候，我的心的花瓣儿张开，你就像一股花香似地散发出来。

“你的软软的温柔，在我的青春的肢体上开花了，像太阳出来之前的天空上的一片曙光。

“上天的第一宠儿，晨曦的孪生兄弟，你从世界的生命的溪流浮泛而下，终于停泊在我的心头。

“当我凝视你的脸蛋儿的时候，神秘之感淹没了我；你这属于一切人的，竟成了我的。

“为了怕失掉你，我把你紧紧地搂在胸前。是什么魔术把这世界的宝贝引到我这双纤小的手臂里来呢？”

第3周 好心情好胎教

本周，卵细胞与精子将结合形成了受精卵。一个新生命就会从这里开始，在我的子宫内发育。现在，我的身体素质、精神状态和营养状况将直接关系到你的体质健康与智力水平，因此这些也将纳入我的胎教内容中。

我的宝贝！你是上帝赐给我的最珍贵的礼物！我仿佛看见了你温柔地笑着，我仿佛听见了你咿呀地说着，我的心将听到了你话里的甜蜜。

本周妈妈变化和宝宝成长

1.精子与卵子相爱了

现在，已经有一个强壮的精子幸运地得到了卵子的青睐，它们互相亲吻，成功地结合为受精卵，至此生命的旅程正式拉开了序幕。

2.受精卵着床，月经停止

在受精后第7天，受精卵着床于子宫内膜中。此时，孕妈妈正式怀孕了。

当受精卵发育成熟为囊胚时会分泌物质，使孕妈妈的体内发生极大的变化，包括月经停止。

营养胎教：补充维生素E助孕

维生素E又名生育酚，能促进性激素的分泌，增加女性卵巢的机能，使卵泡数量增多，黄体细胞增大，增强孕酮的作用。

另外，维生素E还能促进男性精子的生成及增强其活力，对防治男女不孕症及预防先兆流产具有很好的作用。可见，维生素E的确有助孕的效果。

补充维生素E最好的方法是从食物中摄取，但因为维生素E在人体中的吸收率不高，这时候就需要用维生素E制剂来进行补充，每日10～20毫克便基本足够，否则容易产生副作用。建议在医生的指导下选择维生素E制剂的品牌及用量，这样才能做到安全有效。

富含维生素E的食物：玉米、花生、芝麻、大豆、葵花子、糙米、植物油、乳类、蛋类、鱼类、瘦肉、动物肝脏、坚果、猕猴桃，以及莴苣、卷心菜、菠菜等绿叶蔬菜。

情绪胎教：微笑是最好的胎教

有人说，微笑是开在嘴角的两朵花，我们都喜欢看见微笑的脸。腹中的胎宝宝虽然看不见孕妈妈的表情，却能感受到孕妈妈的喜怒哀乐。

人的情绪变化与内分泌有关，在情绪紧张或应激状态下，体内一种叫乙酰胆碱的化学物质的释放就会增加，从而促使肾上腺皮质激素的分泌增多。在孕妇体内这种激素随着母体血液经胎盘进入胎宝宝体内，而肾上腺皮质激素对胚胎有明显的破坏作用，会影响某些组织的联合，特别是怀孕最初的3个月，正是胎宝宝各器官形成的重要时期，如果孕妈妈的心情一直不好，就可能造成胎宝宝畸形，所以，孕妈妈每天都要开心一点，不要吝啬你的微笑。

每天清晨，可以对着镜子，先给自己一个微笑，在一瞬间，一脸惺忪转为光华润泽，沉睡的细胞苏醒了，让人充满朝气与活力。

良好的心态，融洽的感情，是幸福美满家庭的一个重要条件，也是达到优孕、优生的重要因素，一个充满欢声笑语的家庭必然是幸福的。孕妇切忌大悲大怒，更不要吵骂争斗。怀孕1个多月时，如果受到惊吓、恐惧、忧伤、悲愤等严重的刺激，或其他原因造成的精神过度紧张，会引起流产等不良反应。在夫妻感情融洽、家庭气氛和谐、心态良好的情况下，受精卵就会“安然舒适”地在子宫内成长发育，生下的宝宝就会更健康、聪慧。

语言胎教：诗歌《你是人间四月天》

这是著名建筑学家、文学家林徽因在1934年写给她的儿子的一首诗。这首诗洋溢着儿子出生带来的喜悦以及母亲对儿子的希望，诗人将四月的春景比作她心里的那个小天使，字里行间都诠释着爱与希望。

当你饱含对胎宝宝的爱来读这首同样爱子情深的诗歌时，你一定会很享受，心中满满的都是感动。

你是人间四月天

我说你是人间的四月天，
笑音点亮了四面风；
轻灵在春的光艳中交舞着变。

你是四月早天里的云烟，
黄昏吹着风的软，星子在
无意中闪，细雨点洒在花前。

那轻，那娉婷，你是，鲜妍
百花的冠冕你戴着，你是
天真，庄严，你是夜夜的月圆。

雪化后那片鹅黄，你像；新鲜
初放芽的绿，你是；柔嫩喜悦
水光浮动着你梦期待中白莲。

你是一树一树的花开，是燕
在梁间呢喃，——你是爱，是暖，
是希望，你是人间的四月天！

第4周 种子开始萌发

哦，天哪！宝宝，你真的来了吗？是的，我的宝宝已经来到我的体内，一个美好的旅程真正开始了。现在，我还没有什么明显的不适，除了注意饮食营养的调节外，我一定要注意保持愉快的心情。想想可爱的宝宝与我同在，就不会轻易的发脾气了，保持阳光般的心情最重要！

本周妈妈变化和宝宝成长

1. 神经、循环系统出现，肠、肺等器官初步形成

胚胎发育还处于非常幼稚的阶段，只有0.36～1毫米长，但许多变化已经发生了。

在第4周的时候，胚胎的外胚层出现神经管道，将来脊髓、大脑、神经等会由此而来。在中层心脏和循环系统已经出现。内层中，泌尿系统、肠肺等器官开始形成。

2. 子宫内膜增厚，为胚胎提供营养

受精卵着床后，子宫内膜会因为人绒毛膜促性腺激素（HCG）的作用而迅速增厚，并且有大量的血管增生。此时的子宫内膜称为蜕膜，它像一个以宽厚而柔软的床为胚胎的生长发育提供营养，做好充分的准备。子宫蜕膜直到分娩后才会脱落。

营养胎教：多吃可以益智的食物

1.小米、玉米

小米、玉米的营养价值是稻米、面粉所不及的，经营养学家研究，小米和玉米是健脑、补脑的有益主食。

2.紫菜、海带

紫菜、海带等海产品可以提供易被人体吸收利用的钙、碘、磷、铁等无机盐和微量元素，对于大脑的生长、发育、健康和防治神经衰弱症，有着积极的促进作用。

3.芝麻

芝麻，特别是黑芝麻含有丰富的钙、磷、铁，同时含有19.7％的优质蛋白质和近10种重要的氨基酸，这些氨基酸都是构成脑神经细胞的主要成分。

4.核桃

核桃的营养非常丰富。其中脂肪含量占63%～65%，蛋白质含量占15%～20%，糖占10%左右。据测定，500克核桃仁相当于2.5千克鸡蛋或4.5千克牛奶的营养价值，特别对大脑神经细胞有益，钙、磷、铁和维生素A、维生素B_1、维生素B_2等的含量也比较高。

5.花生

花生与大豆一样，富含极易被人体吸收利用的优质蛋白。花生产生的热量高于肉类，其他如核黄素、钙、磷等，也都比奶、蛋、肉高。花生还含有各种维生素（维生素A、维生素C、B族维生素、维生素E）、糖、卵磷脂、氨基酸等，对胎宝宝的大脑发育极为有利。

6.葵花籽

葵花籽富含亚油酸，可以促进胎宝宝脑发育，同时还含有大量的维生素E，可以促进胎宝宝血管生长和发育，还能增进卵巢机能，也有助于安胎。葵花籽还含有丰富的镁，对稳定血压和神经系统有重要作用，孕妈妈每晚吃一把葵花子可起到安眠的作用。

情绪胎教：孕妈妈要提高自身修养

修养包括学识、礼仪、审美、情操等方面。自身的修养是可以不断提高的，孕妈妈的修养对胎宝宝有很大的影响，尤其是妊娠后期，胎宝宝已具备了听觉、感知等能力，并能做出一定的反应。因此，妊娠期间孕妈妈提高自身的修养是很有必要的。

许多孕妈妈怀孕后容易变得懒散，什么也不想干，什么也不愿想。于是有人认为，这是孕妇的特性，随它去好了。殊不知这是非常不利于胎教的。

我们知道，孕妇与胎宝宝之间有信息传递，胎宝宝能够感知孕妈妈的思想。如果孕妈妈既不思考也不学习，胎宝宝也会深受感染，变得懒惰起来。显然，这对于胎宝宝的大脑发育极为不利。如果孕妈妈始终保持着旺盛的求知欲，则可以使胎宝宝不断接受刺激，促进大脑神经和细胞的发育。因此，为了促进胎宝宝的智力发育，孕妈妈一定要勤于动脑，在学识、礼仪、审美、情操等方面提高自己。

妊娠期间，孕妈妈可以多看一些优秀的文学作品，并从中汲取无尽的营养，充实、丰富、美化你的语言。用诗一般的语言，向你腹中的宝宝描述人间的真、善、美，这样就能激发胎宝宝的成长，培养他的美感。

音乐胎教：钢琴曲《爱之梦》

《爱之梦》是由匈牙利钢琴家李斯特所作，这首名曲表达的主旋律是：爱吧，能爱多久就爱多久，这同样也是孕妈妈最想给胎宝宝的爱。

1.《爱之梦》表达的含义

《爱之梦》分为三部曲式，在最开始就呈现出怡静柔美的主题，充满了梦幻般的意境。中段流动的琶音，像爱的表白，充满了幸福的味道。最后乐曲在宁静、幸福的气氛中，依依不舍的结束。

2.听音乐的时间

现在的胎宝宝虽然还只是胚胎，他的听觉器官要等到第4个月的时候才会发育，因此，孕妈妈现在听的音乐只是为了让自己的心情更加舒畅。只要孕妈妈有空，随时都可以打开音响，倾听一下优美的旋律。

3.听音乐的方法

孕妈妈在听《爱之梦》时可以随着音乐的旋律一起哼唱。可以根据自己的喜好调节音量，注意声音不要过大，完全可以自己决定听的次数。如果遇到自己非常喜欢的音乐，也可以多听几遍。

第5周 宝宝频发信号

本周，宝宝开始不停地向我发出信号，他已经迫不及待地想告诉我：他来了。我感觉到了从没有过的幸福，可是接下来的就是让人难受的早孕反应，我开始呕吐、头晕、疲乏无力。宝宝不要为妈妈担心，有你就足以让妈妈面对所有的困难。

本周妈妈变化和宝宝成长

1.小海马一样的胎宝宝

在妈妈肚子里的胎宝宝，现在还只是一个小胚胎，就像苹果籽那么大，小模样看起来和小海马一样，身体的各个器官正处在迅速的分化中。

本周细胞迅速分裂，主要的器官如肾脏和肝脏开始生长。连接脑和脊髓的神经管也开始工作，原肠开始发育。 面部器官也开始形成，鼻孔可以清楚地看到，眼睛的视网膜也开始形成了。

2.孕妈妈初现妊娠反应

嗜睡、呕吐、头晕、乏力、食欲不振，是胎宝宝到来的信号。如果没有留意，孕妈妈可能怎么也想不到这是胎宝宝和孕妈妈独特的招呼方式呢！

营养胎教：孕早期需补充的营养素

叶酸：补充叶酸可以防止孕妈妈贫血及胎宝宝神经器官缺陷，这对妊娠早期尤为重要，因为妊娠早期正是胎宝宝神经器官发育的关键时期。孕妈妈要常吃富含叶酸的食物， 除此以外，还可以口服叶酸片来保证每日所需的叶酸。

维生素C：怀孕的第2个月，有些孕妈妈会发现自己在刷牙时牙龈会出血，适量补充维生素C能缓解牙龈出血的现象。同时可以帮助孕妈妈提高机体抵抗力，预防牙齿疾病。

维生素B_6：对于那些受孕吐困扰的孕妈妈来说，维生素B_6就是孕吐的克星。维生素B_6在麦芽糖中含量最高，每天吃1～2勺麦芽糖不仅可以抑制孕吐，而且还能使孕妈妈精力充沛。

镁：镁不仅对胎宝宝肌肉的健康至关重要，而且还有助于骨骼的正常发育。近期研究表明，怀孕头3个月摄取的镁的数量关系到新生儿的身高、体重和头围大小。

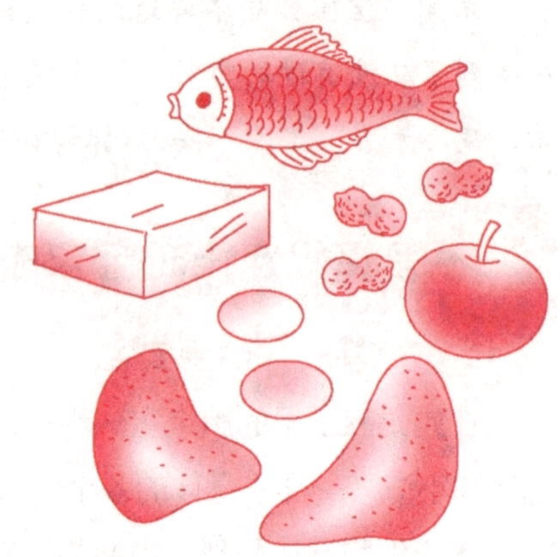

维生素A：胎宝宝发育的整个过程中都需要维生素A，它能保证胎宝宝皮肤、胃肠道和肺部的健康。怀孕的头3个月，胎宝宝自己还不能储存维生素A，因此孕妈妈一定要为胎宝宝提供充足的维生素A。

优质蛋白质：除母体生理变化需要蛋白质外，胚胎发育的过程中也以一定的速度在贮存蛋白质。由于早期胚胎缺乏合成蛋白质的酶，所需的蛋白质不能自身合成，全部需由母体供给。因此孕早期蛋白质的摄入量应不低于非孕时。

能量：孕早期基础代谢增加不明显，胚胎生长缓慢，母体体重、乳房和子宫等组织变化不太大，所以只需适当增加能量。孕早期孕妈妈每天须摄入150克以上的碳水化物（约合粮食200克），以免因饥饿而使母体血中酮体蓄积，并积聚于羊水中，为胎宝宝所利用。

情绪胎教：杜绝不良情绪的方法

孕妈妈经历了最初得知怀孕的喜悦和紧张之后，面对呕吐、眩晕等不适的妊娠反应时，难免会产生烦躁、忧郁等不良情绪。此时，孕妈妈要善于控制各种不良情绪，保持良好情绪。

（1）凡事要往好处想，不要生气，不要着急。

（2）遇到不开心的事情要尽快解脱，离开不愉快的情境，转移注意力。

（3）跟自己说话，相信任何困难都会有办法解决。说话慢点，平和一些。

（4）遇到不开心的事时，要坐下来，身体往后靠，使心情平静下来。

（5）把眼睛闭上几秒钟，按摩头部和太阳穴。

（6）用温水洗个澡。

（7）置身于欢乐的人群中，给自己的情绪以积极的感染，从中得到宽慰。

（8）到附近草木茂盛的宁静小路上散步。

（9）听自己喜爱的乐曲，翻翻自己喜爱的书籍，想一想未来小宝宝的模样，构思一下他的名字等。

总之，孕妈妈要善于控制和稳定自己的情绪，尽量创造良好的心理环境，以利于胎宝宝生长发育。

环境胎教：室内摆放花草的学问

很多人都会在居室里养几盆观赏植物，赏心悦目，但有些花草植物的气味或花粉会使人产生不适的症状，尤其是对孕妈妈和胎宝宝的影响不容忽视。

1.不宜长期放在室内的花卉

松柏类花木：如玉丁香、接骨木等。

洋绣球花：如五色梅、天竺葵等。

丁香类花卉：如夜来香。

其他类：如郁金香、月季花、兰花、百合花等，这些植物长期放在室内，其气味对人体健康有不同程度的影响。

2.可以清除室内污染的花草

可以清除甲醛的花草：散尾葵、发财树、文竹、中国兰、仙人掌等。

可以清除苯的花草：绿萝、发财树、绿巨人、散尾葵、合果芋、元宝树、海棠花等。

可以清除室内挥发性有机物的花草：芦荟、仙人掌、常春藤、绿萝、虎尾兰、龙舌兰、千年木、无花果等。

可以减少电磁波辐射的花草：仙人掌、松树盆景、柏树盆景、杉树盆景等。

第6周 克服早孕反应

此时我的早孕反应更明显了，我的胸部时常感到胀痛、乳房增大变软、乳晕有小结节突出、疲劳、犯困、恶心等感觉，并随时会呕吐。医生说这些令人心烦的症状都是正常的，是孕早期的常见现象，孕早期结束了，就会消退的。所以我不会因此而放弃进行胎教，此时的胎宝宝更需要我的爱与关怀。

本周妈妈变化和宝宝成长

1.小松子仁一样的胎宝宝

第6周的胎宝宝有小松子仁一样大了，小小的心脏长出心室，并且开始供血了，四肢的幼芽也开始长出，鼻眼清晰可辨，神经管开始连接大脑和脊髓，新生命的各个部分正在紧张筹备中。

2.孕妈妈变“懒”了

孕妈妈的身体在为胎宝宝的发育而辛苦地工作，一个人的身体要负担两个人的生理活动，身体的负荷比较重，会时常感觉到困倦、慵懒，这是正常的生理现象，是身体的自我保护，孕妈妈不必过于忧虑。

营养胎教：不可因早孕反应而禁食

1.出现早孕反应不要禁食

轻度恶心、呕吐，可以不必治疗，更不要禁食或少吃。相反，还应该多吃一些食物，这样会感觉好一点，最好每天吃6次饭，少吃多餐，准备一些饼干，饿了随时吃一点，清晨喝杯牛奶或豆浆更好。吃完饭后就卧床休息20～30分钟，感到恶心时再吃几块饼干，感觉就会好一点。孕妈妈本身和胚胎都需要营养，呕吐减少了营养的供给，再少吃则更加不利。

2.早孕反应严重也要吃早餐

孕早期，胎宝宝还很小，对营养的需求也相对孕中期和孕晚期要少。但孕早期是胚胎细胞分化和主要器官和系统的形成期，因此均衡的营养是很重要的。孕妈妈再忙也要坚持吃早餐，且早餐要尽量做到精简而营养丰富。

有的孕妈妈有不吃早餐的习惯，或者晚饭过于丰盛，这对孕妈妈本身和胎宝宝都不利。通常人们上午的工作或劳动量较大，所以在工作劳动前需要相应地供给充足的营养，才能满足身体上、精神上的各种需求。

音乐胎教：孕吐期适合听的音乐

怀孕2个月时，大多数孕妇会有妊娠反应，如呕吐、眩晕等不适，通常会将孕妈妈折腾得心情忧郁、烦躁。为了让孕妈妈的心情变得愉悦，这时可以听一些轻松愉快、诙谐有趣及优美动听的音乐，使孕妈妈不安的心情得到缓解、放松，精神上得到安慰，从而有利于胎宝宝的健康成长与发育。

优美细腻、音律柔和，带有诗情画意的音乐有镇静的作用；节奏明快、轻松悠扬的动人乐曲，有抒解心情、使人愉快的作用，所以此时孕妈妈应多听这一类的音乐，如《摇篮曲》、《春之声圆舞曲》等。孕妈妈不宜听过分激烈的流行音乐，因为这类音乐音量较大，节奏紧张激烈，声音刺耳嘈杂，可能会引起胎宝宝躁动不安，而且可以促使母体分泌一些有害的物质，危及孕妈妈和胎宝宝的健康。

另外孕妈妈还可以听一些活泼有趣的儿歌、童谣，也可以随着轻轻哼唱，通过母体振动将音乐传递给胎宝宝。

美学胎教：孕期美容（孕早期篇）

1.皮肤护理

孕早期，孕妈妈的皮肤会变得粗糙、敏感，这是由于皮脂腺分泌失调所致，是孕期正常的生理现象。因此，孕妈妈不必乱抹药或者更换化妆品。如果情况不是特别糟糕，则不必求医。注意保持脸部清洁，充分休息，摄取适当的营养，到了怀孕中期，一切都会好转。

另外，孕妈妈不要浓妆艳抹，这样会损害你敏感的皮肤。晚上的皮肤护理也不能忽视，要用不含去垢剂的中性乳液洗脸。然后，用清水将皮肤洗净。用冷霜敷在脸上，轻轻按摩，最后用热毛巾擦掉，用乳液滋润。这样，可以使你不用化妆，便拥有娇艳的脸庞。

2.经常清洗

孕早期，孕妈妈的皮下脂肪日益丰腴，汗和皮脂也比以前增多了，所以一定要经常洗脸和洗澡，否则皮肤会发痒，很容易得皮肤病。另外每天晚上要用温水清洗乳头，以保持乳房的清洁。

3.穿衣打扮

现在孕妈妈的肚子看上去不是很突出，所以还没有必要买孕妇装。好好整理一下现成的服装，选出较为宽大的，或把腰部放大就可以穿了。因为怀孕时对寒暑的抵抗力很差，所以一定要注意增减衣服，寒冷时要比平常多穿一件。热了，要穿吸汗、凉快的衣服。

另外，怀孕后，孕妈妈的乳房会日渐丰满，必须要选择合适的乳罩托住乳房，使其保持在原来的位置上。乳房下垂的原因是孕期没有佩戴合适的乳罩。胸肌不发达者更应注意乳罩的佩戴。

第7周 爱在体会中成长

我简直筋疲力尽。据说怀孕前3个月会非常疲惫，宝宝的主要器官都在这个时期形成。我算是体会到这种疲惫了！

本周是胚胎腭部发育的关键时期，不良的情绪会影响胚胎发育导致腭裂或唇裂，所以我一定要控制不良的情绪，保持心情愉悦。另外，在此时期我还要避开可能危害我和胎宝宝的危险物质，尽力保护肚子里的宝宝，让宝宝在我的关爱中慢慢成长。

本周妈妈变化和宝宝成长

1.胚胎开始运动了

本周的胎宝宝大约有12毫米，头大身小，已经可以凭借四肢幼芽在羊水中轻微地转动了，第6～10周是胚胎腭部发育的关键时期，孕妈妈的好情绪能帮助胎宝宝长出端正漂亮的唇腭。

2.新陈代谢率增高，出现尿频

孕妇的子宫壁变软，宫颈变厚，从而保护子宫。在整个妊娠期间，宫颈黏膜严严实实地包围着子宫。这一周，孕妈妈的身体会感到很疲劳。心率陡然增快，新陈代谢率增高了25%。由于子宫增大的原因，孕妈妈会有尿频的现象出现，但是如果排尿时有刺痛感，就要到医院咨询医生，检查一下自己是否患有膀胱炎。

营养胎教：孕妈妈吃酸有讲究

由于早孕反应，孕妈妈会经常感到恶心、呕吐、食欲减退，所以会变得爱吃酸味食物。而孕妈妈吃酸味食物有很多好处，如吃酸味食物能够帮助胎宝宝骨骼生长发育；吃酸味食物有利于铁的吸收，促进血红蛋白的生成；吃酸味食物可以为自身和胎宝宝提供较多的维生素C。但吃酸味食物虽好，也有讲究。

1.不要过多食用腌制品

有的孕妈妈喜欢吃人工腌制的酸菜、醋制品，此类食物虽然有一定的酸味，但维生素、蛋白质、无机盐、糖分等多种营养几乎都已经丧失。而且腌菜中的致癌物质亚硝酸盐含量较高，过多食用对孕妈妈和胎宝宝都有害。

2.孕妈妈忌吃山楂

孕妈妈不能吃山楂，因为山楂会刺激子宫收缩，有可能诱发流产。

3.孕妈妈应该吃的酸味食物

喜欢吃酸味食物的妈妈，最好选择既有酸味又营养丰富的番茄、樱桃、石榴、海棠、橘子、酸枣、葡萄、苹果等新鲜瓜果，这样既可以改善胃肠道的不适症状，又可以增进食欲，增加营养。

意念胎教：孕妈妈做脑呼吸操

怀孕的第2个月，正是胎宝宝各个器官进行分化的关键时期，孕妈妈可以用意念胎教的方法使胎宝宝发育得更加完善，最常用的是脑呼吸操。脑呼吸操的做法如下。

首先熟悉脑的各个部位的名称和位置，闭上眼睛，在心里按次序感觉脑、小脑、间脑的各个部位，想象脑的各个部位并叫出名字，集中意识，这样做可以清楚地感觉到脑的各个部位。刚开始做脑呼吸操时，先在安静的气氛下简短做5分钟左右，在逐渐熟悉方法后，可以增加时间。

吃饭前，在身体轻快的状态下做脑呼吸更有效果。还可以通过脑呼吸和胎宝宝进行对话，想象一下肚子里的宝宝，想象胎宝宝的各个身体部位，从内心感觉宝宝。脑呼吸的同时对胎宝宝说话，或写胎教日记，会使胎宝宝和孕妈妈更容易进行交流。

美学胎教：欣赏美丽的图片

一幅美丽的图片，足以让孕妈妈展开丰富的联想。为了培养宝宝丰富的想象力、独创性以及进取精神，最好的教材莫过于幼儿画册。贴近儿童志趣的图画，更能激起孕妈妈的童心。

你可以将画册中每一页所展示的幻想世界，用你富于想象力的大脑放大并传递给胎宝宝，从而促使胎宝宝的心灵健康成长。可以选那些色彩丰富、富于幻想的内容，最好是表现勇敢、理想、幸福的图片。利用图片做教材进行胎教时，一定要注意把感情倾注于故事的情节中去，通过语气声调的变化使胎宝宝了解故事是怎样展开的。一切喜怒哀乐都将通过富有感情的声调传递给胎宝宝。

第8周 安胎养胎很重要

现在的宝宝还很“娇气”，很容易发生流产，现在最重要的事就是安胎、养胎，所以，我需要在饮食与行动上特别注意，不能掉以轻心。

在受孕后第8周，虽然现在我的早孕反应还没有结束，并且我讨厌那种恶心的感觉。但我知道胎教是一个持续的过程，我依然会坚持营养胎教与情绪胎教的课程。

本周妈妈变化和宝宝成长

1.胎宝宝各器官忙碌地发育

胎宝宝各部位的复杂器官都开始“动工”了。口腔中的牙齿和腭开始发育，头部的耳朵在继续成形，手指和脚趾间有少量的蹼状物。小家伙的皮肤很薄，血管清晰可见，个头长到20毫米左右了。

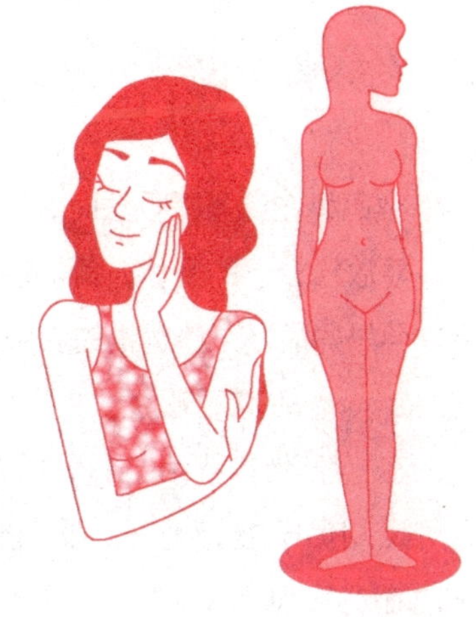

2.孕妈妈偶尔感到腹部疼痛

因为子宫迅速扩张并压迫膀胱，孕妈妈有时可能会感到腹部疼痛、尿频。很多孕妈妈这时候会更明显地体会到“害喜”的滋味。

环境胎教：经常走进大自然

走进大自然，感受这个清新的世界，对一个新生命来说，也是必要的，它是促进胎宝宝智力开发的很重要的胎教基础课。

我们都知道，阳光能使人体产生维生素D，进而促进体内的重要营养元素钙、磷的正常吸收，以满足母体在孕期对钙、磷元素的较大需求。同时，太阳光还可以促进血液循环，阳光中的紫外线还具有消毒杀菌的作用。因此，孕妈妈常适量的晒太阳可以达到消毒防病的目的。

新鲜的空气与充足的阳光同样重要，大自然中新鲜的空气有利于胎宝宝的大脑发育，树林中的氧大部分是以一种带负电的离子氧状态存在的，这种负离子对人体极为有益，具有调节神经系统和改善血液循环系统的功能。负离子氧是孕妈妈和胎宝宝的“空气维生素”。

孕妈妈可以每天清晨和傍晚到公园、草地、树林等阳光充足、空气清新的地方去散步。在散步的过程中，一边享受温暖的阳光，一边呼吸清新的空气，同时，自然界中的鸟鸣蝉歌还可以对大脑神经起到调节的作用，使孕妈妈精神放松，修身养性。

意念胎教：提高胎教效果的呼吸法

孕妈妈有时会感到莫名其妙的烦躁，这时就可以练习一下呼吸法，这对于稳定孕妈妈的情绪和集中注意力有着非常好的效果。

1.自由的场所

孕妈妈在练习呼吸法时，可以任意选择场所，既可以躺在床上，也可以坐在地板上，要放松自己的身体，舒展腰背，手可以放在身体两侧，也可以放在腹部，微闭双眼。孕妈妈最好穿件宽松的衣服，让自己感觉舒适即可。

2.开始练习呼吸法

在一切准备就绪之后，孕妈妈可以用鼻子慢慢地一边吸气，一边在心中默数：“1、2、3、4、5 ……”（大约5秒钟），肺活量大的孕妈妈可以数到6，感到困难时可以数到4。

在吸气时，要让自己感到气体被储存在腹中，然后慢慢地将气呼出来，用嘴或鼻子都可以。总之，要平静、缓慢地呼出来，呼气的时间是吸气时间的两倍。也就是说，如果吸气时是5秒钟的话，呼气时就是10秒钟。反复地呼吸1～3分钟，你就会感到头脑清醒，心情平静。

语言胎教：故事《鸡妈妈的妙计》

刚刚怀孕的孕妈妈，一定会因为早孕反应而感到特别疲惫，心情也会比较烦躁。现在孕妈妈可以什么都不想，来给胎宝宝讲个故事，看鸡妈妈是怎么化险为夷的。

鸡妈妈的妙计

早晨，鸡妈妈带着孩子们在门前的草地上散步，黑狗大哥对鸡妈妈说：“今天我要出去，到晚上才能回来，我走后你要小心啊！”

鸡妈妈送别了黑狗大哥，把孩子们带回家了。

鸡妈妈刚把门窗关好，狐狸来到了房子前。狐狸一边敲门一边说：“今天是我的生日，我是来邀请你和孩子们去吃生日蛋糕的。快开门吧！”

鸡妈妈知道狐狸不怀好意，灵机一动，对门外说：“今天也是我的生日，我做了一个很大的蛋糕，我和孩子们就不去你那里了。”

狐狸见鸡妈妈不开门，就找来一块大石头，想把门砸开。孩子们从门缝里见到狐狸要砸门，吓得直打哆嗦。

鸡妈妈知道狐狸是不会轻易走的，想找个办法对付狐狸。这时，鸡妈妈急中生智，对着门外大声说：“要不，你进来和我们一起过生日吧？黑狗大哥也在，它说我做的蛋糕很好吃，叫你也来尝尝。”

狐狸听了鸡妈妈的话，一边放下石头一边想着：“刚刚经过黑狗家的时候，看到它的大门关着，可能它真的在这里。”狐狸胆战心惊地自言自语：“黑狗太凶猛了，如果我进去，不是自找苦吃吗？赶紧跑吧，等它冲出来了可就遭殃了。”

鸡妈妈看到狐狸掉头跑了，知道狐狸中计了。它打开门大声说：“黑狗大哥叫你来尝尝我做的蛋糕，你怎么跑了啊？”

狐狸一溜烟跑得无影无踪了。

鸡妈妈语重心长地对孩子们说：“想干坏事的家伙总是心虚的。面对敌人，害怕毫无用处，只有发挥智慧才能化险为夷。”

第9周 宝宝初具人形

从现在开始，不许再把我的宝宝叫胚胎了，大夫说，他已经是一个小胎宝宝了，他的肝脏已经开始制造血细胞。

此时，宝宝的感觉器官已具有适应环境的能力。这为我们将要做爸妈的人提供了科学胎教的依据。我们一定要在了解胎宝宝的前提下，努力学会与胎宝宝进行交流，这样才能促进胎宝宝的体格和智能发育，才能孕育出一个健康、聪明的宝宝。

本周妈妈变化和宝宝成长

1.神经器官开始工作

胎宝宝的小尾巴已经完全消失了，而且所有的神经器官都开始工作了。外观上，手腕部位开始稍微有些弯曲，双脚开始摆脱蹼状的外表，眼帘开始覆盖住眼睛。医学上将9周前的胎宝宝称为胚胎或胚芽，从第9周开始称为胎宝宝。

现在的胎宝宝已经告别“胚胎”时代，成为真正意义上的“胎宝宝”了。

2.孕妈妈体型开始变化

孕妈妈可能会感觉到以前的衣服小了，尤其是随着乳房增大，需要换大一点的胸衣了。有些孕妈妈会感到下腹部有闷胀感和绷紧感，而且已经注意到腰围变大了，是不是很有成就感呢?

意念胎教：孕妈妈要多读好书

哲人说：“读一本好书，就像是与一位精神高尚的人在谈话。”书中精辟的见解和分析、丰富的哲理、风趣幽默的谈吐，都会使人精神振奋，耳目一新。孕妈妈相对休息时间较多，闲暇时读一本好的文学作品，母子都会受益。

孕妈妈通过阅读书籍，可以产生敏捷的思维和丰富的联想。医学研究表明：母亲的思维和联想能够产生一种神经递质，这种神经递质可以经过血液循环进入胎盘而传递给胎宝宝，然后分布到胎宝宝的大脑及全身，并且给胎宝宝脑神经细胞的发育创造一个与母体相似的神经递质环境，使胎宝宝的神经向着优化方向发展。因此，孕妇阅读有益的书刊，就犹如为子宫中的胎宝宝服用了超级维生素，使胎宝宝健康发育。

读书是为了使孕妈妈心境宁静，情绪稳定，孕妈妈不宜看那些低级下流、污秽、色情、打斗、杀戮的作品，世俗人情写得过分悲惨凄厉的文学作品也不宜看。

应该看一些轻松、幽默、鼓舞人向上的作品，如《居里夫人传》《小木偶奇遇记》《塞外风情》《长江三日》《三毛流浪记》《西游记）《儒林外史》《钢铁是怎样炼成的》，以及安徒生童话、格林童话等。

一些儿童文学作品，如《克雷洛夫寓言》《伊索寓言》等，欣赏这些作品的过程中会使自己回到童年时代，产生童心和童趣，无形之中增加了孕妈妈的爱子之心。

《木偶奇遇记》《成语故事》等描写得生动有趣，既幽默又富于感情色彩，不仅能化解孕期的烦乱心绪，而且有助于领悟儿童的心理特征，使自己成为一位称职的母亲。

另外，朱自清、冰心、秦牧等作家的散文作品优美隽永，耐人寻味，也应欣赏。此外，吟咏古典诗词，也能让人得到美的熏陶。

语言胎教：《新月集》诗选（二）

孩童之道

只要孩子愿意，他此刻便可飞上天去。

他所以不离开我们，并不是没有缘故。

他爱把他的头倚在妈妈的胸间，他即使是一刻不见她，也是不行的。

孩子知道各种各样的聪明话，虽然世间的人很少懂得这些话的意义。

他所以永不想说，并不是没有缘故。

他说要做的一件事，就是要学习从妈妈的嘴唇里说出来的话。那就是他所以看来这样天真的缘故。

孩子有成堆的黄金与珠子，但他来到这个世界上，却像一个乞丐。

他所以这样假装了来，并不是没有缘故。

这个可爱的小小的裸着身体的乞丐，所以假装着完全无助的样子，便是想要祈求妈妈的爱的财富。

孩子在纤小的新月的世界里，是一切束缚都没有的。

他所以放弃了他的自由，并不是没有缘故。

他知道有无穷的快乐藏在妈妈的心的小小一隅里，被妈妈亲爱的手臂所拥抱，其甜美远胜过自由。

孩子永不知道如何哭泣。他所住的是完全的乐土。

他所以要流泪，并不是没有缘故。

虽然他用了可爱的脸儿上的微笑，引逗得他妈妈的热切的心向着他，然而他的因为细故而发的小小的哭声，却编成了怜与爱的双重约束的带子。

音乐胎教：圆舞曲《蓝色多瑙河》

此曲始作于1866年。小约翰·施特劳斯虽创作出数百首圆舞曲，但还没有创作过声乐作品，这首合唱曲的歌词是他请诗人哥涅尔特创作的。1867年首演。当时维也纳在普鲁士围攻下，人们处于张惶之中，首演失败。直到1868年2月，小约翰·施特劳斯住在维也纳郊区离多瑙河不远的布勒泰街54号时，把这部合唱曲改为管弦乐曲，在其中又增添了许多新的内容。同年，这部乐曲在巴黎公演时获得了极大的成功。顷刻间，这首圆舞曲传遍了世界各大城市，后来竟成为作者最重要的代表作品。直至今日，这首乐曲仍然深受世界人民的喜爱。在每年元旦维也纳举行的“新年音乐会”上，本曲甚至成了保留曲目。

第10周 让爱围绕宝宝

胎教可不只是我一个人的事，老公你也不能闲着哦，你要分享我的喜悦与担忧，给予我最大的支持，还要和我一起来做胎教。从现在开始你要把所有对我和宝宝的爱转化为行动，我们要一起度过孕育宝宝的幸福时光。

亲爱的宝宝，感谢你让我们有这样一个机会去体验做爸妈的辛苦和快乐！

本周妈妈变化和宝宝成长

1.胎宝宝像个豌豆荚

胎宝宝现在就像一个豌豆荚，长约40毫米，重约5克，在通过胎盘和母体之间进行物质交换。妊娠的3～6个月是胎宝宝的“脑迅速增长期”，胎宝宝的脑重量不断增加，脑细胞体积增大，神经纤维增长。

2.孕妈妈情绪波动明显

孕期雌激素的作用，让孕妈妈的情绪起伏很大，常常会莫名其妙地感到不安和激动。这是孕期正常的生理反应，孕妈妈应积极调整自己的情绪。

运动胎教：孕早期要多多散步

散步是非常适合孕妈妈的运动，不仅能够促进胎宝宝的大脑发育，而且还兼有胎教的功效。孕妈妈散步比坐着的时候，氧气的供给量要高出2～3倍，散步还能让孕妈妈的心情变得愉悦和放松。观看大自然的景色、聊天，对于孕妈妈来说无疑是一种美的精神享受。而孕妈妈的心情愉快，头脑清醒，不仅有利于消除疲劳，还有利于胎宝宝的健康成长。孕妈妈散步时要注意以下几点。

（1）散步应选择在风和日丽的天气中进行，如果有雾、下雨、刮风及天气骤变时不宜外出，以免感冒。

（2）应该选择在道路平坦、环境优美、空气清新的地方散步，有准爸爸或家人的陪同就更好了。

（3）散步时，无论看到什么景象，都可以将其变成有趣的话题讲给胎宝宝听，这样和语言胎教结合起来，效果更佳。

（4）散步的时间最好是在上午10点到下午2点左右，因为这个时间段是一天之中母体子宫最放松的时间。

营养胎教：缓解孕吐的饮食方法

由于怀孕最初3个月，是胎宝宝各种器官形成的关键时期，因此，孕吐期的饮食调理很重要。据最新研究显示，饮食对孕吐也有一定的影响，如果孕妈妈多摄取肉类或含糖分高的食物，孕吐的情况就会比较严重。相反如果多吃谷物和豆类食品，症状就会轻很多。

以下几种方法可以避免孕妈妈晨吐，或是将晨吐症状减轻到最低。

（1）为了防止呕吐严重时引起脱水，可以选食一些含水分多的食品，如各种水果、新鲜蔬菜等，这些食品不仅含有大量的水分，而且还含有丰富的维生素C和钙、钾等矿物质。

（2）可以在烹调食物时使用一些香辛料，如姜、辣椒、紫菜等，使食物略有刺激性，可以增进食欲。

（3）热食气味大，妊娠呕吐者比较敏感，可以适当食用些冷食或将热食晾凉后再食用。

（4）可以多食用些蛋白质、维生素含量高的食物，如奶酪、牛奶、豆浆、藕粉、鸡蛋、水果、蔬菜等。

（5）少食多餐。恶心呕吐多出现在早晨起床或傍晚时，也就是说胃中太空或太饱对孕妈妈都不利。孕妈妈可以采用少食多餐的方法，不拘泥一日三餐的规定习惯，想吃就吃。晚上可以准备一些容易消化的食品，如面包干、馒头片、乳糕、饼干等。在早上起床前先喝一杯白开水，再将食物吃下去，稍躺一会再起床，可以减少恶心与呕吐。

（6）在膳食和食物烹调中，要少吃油腻食物。应该多食用植物油，少食用动物油，以减少油腻。

（7）汤类也容易引起呕吐，所以，吃饭时孕妈妈不要喝太多的汤和饮料。

（8）孕妈妈应避免吃刺激性强的食物，如辛辣食品。

（9）清晨起床时，孕妈妈如果有恶心感，可以吃些咸饼干、烤馒头片。此时不必考虑营养而去吃自己不喜欢或不易消化的食品。

（10）另外，多吃些蔬菜和水果，有利于减轻呕吐。适当服用维生素B_6、维生素C，可以防止体内酸中毒。

音乐胎教：孕妈妈享受“音乐浴”

孕妈妈可以进行一次“音乐浴”式的音乐胎教，这对于消除身体的疲劳、心胸郁闷、头昏、头疼有着立竿见影的效果，同时也可以让胎宝宝得到一次音乐的洗礼。

1.选择舒适的姿势

孕妈妈可以舒适地躺在床上、沙发或躺椅上，如果是坐着可以将双脚底下垫一个小板凳，两手自然地放在双腿旁边。一定要采用自己最舒适的姿势，然后全身放松，闭上双眼。欣赏音乐之前，要告诉胎宝宝：“宝宝，我们要一起听音乐了！”然后放松身体的肌肉，保持心情舒畅，对胎宝宝赋予深切的期望并倾注自己全部的爱。

2.感受音乐的魅力

随着音乐的节奏，孕妈妈要全身放松，首先感受音乐如波浪般一次一次有节奏地向你冲过来，冲走了疲倦，大脑感觉非常轻松，全身的血液正随着欢快的音乐有节奏地流动（时间控制在4分钟或以一首曲子为限）。然后想象音乐如温暖的泉水，从头顶缓缓的往下流动，血液也在从头到脚、有节奏的流动（时间约为6分钟或者一首曲子为限）。最后孕妈妈可以睁开眼睛，随着音乐的节奏，有节奏地摆动手、脚（时间为3分钟或稍长）。

当音乐停止以后，孕妈妈可以起身走动走动，享受完“音乐浴”，通常会感到头脑非常清醒，身体变得轻快。

第11周　保持祥和心态

我的胎宝宝已经11周了，我特别注意自己的起居、饮食、劳动量等，以使宝宝受到生理方面的滋养和保护。而且，我还很注意自己的情绪、志趣、品质、言行等，时刻都让自己保持详和的心态，以使胎宝宝受到同化。只有这样，我的宝宝才能在良性信息的刺激下健康成长。

本周妈妈变化和宝宝成长

1.胎宝宝开始自由活动了

胎宝宝开始能做吸吮、吞咽和踢腿的动作了。这时的身长约45～63毫米，体重约10克。不但维持生命的器官如肝脏、肾、肠、大脑和肺已经开始工作了，连手指甲和绒毛状的头发等细微之处也开始发育了。胎宝宝的骨骼细胞发育加快，需要大量的钙质补充。

2.孕妈妈的腰变粗了

孕妈妈的子宫随着体内胎宝宝的增长而增大，在本周足以填满自己的盆腔，并且可以在耻骨中线上的下腹部触及到。

属于孕妈妈的美丽弧线，慢慢开始出现了，腰似乎变粗了，你的腰腹下面，藏着一个幸福的开始。

情绪胎教：如何进行自律训练

怒对人体健康的影响是很不利的。国内外的学者都认为，如果孕妈妈的情绪易于激动，经常大发雷霆，就会对胎宝宝产生很大的影响。

孕早期由于早孕反应，孕妈妈很容易心烦意乱，为了一点小事就会生气，而你的不开心也会传递给胎宝宝。研究发现，孕妈妈良好的心理状态有利于胎宝宝的健康发育，现阶段孕妈妈要积极调理好自己的心态，使自己的心理处于最佳状态。这种心情应持之以恒才能使胎宝宝的身体和心理健康成长。可见孕妈妈平和、宁静、愉快而充满爱的心理，也是此阶段胎教的主要内容。

此时，如果孕妈妈还有妊娠反应的不适感，可以试着学用“自律训练法”，在缓解妊娠反应的同时，也会让你的胎宝宝感受到你的轻松与愉快。具体方法如下。

首先拉上窗帘，或将灯光调弱，让房间里的光线变得柔和，找到一个让你感到舒服的姿势，闭上眼睛，做2～3次深呼吸。然后把下面这些话缓缓地在心里默诵，每句话各重复两遍：心情放松→手臂放松→心情放松→双腿放松→心情放松→手臂温暖→心情放松→双腿温暖→心情放松。结束之后，两手相握，或弯曲双肘，还原。

音乐胎教：经常给胎宝宝唱歌

胎宝宝最爱听妈妈的歌声了，孕妈妈平时要经常给胎宝宝唱欢快的歌曲。

在厨房做饭时，在打扫房间时，在小公园里散步时，只要有时间就可以哼唱一些欢快流畅的歌曲。这样胎宝宝就可以不断地听到孕妈妈的歌声，传递“爱的信息”，这对于奠定母子交流的基础是最有效的方法。对于培养胎宝宝对音乐和语言的敏感性来说，也具有相当重要的作用。

语言胎教：做家务时进行胎教

合理地安排家务，既能融胎教于家务中，又能使夫妻的生活变得规律而舒适，何乐而不为。只要安排得当，家务活里的胎教活动是很丰富的，可以一边进行运动胎教，一边进行语言胎教。下面是我们对一周内家务活安排的举例，孕妈妈可以参考一下。

星期一、星期四 改变外出购物的路线，花一定的时间观察周围的事物，向胎宝宝讲解生活中的各种现象。

星期二 打扫起居室、卧室卫生，擦洗家具，给胎宝宝描述这个温馨的家是什么样子的。

星期三 擦拭窗户和门框，冲洗厕所和浴室，可以给胎宝宝讲妈妈是怎样劳动的，告诉胎宝宝要讲卫生。

星期五 打扫和整理厨房，安排星期六和星期日的食谱，告诉胎宝宝自已怎样合理地安排每天的膳食以保证营养需要。

第12周　让快乐感染宝宝

亲爱的小宝贝，有了你之后，我觉得我变了很多，好像我孕育的不是一个人，而是一个世界。本周是孕早期的最后一周，现在宝宝更加安全了，流产的可能性减小了，我的早孕反应也没有那么强烈了。本周胎教的重点仍然是保持愉悦的心情和营养的全面补充。所以我始终都保持着良好的心情，我知道我快乐宝宝也快乐。

本周妈妈变化和宝宝成长

1.胎宝宝像个小小舞蹈家

胎宝宝长到大约90毫米了，手指和脚趾已经完全分开，部分骨骼开始变得坚硬，并出现关节雏形。现在的胎宝宝初具人形了，不甘寂寞地在孕妈妈体内频繁运动，偶尔踢踢腿、舒展一下身体，就像是在跳舞一样。

2.乳房膨胀，分泌物增多

妊娠初期就开始柔软胀大的乳房，现在继续变大，乳头和乳晕的色素加深，有时还会感到有些疼痛。

这一时期从阴道流出的乳白色分泌物也会有所增多，孕妈妈要注意保持身体清洁，勤换内衣、内裤。

情绪胎教：如何保持快乐的心情

孕妈妈保持乐观、积极、快乐的情绪，会使血液中有利的化学成分增加，胎宝宝便能健康发育，分娩也会更顺利。如果孕妈妈紧张、恐惧、焦虑、忧郁、悲伤等，会影响营养的摄取、激素的分泌，使血液中的有害化学成分增加，并通过胎盘影响胎宝宝发育，甚至导致胎宝宝畸形或流产。

1.精心打扮自己

很多孕妈妈心情烦躁时，常常没有心情打扮自己。要想保持快乐的心情，孕妈妈应善于从生活中发现乐趣。越是情绪低落的时候，就越要用心去打扮自己，孕妈妈变得漂亮精神了，心情自然也会改善。

2.听一听轻音乐

孕妈妈听听轻音乐，也是排解压力、舒缓心情的好方法。当孕妈妈心情烦乱时，可以在轻柔美妙的音乐中调整自己的情绪，慢慢就会变得宁静平和。

3.每天开心笑几次

每天开心笑几次，会使孕妈妈全身肌肉放松，有益健康，还能使孕妈妈变得更加开朗健谈和幽默大方。

音乐胎教：古筝名曲《平湖秋月》

聆听美好的音乐也是一种艺术欣赏，孕妈妈在享受艺术之美时，如果能加深对作品的理解，其艺术感染力将大不一样，胎教的效果也必然会不一样。利用准爸爸休息的时间，可以“一家三口”一起来欣赏美妙的音乐。

《平湖秋月》是广东音乐名家吕文成的代表作，曲调采用了浙江的民间音乐，又有广东音乐的风格，描绘了素月幽静的秋夜美景。

欣赏乐曲，需要闲适恬淡的心境，特别是中国古典音乐。傍晚时分，夕阳残照，渔歌唱晚，繁忙了一天的人们，远离了白天的喧嚣和浮躁，和家人在一起，悠闲地观赏着户外的月光和夜色，听着音乐，浅品轻呷，这种感觉最令孕妈妈惬意了。

如果能眺望到湖面，聆听着雅乐古筝，一分空旷、几片宁静，飘着浪漫，那么，所有的烦恼和忧郁，全都会被这种至美的境界一扫而空。

乐曲是用古筝来演奏的，在节奏平稳、少有曲折、看似单调的音符里，蕴涵着道家的文化精髓：“虚”和“空”。古筝淡泊清晰的音韵，在低沉舒缓的流水声里，让人尽情地沐浴在那种浩淼空灵、宁静安详、远离世俗纷争的幽静雅致景色中，充分体味到中华民族那种古老淳朴的风韵和高洁优雅的文化气息。

欣赏这样轻柔空盈的音乐，忘情于山水之间，感觉自己真的成了不食人间烟火的仙子了。

曲子虚空柔婉，但并不孤寂。在天水一色、浩月当空的夜色，在一串简约别致的音符的陪伴下，既可以思无旁绪地尽情倾于思考，也可以心无旁骛地静若止水。那轻盈柔媚的女子，在低眉顺目的瞬间，轻灵纤纤细手，弹指间，便把音调的婉转清淡与旋律的明朗流畅，都玲珑剔透地展现在了一片秋天月夜的湖光山色之中了。

“淡泊以明志，宁静以致远。”《平湖秋月》给人们带来的正是这样舒缓怡人、沁人心扉的旋律，让人在清辉如泻、月光如水之中，感到胸襟开阔。旋律上的淡淡地起伏，灵动而不呆板，让人在湖光浩淼中，感悟着“滟滟随波千万里”的缥缈思绪，如旖旎波光里的远岱，含着微微的缱绻荡漾和起伏，但片刻又恢复宁静了。

语言胎教：故事《吹来的种子》

《吹来的种子》是一则适合孕早期的胎教故事，这个胎教故事温情有爱，孕妈妈不妨跟胎宝宝讲讲，这粒爱的种子是怎么来的吧！

吹来的种子

秋天，风伯伯把一粒种子吹到了小河边，春天一来这粒种子就发了芽，长成了一棵桃树。

第二年的秋天，风伯伯又吹来了一粒种子，春天一来，这粒种子又发了芽，长成了一棵杏树。

在一个风和日丽的下午，杏树说话了：“桃树姐姐，要是没有你在这里我肯定很孤单，可我还是很思念远方的妈妈。”

桃树笑着说：“杏树妹妹，你看这条小河的水多清澈，我在这里生活了一年，春天有小动物们在河边喝水，夏天有老奶奶在河边乘凉，秋天有大妈在河边洗衣服，冬天有小孩在河边滑冰。而我们却是小河边一道美丽的风景，多好啊！”听了桃树的话，杏树可开心了。

这天来了一头小猪，小猪正在找吃的，它看到了桃树旁边有些青草，于是不客气的用嘴拱着土壤吃青草。这下可好，把桃树拱到了小河里边，看到桃树被拱到了河里，杏树一个人在那儿哭了起来。

“杏树妹妹，你别哭啊，我还好好的呢！”听到了桃树姐姐的声音，杏树不哭了，他睁开泪眼看见虽然桃树在水里，但它的根部还连着岸边的土壤。经历过这次后，桃树的枝丫都伸展到了河边，

几天后，有一位老人经过时看见了，说道：“我得把这棵树移到岸边，这样果子成熟后就不会掉到河里了。”就这样桃树又回到了岸边。

夏天到了，天气很干燥，这时有几个小孩来河边洗澡，他们看见了河边的桃树和杏树，于是给它们浇了水。

秋天来了，风伯伯从远方带来了桃树和杏树妈妈的话语，它们说道：“孩子们，我们又结了满满地一堆果子，把这些献给了大地的人们，你们长大后要把快乐带给人间，把丰收的喜悦带给人们。”听了妈妈的话，它们都笑了。

后来，桃树和杏树茁壮成长，并且结了许多果子，为人们带来了很多快乐和幸福。

准爸爸要帮妻子减压

孕育新生命，孕妈妈会承受很大的压力，比如担心宝宝的成长，担心自己的形象，担心分娩的剧痛，担心产后恢复困难等等，如果孕妈妈的压力得不到舒缓，就会影响自身和胎宝宝的健康。

准爸爸应该学会发现并赞美妻子的美，妻子在怀孕后通常都会变得更可爱，她们身上有一种慈爱之心，准爸爸如果能对妻子的这些魅力加以赞美，会令整个家庭都快乐、温馨起来。

妻子心情低落的时候，准爸爸不妨多加开导，让妻子说出自己的苦闷，并认真倾听，准爸爸少说多倾听能够帮助妻子减压，让妻子心情愉悦。

第13周 合理补充营养

从本周开始，我就进入了孕中期阶段，基本上告别了早孕反应的不适，容易出现流产的危险期也基本结束了，我和我的宝宝相对来说是比较安全的。

此时，腹中的胎宝宝各个器官和组织开始进入迅速发育期，几乎以10克/天的速度增长，对营养物质的需求非常大。因此，这个时期我要更加注意加强营养，并保证食物的质量，保证营养均衡摄入。

本周妈妈变化和宝宝成长

1.胎宝宝的手指出现了指纹

胎宝宝的个头更大了。两眼之间的距离开始拉近，肝脏、肾脏都开始工作了。胎宝宝的手指上出现了指纹。胎宝宝比上周更为敏捷，神经元迅速增多，神经突触形成，条件反射能力加强。此时如果用手轻触孕妈妈的腹部，胎宝宝就会在里面蠕动起来，不过孕妈妈现在还感觉不到。

2.孕妈妈出现了妊娠纹

现在有些孕妈妈的腹部从肚脐到耻骨会出现一条垂直的妊娠纹，脸上也可能会出现黄褐色的妊娠斑。孕妈妈不必太担心，这些都是怀孕的特征，随着分娩的结束，斑块也会逐渐变淡或消失。

营养胎教：孕中期需补充的营养素

锌：孕中期妈妈需要增加锌的摄入量。孕妈妈如果缺锌，会影响胎宝宝在宫内的生长，会使胎宝宝的脑、心脏等重要器官发育不良。补锌要适量，每天膳食中锌的补充量不宜超过45毫克。

钙：孕妈妈怀孕5个月后，胎宝宝的骨骼和牙齿生长得特别快，是迅速钙化的时期，对钙质的需求剧增。因此从本月起，牛奶、孕妇奶粉等是孕妈妈每天必不可少的补钙饮品。

铁：此时的孕妈妈和胎宝宝的营养需要量都在猛增，许多孕妈妈开始出现贫血的症状。铁是组成红细胞的重要元素之一，所以，本月尤其要注意铁元素的摄入。

脑黄金：“脑黄金”对于怀孕7个月的孕妈妈来说，具有双重的重要意义。首先，“脑黄金”能预防早产，防止胎宝宝发育迟缓，增加婴儿出生时的体重。其次，此时的胎宝宝，神经系统逐渐完善，全身组织尤其是大脑细胞发育速度比孕早期明显加快。而足够“脑黄金”的摄入，能保证婴儿大脑的视网膜的正常发育。

能量：孕中期，孕妇的基础代谢加速，糖利用增加，能量的需要量每日比妊娠早期增加约1.25兆焦耳。

蛋白质：妊娠中期，胎宝宝脑细胞分化发育处于第一个高峰，蛋白质的缺乏可能会导致脑细胞的永久性减少，而且动物性蛋白质最好占全部蛋白质摄入量的一半以上。世界卫生组织建议每日增加优质蛋白质9克，相当于牛乳300毫升或鸡蛋2个或瘦肉50克。

维生素B_1、维生素B_2：维生素B_1、维生素B_2以及尼克酸与机体的物质代谢关系密切，应适量补充。维生素B_1主要参与机体的碳水化合物代谢，维生素B_2、尼克酸则参与机体的碳水化合物、脂肪以及蛋白质的代谢。

维生素B_{12}：维生素B_{12}的功能在于作为机体所需辅酶参与代谢。它在中枢神经系统与红细胞生成过程中作用显著。妊娠期间维生素B_{12}供给不足，孕妈妈常有巨幼红细胞性贫血，新生儿也可能患有贫血。

叶酸：孕中期胃酸分泌减少，胃肠功能减弱，吸收率较低，更要求膳食中有充足的叶酸供给。孕中期叶酸缺乏，核酸形成减少，会影响红细胞成熟，引起巨幼红细胞性贫血。

维生素C：胎宝宝生长发育需要大量的维生素C，它对胎宝宝骨、齿的正常发育，造血系统的健全和机体抵抗力等有促进作用。

维生素A：维生素A对维持母婴上皮细胞功能以及胎宝宝骨骼发育有重要的作用。妊娠期间，除了要供给维持母体及胎宝宝机体功能及生长发育之需的维生素A外，胎宝宝的肝脏还要贮存一定量的维生素A，以备出生后用。

维生素D：维生素D可以促进钙的有效吸收，孕妈妈要多吃鱼类、鸡蛋，另外晒太阳也能制造维生素D，孕妈妈可以适当晒晒太阳，但是首先要做好防晒工作。

脂肪：脂肪是提高能量的重要物质。孕中期，脂肪开始在孕妈妈的腹壁、背部、大腿及乳房等部位存积，为分娩和产后做必要的能量贮存。妊娠24周时，胎宝宝也开始贮备脂肪。脂肪还是构成脑和神经组织的重要成分，必要脂肪酸缺乏时，可推迟脑细胞的分裂增殖。脂肪供给以占总能量的20%～25%为宜。

语言胎教：胎教儿歌（一）

1.一只小蜜蜂

一只小蜜蜂呀，
飞到花丛中呀，飞呀，飞呀。
二只小耗子呀，
跑到粮仓里呀，吃呀，吃呀。
三只小花猫呀，
去抓小耗子呀，追呀，追呀。
四只小花狗呀，
去找小花猫呀，玩呀，玩呀。
五只小山羊呀，
爬到山坡上呀，爬呀，爬呀。
六只小鸭子呀，
跳到水里面呀，游呀，游呀。
七只小百灵呀，
站在树枝上呀，唱呀，唱呀。
八只小孔雀呀，
穿上花衣服呀，美呀，美呀。
九只小白兔呀，
竖起长耳朵呀，蹦呀，蹦呀。
十个小朋友呀，
一起手拉手呀，笑呀，乐呀。

2.泥娃娃

泥娃娃，泥娃娃，
一个泥娃娃，
也有那眉毛，
也有那眼睛，
眼睛不会眨；
泥娃娃，泥娃娃，

一个泥娃娃，
也有那鼻子，
也有那嘴巴，
嘴巴不说话。
它是个假娃娃，
不是个真娃娃，
它没有亲爱的妈妈，
也没有爸爸。
泥娃娃，泥娃娃，
一个泥娃娃，
我做它妈妈，
我做它爸爸，
永远爱着它。

语言胎教：选择合适的胎教故事

给胎宝宝讲故事是最方便、最有效的胎教方法，那么如何给胎宝宝选择合适的胎教故事呢？

最简单的方法就是选择合适的胎教故事书，这类胎教故事书最好以幼儿画册为主。书中的内容要丰富多彩、语言简单，最好是儿语。要富于想象的空间，让孕妈妈展开丰富的想象力，给孕妈妈一种幸福感和满足感。所以内容一定要语言优美、内容积极、寓意美好、充满爱意。一定不要选择那些恐怖、暴力、血腥的故事，那些故事会对胎宝宝和孕妈妈产生不好的影响。

给胎宝宝选择胎教故事时，也可以是孕妈妈自己经历的故事或自己熟知的故事。孕妈妈由于亲身经历，再讲起来时就更赋予情感。而熟知的故事讲起来会更加轻松愉快，带有感情色彩。例如在给胎宝宝讲动物的故事时，可以选择自己喜欢的动物来讲。给胎宝宝讲的故事可以是各种各样的，并没有一定的界限，只要是对胎宝宝有积极作用的都行。

孕妈妈还可以自己编故事讲给胎宝宝听。故事的内容可以是孕妈妈生活中看到的美好事物，如春天柳树发芽，秋天叶子变黄等。在外面散步时，还可以根据自己看到的一些情景，编一些有趣的小故事。

在讲这些故事时，孕妈妈要充满感情，内容要具体在大脑中呈现出来。只有这样，胎宝宝才能有更好的感受和理解。

第14周 开始做鬼脸了

怀孕第14周，我感觉轻松了很多，没有了早孕反应，身体舒服多了，胃口也好了。这个时候应该是整个孕期最舒服的时候了，所以从现在开始就可以进行全面的胎教工作了。

本周妈妈变化和宝宝成长

1.胎宝宝会做很多事情了

胎宝宝此时已经可以做很多事情了，如皱眉、做鬼脸、斜着眼睛、吸吮自己的手指等，科学证明，这些动作可以促进大脑发育。如果是女胎，她的卵巢里现在大约有200万个卵子，出生时就仅存100万个了，等她长大时，会越来越少，到17岁时可能仅剩20多万个。

2.孕妈妈早孕反应减轻

孕妈妈的腹部慢慢隆起，早孕反应已经快消失了，进入了最舒服的孕中期。孕妈妈的乳头可以挤出少量乳汁，下身分泌物增多，这是体内雌激素水平较高，盆腔及阴道充血而导致的。

意念胎教：想象胎宝宝的样子

意念胎教的方法很多，其中有一种就想象胎宝宝的样子。当你知道自己怀孕的那一刻，你就会不停地在心中描绘着宝宝的形象，他会长的像你，还是会像老公多一些？其实想象也是一种胎教，所以孕妈妈要想象美好的样子，这对胎宝宝有益。

1.用意象塑造理想中的宝宝

心中美好的愿望，能在我们的言行、举止和生命中表现出来。正因为先有了怀孕的愿望，然后才有了生命生长的实际。从胎教的角度来看，孕妇的想象也是非同小可的，它是通过意念构成胎教的重要因素，转化渗透在胎宝宝的身心感受之中，影响着胎宝宝的成长过程。因此，你完全可以强化“我的宝宝应该是这样的”愿望，盼望着他的到来，用自己的意象塑造理想中的胎宝宝。

2.把美好的愿望具体化

意念胎教要求，从受孕开始，孕妈妈就应该设计宝宝的形象，把美好的愿望具体化、形象化，想象着宝宝应该具有什么样的面貌，什么样的性格，什么样的气质等。可以多看一些你喜欢的儿童画和照片。仔细观察你们夫妻双方，以及双方爸妈的相貌特点，取其长处进行综合，在头脑中形成一个清晰的印象，并反复进行描绘。

对于全面综合起来的具体形象，以“就是这样一个宝宝”的坚定信念在心底默默地呼唤，使之与腹中的胎宝宝同化。久而久之，你所希望的东西就会潜移默化地变成胎教，被胎宝宝所接受。

3.孕妈妈怎样设计宝宝的形象

一般来说，孕妈妈可以把自己的想象通过语言、动作等方式传达给腹中的宝宝，并且要持之以恒。还可以和丈夫一起描绘自己所希望的婴儿的模样，这样可以保持愉快的心情，影响胎宝宝。

孕妈妈还可以提前缝制一些宝宝的衣服、生活用品等。在一针一线的缝制中，培养母子之间的感情。

运动胎教：孕妈妈游泳的好处

一直以来，我们都觉得孕妈妈游泳是不安全的，事实上，游泳对于孕妈妈来说是相当好的有氧运动，如果孕妈妈身体条件还不错，孕前也经常游泳，那么怀孕后也可以尝试。但孕期游泳可能没有孕前那么随意了，需要有很多的注意事项。

（1）游泳需选择卫生条件好、人少的游泳池，最好有专职医务人员在场。

（2）下水前先做一下热身，确认水温在30℃左右再下水。

（3）下水时戴上泳镜，入水时千万不可纵身跳水。

（4）游泳时动作要稳健和缓，最好选择仰泳，在水中漂浮、轻轻打水都是不错的锻炼姿势。

（5）与其他游泳的人保持一定的距离，防止别人踢到腹部，伤到胎宝宝。

（6）游泳时间以1小时以内为宜。

（7）游泳的时间选择在上午10～12点比较好，因为孕妈妈在这个时间内通常不容易发生子宫收缩。

情绪胎教：感受幸福的小妙招

幸福是一种态度，一种内心平和与满足的感觉，是一种没有忧虑、恐惧的状态。孕妈妈不仅要自己感受到幸福，还应该让腹中的胎宝宝感受到，他也是幸福的。现在，让我们来教你几个感受幸福的小妙招吧。

（1）别让心思纠缠在消极或者困难的事情上，尝试一下，你会发现不关注这些事情，生活也并不会缺少些什么，而你的快乐却会倍增。

（2）常看令你感到开心的喜剧、小品或者相声，这些来自生活中的幽默会让你倍感轻松。

（3）听一些轻松愉快的音乐，会让你的心情大悦，并有更多的幸福感。

（4）每天腾出一点时间读几页鼓舞人心的文字或者文章，当你与艺术中的情感共鸣时，你会感到由衷的幸福。

（5）每天做一点自己喜欢的事情，比如给自己买一本书、吃点自己喜欢的零食、看一个自己喜欢的电视节目或者电影等。

（6）每天做一件让别人高兴的事情，说一句温暖人心的话，给别人一个贴心的微笑，送一件有诚意的小礼物，你会发现，这种快乐是可以相互传递的。

（7）多与你认为幸福的人接触，你要相信，幸福是可以感染的，当你看见一个牵着宝宝的妈妈时，你一定也会有幸福感。

和妻子一起学习孕期知识

学习一些必要的孕期常识和分娩知识不仅是孕妈妈的事，准爸爸也在参与一起学习。首先，你可以帮妻子挑选合适的关于孕期知识的书籍，有时间的时候读给妻子听，或者和妻子一起看。此外，现在妻子不方便经常使用电脑上网查找资料，你可以代劳，并将资料用笔和纸整理归纳出来给妻子看。

现在很多学校都开设有“孕妈妈学校”和“准爸爸学习班”，全面教授孕期和产后的相关知识，准爸爸可以在课堂里学到很多关于怀孕和分娩的知识，如果有兴趣，你也可以陪妻子一起去参加。

第15周 胎教无处不在

胎教贯穿在整个孕期生活中的方方面面，但有一点却常容易被我们所忽略，那就是自身的美容工作。在早孕反应结束后，我就可以着手制订自己的美容计划，并加以实施。这种做法对胎宝宝来说不但是一种胎教，还能提高胎宝宝对美的感知能力。

本周妈妈变化和宝宝成长

1.胎宝宝会打嗝了

胎宝宝在本周发生的最大变化就是他（她）开始在孕妈妈的子宫中打嗝了，这是胎宝宝开始呼吸的前兆，遗憾的是孕妈妈无法听到这个声音，主要原因是胎宝宝在这时候气管中充斥的不是空气而是流动的液体。

2.孕妈妈要注意牙齿问题

最近孕妈妈是不是觉得牙龈红肿，刷牙的时候还有出血现象呢？这是因为孕期性激素分泌增加，牙龈组织的血管扩张、敏感度增强造成的。牙齿问题关系到孕妈妈的健康和心情，护牙刻不容缓。

环境胎教：打造温馨的居室环境

为孕妈妈打造一个温馨、健康的家居环境，是准爸爸当仁不让的责任。要保持一个适合孕育的良好家居环境，需要注意以下事项。

1.保持室内通风

在天气晴朗的时候，准爸爸要注意多开窗通风，保持空气流通，保持适当的温度和湿度。如果空气过于干燥，可以采用加湿器加湿，或者在室内放置两盆水。

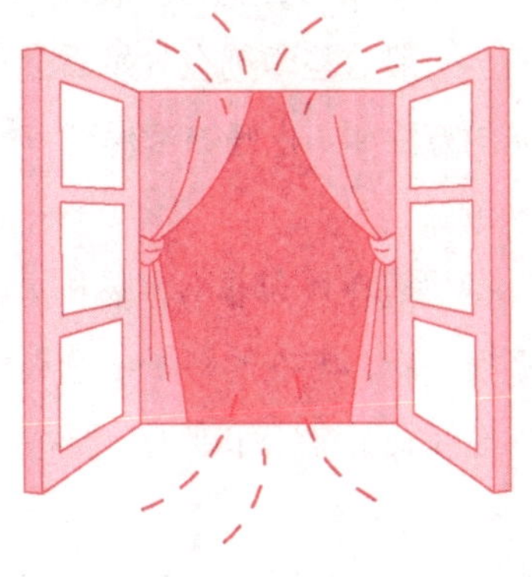

2.给屋子去蟑灭螨

蟑螂能携带的细菌病原体有40多种，螨虫的分泌物可以引起多种疾病，准爸爸要定期用药物或其他手段清除蟑螂和螨虫，此外一定要注意清洁地毯或者干脆暂停使用，螨虫通常栖息于此。

3.购买家具认环保

孕期购买新家具，准爸爸应尽量选择真正的木制品家具。在家具外面喷一层密封胶，可以防止甲醛雾气的散发。

4.营造温馨卧室

卧室要保持良好的采光、通风，床铺要放在远离窗户、相对背光的地方，以免孕妈妈睡觉的时候吹风着凉，从窗户照进来的光线太亮也会影响睡眠。

从实施怀孕计划开始，准爸爸就应该牢记，不要在孕期装修房子，以免装修材料中的不良物质影响孕妈妈和胎宝宝的健康。

美学胎教：孕期美容（孕中期篇）

1.皮肤护理

怀孕中期，孕妈妈的脸上会出现黄棕色斑点，这是正常现象。这些斑点在分娩后会逐渐消失的。但有些孕妈妈脸上的斑点不会褪去。所以，孕妈妈不要让脸在阳光下暴晒，外出活动时，一定要在脸上涂一些防晒霜，或者戴上一顶大沿帽子遮光。

多数孕妈妈的皮肤在怀孕期间会变得越来越干燥。这时，可以沿用怀孕初期的护肤方法，同时，还要保证充分的休息和睡眠。为了使皮肤保持柔软和良好的弹性，应经常涂上一层优质的护肤香脂以润滑皮肤。

怀孕中期，在乳房、腹部和臀部都可能会出现妊娠纹，有些孕妈妈还会出现色素沉着。一般这些印迹在分娩后会自行消失，但有时很难消退，需要很长的一段时间。预防的方法和防止妊娠黄褐斑一样，要尽量避免阳光照射。

2.保持清洁

孕妈妈在夏天非常容易长湿疹和痱子，因此要讲究卫生，出汗后要马上擦干。应该多换内衣，内衣的料子要选吸汗性良好的。最好每天洗澡，以保持身体的清洁。如果你已经长了湿疹和痱子，要悉心调养，注意不要让疙瘩破溃和感染。

3.穿衣打扮

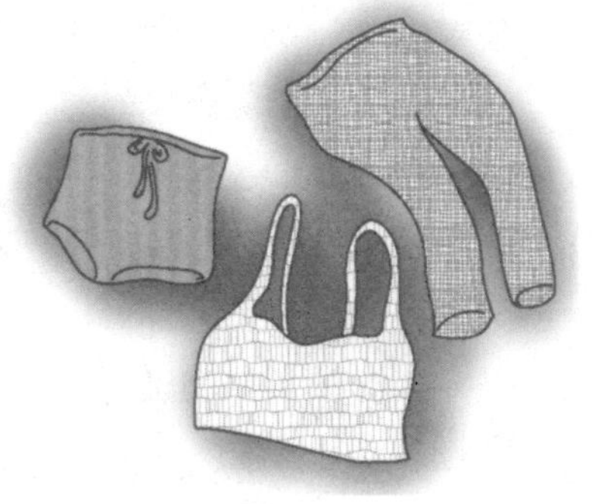

怀孕中期，孕妈妈的肚子明显突出了，腰围、臀围也跟着加大，以前衣服已经不合身了。这时就要开始准备合适的孕妇装了。

孕妇装的式样、花色较多，购买时要讲究实用性，以穿脱方便的为好。

鞋子要注意样式。市面上卖的高跟鞋、拖鞋式的凉鞋、胶底鞋穿起来容易摔跤，不合适孕妈妈。最好买专为孕妈妈设计的后跟低、底部有凹凸纹路、穿起来平稳的鞋子。

为了不使乳房下垂，孕妈妈必须戴上乳罩，要选择不妨碍乳房发育的乳罩的尺寸。最好买前开的乳罩，这样产后哺乳就方便了。

语言胎教：童话《三只小猴》

“三只小猴”的故事中，猴美丽和猴机灵不务正业，在猴听话的帮助下，终于过上了好日子，这个胎教故事告诉我们，做任何事情，一定要脚踏实地！

三只小猴

海边的大森林里住着猴妈妈一家人。猴妈妈有三个孩子。老大叫猴机灵，很聪明，总是太自高自大；老二是个女孩，叫猴美丽，特别爱漂亮；老三叫猴听话，老实本分。有一天，猴妈妈把三个孩子叫到跟前，每人给了100元钱，叫他们离开家去独自生活，看谁能过上最富足的日子。

小猴子们拿了钱，背上鼓鼓的背包出发了。老大猴机灵走了不久，就遇上了牛伯伯，牛伯伯问他：“嘿，猴机灵，你背着背包上哪去？”“妈妈叫我们离家去独自生活，看谁能过上好生活。”猴机灵说。“那，要不要我帮你呢？”牛伯伯说，猴机灵想到自己这么聪明，怎么要只老牛帮呢，就用瞧不起人的语气说："我才不用你管，我这么聪明，一定会比妹妹、弟弟更棒。"说完就走了。

老二猴美丽走了不久，就遇上了兔子，兔子问："猴姐姐，你这是去哪呀？"猴美丽说："妈妈叫我们离家独自生活，看谁能过上好生活。""要不要我帮你呀，我妈妈肯定能帮上忙。"猴美丽想我要干吗就干吗，关她们什么事，而且一路上，我总晒太阳，皮肤一定有点黑了，要马上去买护肤品，可没空去她家，就说："我可不用你们管。"说完，就急急忙忙走了。

老三猴听话走了不久，就遇上了熊经理，熊经理问他："猴听话，你背着包，要去哪呀？""妈妈叫我们离家独自生活，看谁能过上好生活。""要不要我帮你呀？"熊经理问，猴听话想，我生上只有一百元，过上两天，肯定就没钱了，就说："我想到您公司去，要一份工作，有钱了，就买房子。""那好呀，我公司正缺一名秘书，你来当正好。"

一年过去了，猴听话有了很多钱，买了一套房子和一辆汽车，他开着汽车，回到了家中，只见猴机灵和猴美丽都在家里，猴妈妈也在，他高兴的与家人拥抱，便问猴妈妈："为什么哥哥和姐姐都在家呢？"原来，猴机灵太骄傲了，一天就把钱花光了，猴美丽因为太爱美，把钱都花在买化装品、衣服上了，钱花没后就只能回家了。

从此以后，猴机灵和猴美丽都改正了错误，开始踏踏实实地工作，没过多久也过上了美满的生活。

给胎宝宝适度的刺激

胎宝宝除生理需求外，还需要一些与精神活动有关的刺激和锻炼。例如，准爸爸可以和妻子开适度的玩笑，幽默风趣的话语会让妻子很开心；陪妻子观看喜欢的电影或电视剧；和妻子一起探访好久不见的亲人；让妻子参加社交活动并和邻里接触；陪妻子作短途旅游等。这些都能给腹中的胎宝宝提供一些良性刺激。

第16周 聆听最美的旋律

本周，我感觉到了第一次胎动，那是一个让人无比感动的瞬间，它包含了喜悦、幸福，我终于真真切切地感受到了宝宝的存在，他是那么的真实。

宝宝出现胎动的时候也是胎教实施的最佳时期，所以现在我们要进行多方面的胎教，多给胎宝宝放些世界名曲，并进行一些语言方面的胎教。我们要时刻关注自己的生活情趣，通过进行一些艺术类学习，如书法、绘画等，来提高自己的文化素养，并给胎宝宝创造更加温馨、舒服的生活环境。

本周妈妈变化和宝宝成长

1.淘气的胎宝宝

胎宝宝在本周发生的最大变化就是他（她）自己会在孕妈妈的子宫中玩耍了，胎宝宝在子宫中最好的玩具就是脐带了，他（她）有时会拉它，用手抓它，将脐带拉紧到只能有少量空气进入。但是不必太担心，16周的宝宝自己能掌握好分寸，他（她）是不会让自己一点空气和养分都没有的。

2.孕妈妈能感受到胎动了

孕妈妈一直期待的胎动，一般在这周就会感觉到了。这个淘气的小家伙，在以后的几个月里，会常常以这种方式和自己的妈妈做互动。

情绪胎教：尽量避免夫妻吵架

感情融洽是幸福家庭的一个重要表现，同时也是优生和胎教的重要因素。母腹中的胎宝宝对外界的刺激是有反应的，孕妈妈所感觉到的事物都可以影响胎宝宝。

妊娠4个月时，胎宝宝大脑中枢内控制本能、欲望、心理状态的间脑或旧皮质部分已经形成。如果夫妻感情不和睦，彼此间长期的精神刺激，过度的紧张、忧愁、抑郁，都会使大脑皮质的高级神经中枢活动受到刺激，可以导致一些疾病，并直接影响胎宝宝。

妻子怀孕期间，准爸爸应承担更多的责任，处理好夫妻之间的一些矛盾，与妻子共同分担生活的压力。夫妻双方应该互相尊重，互相理解，耐心倾听对方的意见，理智地、心平气和地对待彼此间的分歧。以极大的爱心共同关注母腹中的小生命，注视着他的每一次蠕动，探寻他的每一点进步，讨论他的每一项教育……这样，随着怀孕进程，夫妻双方将越来越理解彼此，越来越亲密无间，使孕期变成一个相依相伴、充满爱意的一个“蜜月”期。

胎教活动：用彩色卡片教汉字

孕妈妈可以利用彩色卡片引导胎宝宝学习汉字、英文字母、数字等等。孕妈妈可以通过深刻的视觉印象将卡片上描述的图象，形状与颜色传递给胎宝宝。下面我们就介绍一下怎样用彩色卡片教汉字。

1.怎样制作彩色卡片

纸片以白色为宜，尺寸约42厘米见方，然后用鲜艳的彩笔写上汉字，用黑色笔画卡片的外边，这样可以让写上去的汉字显得更加清晰，能让孕妈妈在胎教的过程中强化意念和集中注意力，并促进孕妈妈获得明确的视觉感。

2.怎样利用卡片教胎宝宝

如教“大”这个汉字时，要一边反复地发好这个音，一边用手指写它的笔画。这时最重要的是能通过视觉将“大”的形状和颜色深深地印在脑海里。因为这样一来，当你发出“大”这一汉字信息时，就会以最佳的状态传递给胎宝宝，从而有利于胎宝宝用脑去理解并记住它。在教胎宝宝学习的时候，孕妈妈要有真挚的感情和足够的耐心，切忌急躁、敷衍了事。

3.如何才能更生动地学习

在利用彩色卡片教胎宝宝学汉字时，可以一边在脑海中描绘汉字的形象，一边对胎宝宝说一些认字的歌谣和字谜，加深汉字在脑海中的印象，让胎宝宝也能学得更快。

音乐胎教：世界名曲推荐

1.维瓦尔第的《四季》

《四季》是巴洛克音乐最重要的代表作之一，而巴洛克音乐非常注重音乐形式上的表现和创造，特别能让孕妈妈达到宁静、赏心、抒怀的境界，是最合适的胎教音乐。

2.巴赫的《G弦上的咏叹调》

这是一首典型的巴洛克后期的管弦乐组曲，非常具有抒情性，旋律优美，富于浓郁的感情。孕妈妈在聆听时，应以感受抒情为主。

3.亨德尔的《水上音乐》

这是一首欢乐、华丽、朝气蓬勃的巴洛克管弦乐组曲，描写了泰晤士河上一场盛大的水上游艺大会的情景。特别适合孕妈妈在疲劳时聆听，它虚实相辉的乐曲和意境深远的画面能够帮助孕妈妈消除疲乏，充分体验轻松、柔美的音乐境界。

4.海顿的《云雀》

这是一首弦乐四重奏，让人联想起云雀不绝于耳的啼鸣，轻盈舒展的凌空飞翔。它的旋律和意境需要去想像和体会，特别适合于孕妈妈在怀孕中期和晚期听。

5.莫扎特的《土耳其进行曲》

这是莫扎特音乐的代表作之一，激奋有力，热情乐观，具有一往直前的精神。适合孕妈妈在妊娠中、晚期听，可以鼓舞士气，振奋情绪，让孕妈妈对胎宝宝顺利出生充满信心。

6.舒曼的《童年情景》

《童年情景》是描绘对童年美好记忆的作品，《梦幻曲》是其中第7首，短短两分半钟之内，纯粹的钢琴，描写了孩子们玩累了，躺在妈妈身边，一边听着妈妈的催眠曲，一边想像着各种奇幻梦境，最后轻轻柔柔地沉入梦乡的画面。空气中洋溢的甜美、温馨的气氛会让孕妈妈深深地陶醉。

第17周　生命在于运动

自从怀孕以后，我就成了家里的“熊猫级”人物了，家人总是对我精心照料、过度保护，并且补充了过多的营养，我真的害怕出现妊娠肥胖的情况。所以，我应尽早进行运动胎教。现在，胎宝宝已经5个月了，除了孕早期可以进行的柔和运动外，现在可以适当增加一定的运动强度了。宝贝，让我们一起来做运动吧！

本周妈妈变化和宝宝成长

1.胎宝宝能听到妈妈的声音了

本周胎宝宝最大的变化是可以听到孕妈妈的声音了，这个时候的胎宝宝看上去像一只梨，胎动非常活跃，不但可以不断地吸入和呼出羊水，还会经常用手抓住脐带玩儿。

2.孕妈妈肚子挺起来了

现在孕妈妈的肚子一天比一天大了，有时会感到腹部一侧有轻微的触痛，这是子宫及子宫两边的韧带和骨盆为适应胎宝宝变化而迅速增大引起的反应，不必过分担心。

语言胎教：给胎宝宝上常识课

对于孕妈妈来说，喃喃自语般地将一天中看到的、听到的和经历的事情讲述给腹中的胎宝宝听，既是语言胎教中很有意义的常识课内容，又是维系母子之间感情、培养胎宝宝感受能力和思维能力的基础。

例如，当孕妈妈正在散步时，可以一边走，一边对腹中的胎宝宝说：“宝宝看，树上有两只小鸟，鸟儿是有翅膀的，它们可以在天空中飞翔，它们有的还特别会唱歌，歌声可好听啦！”在吃饭时，也可以对胎宝宝说：“宝宝，你看，餐桌上有什么？让妈妈来告诉你——有鱼、鸡翅、豆角，还有一盘水果沙拉，这些都是妈妈喜欢吃的，这些可都是爸爸为你和我准备的哟！”

虽然只是一些平时的小常识，但是，在你娓娓道来的同时，腹中的胎宝宝却在感受着你对他的这份关爱，可以明显提高胎宝宝的感受能力。

运动胎教：做孕妈妈减压操

随着腹部的变大，孕妈妈会经常感到身体酸痛，特别是颈部和背部。孕妈妈可以做一些轻柔的伸展运动来缓解这种不适，促进血液循环。

1.锻炼臀部、大腿和小腿肌肉

孕妈妈站立在离椅背大约一臂远的地方，用手抓住椅背。左脚在前右脚在后，成弓步姿势，脚趾向前，弯曲左膝，右膝保持伸直。向前缩紧臀部，直到感觉臀部、大腿和小腿后侧肌肉出现舒服的拉伸感为宜。保持这个姿势30秒，然后换个方向进行练习。

2.锻炼前胸和肩部肌肉

孕妈妈坐在椅子上，双脚平放在地面上，两肩向后放平，将两手交叉放到头部后面，手肘弯曲，手掌向前，挺胸。这个动作可以伸展脊椎和腹部的肌肉。保持这个动作30秒。

3.锻炼上身灵活性

将椅背靠墙，孕妈妈坐在椅子上，上身左转90°，左手扶着椅背，然后将右手向后贴着墙壁，上身挺直，眼睛保持向前，该动作保持30秒。同时要轻轻呼吸。另一边做同样的练习。

4.锻炼手臂、臀部和背部肌肉

孕妈妈面向椅背，与椅背保持一臂的距离，然后用手扶着椅背，手肘伸直，两腿张开比臀部稍宽，用腿部和臀部力量向前倾侧，弯曲双膝，千万不要弯曲腰部，保持30秒。

5.锻炼后背和颈部肌肉

孕妈妈的背部和臀部靠墙站立，膝盖弯曲，两腿张开稍比臀部宽，上身向前稍倾，将两手放在大腿上，头抬起，保持30秒。然后站直，头部和肩部靠墙，左手用力轻轻将头部转向左边，右手将头部转向右边，每一侧保持30秒。

胎教活动：用彩色卡片教英文

孕妈妈除了可以用彩色卡片教汉字外，还可以用同样的方法教胎宝宝英文。学习英文前，应先教胎宝宝26个英文字母，下面我们以B为例讲解一下孕妈妈教英文字母的过程。

1.制作卡片

准备两张写有英文字母B的彩色卡片，大写和小写的各一张，要用鲜艳的颜色勾画字母，一般以红色和黄色比较好，然后用黑色描边。

2.正确发音，想象字母形象

一边正确发出字母的音，一边用手指描B的写法，并将注意力集中在字母的色彩上，以加深印象。孕妈妈可以想象字母B像兄弟葫芦娃或者是一根棍子靠在耳边。

3.讲一个关于字母B的单词

讲一个含有字母B的单词。比如Banana，孕妈妈可以说：香蕉是一种水果，成熟了后是黄色的，闻起来很香，吃起来很甜，大家都爱吃。孕妈妈可以在脑海中想象香蕉的形象，当然也可以说别的含有字母B的单词，也加以形象化，让胎宝宝印象更深刻。

4.教英文的素材

下面为孕妈妈介绍一首26个英文字母歌，孕妈妈可以边唱边教胎宝宝。

A B C D E F G
H I J K L M N
O P Q　　R S T
U V W　　X Y Z
X Y Z
Now you see
I can say my A B C

准爸爸要陪妻子做运动

孕妈妈在孕期适当活动，不仅能促进机体的新陈代谢与血液循环，增强心、肺功能，助消化，增强全身肌肉力量，还可以加强胎宝宝的脂肪代谢，防止出现巨大儿。所以，准爸爸要注意引导和陪同妻子做运动，最好能一起去室外活动，这样可以经常呼吸新鲜空气，并获得充足的阳光，有利于胎宝宝骨骼的发育，也可以防止妻子骨骼软化。

在妊娠早、中期，孕妈妈身体还很灵活，准爸爸可以根据孕妈妈的身体素质和爱好，陪她参加一些太极拳、散步、孕妈妈体操等运动。准爸爸可以每天抽出时间陪妻子散散步，这些亲密的小举动将会永远保存在妻子甜蜜的回忆中。

准爸爸是孕妈妈最好的运动监督者和指导老师，一个贴心的准爸爸应该熟知孕期运动的注意事项，保证孕妈妈能安全地进行身体锻炼。

第18周 轻轻地抚摸你

我感觉到宝宝了，他像一个泡泡在我的肚子里动来动去，我经常会情不自禁地去抚摸他。胎宝宝18周了，我的身体状况和情绪也进入了平稳期。现在是精力最好的时期，可以对胎宝宝进行更多的胎教活动了。亲爱的宝贝，让我们一起进入不同的胎教教程中吧！

本周妈妈变化和宝宝成长

1.胎宝宝总是动来动去

进入18周，胎宝宝的活动增多了。很多孕妈妈这周可以比较明显地感受到胎动了。如果孕妈妈现在可以观察到胎宝宝的话，会发现胎宝宝不但会皱眉，还会挤眼睛呢！

2.孕妈妈食欲大增

现在，大多数孕妈妈都会感觉自己食欲大增，吃饭特别有胃口。切记科学安排饮食，全面摄取营养才是膳食平衡之道，过量饮食不利于母胎健康。

抚摸胎教：轻轻地抚摸胎宝宝

当胎宝宝的胎动越来越频繁时，孕妈妈可以实施抚摸胎教了。

孕妈妈先排空小便，仰卧在床上，全身放松，双手轻放在胎儿头上，也可以将上身垫高，采取半仰卧，总之，不论采取什么姿势一定要让自己感到很舒适。孕妈妈可以先轻轻地呼唤胎儿的名字，并将双手手指放在腹部，从上到下、从左到右轻轻抚摸胎儿。在抚摸的同时，孕妈妈也可以听一些轻柔的音乐，或者跟胎宝宝说一些温柔的话，这样可以让孕妈妈心情愉悦，也能让胎宝宝接受到更多的良性刺激。

在抚摸胎儿时，随时要注意胎儿的反应，如果胎儿对抚摸刺激不高兴，就有可能用力挣扎或者蹬腿，这时应马上停止抚摸。若胎儿受到抚摸后，过一会就轻轻蠕动作为反应，这种情况可以继续抚摸，可以持续几分钟再停止。抚摸胎儿的时间，以5～10分钟为宜，一般早晚各一次，要选择在胎儿精神状态良好时进行，如傍晚胎动频繁时。

语言胎教：故事《小猪学本领》

《小猪学本领》是一个非常有意思的胎教故事，这个故事告诉我们，每个人都有自己的特长，只有找到自己的特长，并为之努力，就一定可以成功。

小猪学本领

美丽的森林里住着四个小伙伴，小象、小马、小熊、小猪。有一天它们聚在一起，并开始讨论各自有什么本领。小象说："我可以举起很重的柱子。"小马说："我五秒能跑一百米。"小熊说："我可以写出文词优美的作文。"小象问小猪："你有什么本领呢？"小猪支支吾吾了半天，却什么本领也没有说出来。小猪心里很不是滋味，于是决定学本领。

小猪觉得小象举重很轻松，就去跟小象学举重，结果力气太小了，连一根小柱子也举不起来。小猪想：举重太累了，我还是去学别的本领吧。它看见小马每天早上都在跑步，既可以欣赏森林的美丽风光，又可以锻炼身体，觉得挺有趣的。于是它就跑去跟小马一起练跑步。它们早上跑步，下午跳绳、跳高、跳远，前几天小猪坚持下去了，可后面越来越累，它吃不了苦，再也坚持不下去了。小猪想：锻炼身体太苦了，我还是去学别的吧。它看见小熊每天都在树洞里写作文，挺轻松的，就又去找小熊学写作文。开始它只写一两句话，觉得一点也不难。后来，小熊告诉它："你现在真正地写作文了，一定要把作文写两百字以上。"小猪说："知道了。"可想了半天也写不出来。后来小猪还是觉得太难了，又不想学了。

一天，四个小伙伴又碰到了一起。它们问小猪的学习情况，小猪红着脸低下了头，一声不吭。小象说："做什么事都不能半途而废。"小马说："一定要吃苦。"小熊说："要根据实际情况去学。"于是，小猪就下定决定去学绘画，它每天都去找小兔学绘画，不管出太阳、下雨、下雪它都去，经过半年的努力，小猪终于成功了。

最后，小象当上了举重冠军，小马当上了运动健将，小熊当上了作家，小猪也当上了画家。

胎教活动：书法《吃亏是福》

不计得失，是郑板桥的养生之道。他一生当中，为人处事，不为名利，不计得失，言行一致，表里如一。板桥先生写过两条最著名的字幅，一条是“难得糊涂”，另一条是“吃亏是福”。这两幅字蕴含了深刻的哲理，不计得失，求于心安，是他一生中为人处事的准则。“吃亏是福”耐人寻味，值得借鉴。

[故事：“吃亏是福”的由来]

郑板桥在署潍县任知县期间，接到堂弟郑墨的信，为了祖传房屋一段墙基与邻居诉讼，要他函告兴化知县相托，以便赢得这场官司。郑板桥看完信后，立即赋诗回书：“万里家书只为墙，让人三尺又何妨？长城万里今犹在，不见当年秦始皇！”

稍后，他又写下“吃亏是福”这幅大字。并在“吃亏是福”大字下加注：

“满者损之机，亏者盈之渐，损于己则盈於彼，外得心情之平，内得我心之安，既平且安福即在是矣。”

能吃亏是做人的一种境界，善于吃亏是处事的一种睿智。

吃亏未必亏，惜福才有福！

“吃亏”不光是一种境界，更是一种睿智。

吃小亏往往就是得大便宜。

吃得亏中亏，方得福外福。贪看无边月，失落手中珠。

准爸爸讲故事的要点

(1) 选择的故事要避免过于暴力的主题和太过激情、悲伤的内容。

(2) 不仅要读出书上的文字，还要告诉胎宝宝，书上画了些什么样的画。

(3) 让故事的内容在脑海中形成影像，以便传达给胎宝宝生动形象的情节。

(4) 讲故事时，声音要富有感染力，音调要有起伏变化。

(5) 保持平静的心境，并保持注意力集中。

(6) 要坚持每天给胎宝宝讲故事，每次10分钟左右，一天累计半小时左右。

第19周 一切为了宝宝

我发现自己的腰身变粗了，乳房也变大了，会客时，有时会因为这些变化而感到羞涩。不过更多的还是自豪。此时，我的宝宝正在快速生长着，我时刻提醒自己，自己的所有变化，都是为了胎宝宝，想到这里我就觉得自己是这个世界上最幸福的人。

本周妈妈变化和宝宝成长

1.胎宝宝会“翻滚”了

胎宝宝又长大一点儿，本周他的身长大约有22厘米，胎动更加频繁，不但会踢腿、屈体、伸腰、吸吮手指，还会整体滚动这样的“高难度”动作。全身布满胎毛，已经长出少许头发了。

2.孕妈妈变得笨拙了

现在，孕妈妈的体形开始变得有点笨重了，可以穿上宽松的孕妇装了。随着乳腺的发达，孕妈妈的乳房开始增大，怀孕前穿的胸罩现在已经不适合了。乳头受到过度压迫会阻碍乳腺的发育，因此应该换上稍大型号的胸罩。而且这时身体也开始为母乳喂养做准备了，乳头会分泌出乳汁，乳头的颜色变深并伴有刺痛感；皮肤的色素会增加，皮肤表面的静脉非常明显。

语言胎教：教胎宝宝认识动物

在与胎宝宝对话、讲故事的基础上，可以再进一步进行教胎宝宝认识动物的游戏。

我们可以制作一些简单的图像卡片，或者去书店买些动物卡片，也可以选用手偶玩具。通过深刻的视觉印象将卡片上描绘的图像、形状和颜色传递给胎宝宝。

例如，孕妈妈可以拿出一张画有小猫的卡片，告诉胎宝宝这是小猫，并教他辨认，再拿出一张画有小狗的卡片，也告诉胎宝宝这是小狗。最后抚摸着肚子问胎宝宝，“宝贝你认识小猫小狗了吗，说说看，小猫和小狗哪个更可爱呢？”，像这样，寓教于乐，达到了母子间的感情充分交流的目的，对胎宝宝的身心发育大有益处。

美学胎教：通过插花进行胎教

插花艺术，即指将剪切下来的植物的枝、叶、花、果作为素材，经过一定的技术（修剪、整枝、弯曲等）和艺术（构思、造型、设色等）加工，重新配置成一件精制完美、富有诗情画意，能再现大自然美和生活美的花卉艺术品。插花艺术起源于人们对花卉的热爱，通过对花卉的定格，表达一种意境来体验生命的真实与美好。插花艺术是通过以“花”为主要素材，在瓶、盘、碗、缸、筒、篮、盆等七大花器内造化天地无穷奥妙的一种盆景类的花卉艺术，其表现方式颇为雅致，令人爱不释手。

孕妈妈不妨也动手来做一做插花，插花可以协调和舒缓孕妈妈的情绪，借此来愉悦孕妈妈的身心，并促进胎宝宝健康成长。下面我们为孕妈妈介绍一种十分好看的插花——玫瑰爱上海芋。

花材

海芋5枝，玫瑰花5朵，海芋叶3片，白色小菊花数枝。

插法

（1）取一个黑色的方形花瓶。

（2）按从长到短的顺序依次取海芋，最高的一枝海芋插在左后方，第二枝较短的插在附近较前的位置。

（3）第三枝插在中央部位，第四枝插在最左边的角落，第五枝插在最前方，并向前倾。

（4）取一朵玫瑰花蕾插在右方，左方也插上一枝。

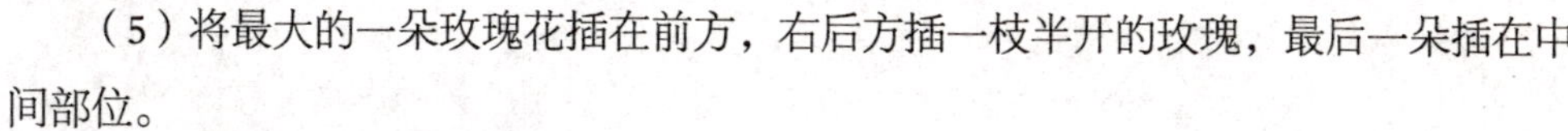

（5）将最大的一朵玫瑰花插在前方，右后方插一枝半开的玫瑰，最后一朵插在中间部位。

（6）将白色的小菊花插在空着的空间里。

（7）最后插上3片海芋叶作为点缀，这样美丽的“玫瑰爱上海芋”就做成了。

音乐胎教：圆舞曲《春之声》

小约翰·施特劳斯于1883年创作了这首《春之声》圆舞曲，当时作者已经年近六旬了，但本曲却依然充满了活力，处处散发着青春的气息。

本曲是小约翰·施特劳斯不朽的名作。据说小约翰·施特劳斯是用了一个晚上在钢琴上即兴创作出本曲的，因此本曲最早的版本是钢琴曲，后经作家填词而成为流行一时的声乐曲。直到现在，本曲的声乐版本仍然是许多花腔女高音十分喜爱的曲目。本曲的管弦乐版本也十分流行，百余年来一直深受世界人民喜爱。

作为一首圆舞曲，本曲与作者其他的圆舞曲迥然不同。它并不是典型的维也纳圆舞曲体裁，其节奏自由、充满变化，旋律生动而连贯，具有较强的欣赏性，很少用于伴舞，原谱中也没有注明各个段落。另外，本曲还带有回旋曲的特征。全曲具有相当高的艺术性，雅俗共赏、经久不衰。曲中生动地描绘了大地回春、冰雪消融、一派生机的景象，宛如一幅色彩浓重的油画，永远保留住了大自然的春色。

安排好妻子的饮食起居

孕妈妈的饮食习惯、生活习惯会在某种程度上影响到腹中的胎宝宝。因此，准爸爸的一个重要任务就是提醒孕妈妈摒除一些饮食起居中的坏习惯。怀孕以后，孕妈妈可能会变得越来越挑食、偏食等，这时准爸爸应该发挥自己的监督和辅助作用。例如，孕妈妈不爱吃核桃的话，可以将核桃磨成粉，添加在孕妈妈喜欢喝的豆奶或者其他饮料中，这样就不会引起孕妈妈的排斥心理。

孕妈妈在孕期的饮食起居需要注意的很多很繁琐，准爸爸的监督和帮助能使孕妈妈更安全地度过孕期。

准爸爸不妨将孕期需注意的事项列一个清单，提醒自己和孕妈妈时刻记住这些事项，以免忽视了。

第20周 无意识的顽皮

亲爱的宝宝长大了，也变得越来越有力量，越来越自信了。这时胎宝宝开始有了脑部的记忆功能，我和老公的“温言细语”胎宝宝都能记下来，并能增加胎宝宝的安全感，同时还有安抚心情的作用。此时，我需要将更多的精力放到增加营养上，食物花样要不断地变换，注意营养的均衡。因为，对胎教而言，营养永远是关键环节。

本周妈妈变化和宝宝成长

1.胎宝宝开始吞咽羊水了

胎宝宝现在开始吞咽羊水了，肾脏已经能够制造尿液，头发也开始迅速生长起来。他的感觉器官开始按区域迅速发育，神经元之间的关联开始增多。

2.孕妈妈子宫不断增大

孕妈妈的肚子随着胎宝宝的成长而迅速增长，宫底每周大约升高1厘米。孕妈妈能够明显地感觉到胎宝宝在腹中不停地做动作，有时因为胎动强烈甚至会影响睡眠。

胎教活动：用彩色卡片教数字

前面我们讲到孕妈妈可以用彩色卡片教胎宝宝学汉字、英文，用同样的方法，孕妈妈也可以用彩色卡片教胎宝宝学数字。

下面以教2为例介绍一下用彩色卡片教数字的方法。

1.制作数字卡片

准备写有数字2的彩色卡片，要用鲜艳的颜色勾画数字，一般以红色和黄色为宜，然后用黑色给卡片描边。

2.将数字印在头脑中

将写有数字的彩色卡片拿到面前，孕妈妈要将注意力都集中在数字的形状和颜色上，让这个数字在孕妈妈的脑海中留下鲜明的印象。

3.想象和数字2样子很像的事物

单学数字2是很枯燥的，而且给胎宝宝留下的印象也不会很深刻，所以孕妈妈可以讲一些和2很像的事物，比如你可以想象“浮在水面上的鸭子的倩影”和“发条的一端加上一根横棍儿”的样子，尽可能从身旁的材料中找出适当的例子来。当然，这时不要忘记清楚地发好“2”的读音。由2联想到的事物，都是生活中可以见到的东西，胎宝宝会非常熟悉。在想象时，孕妈妈还可以拿实物，或者画有实物的图片比照着讲给胎宝宝听，这样会更形象、更生动。

美学胎教：欣赏美术作品

人要保持身心健康，就要适当丰富自己的精神活动。例如听音乐、看书、读诗、旅游或欣赏美术作品等，这些美好的情趣有利于调节情绪，增进健康，陶冶人的情操，而且对下一代也是非常重要的。

准爸爸和孕妈妈可以一起去看美术展览，边欣赏边谈论自己的观点。有些美术作品要反复揣摩，才能品味出艺术的醇美，步入艺术的境界，才能油然而生美的感受和遐想。通过对这些美术作品的欣赏，潜移默化中也让你的宝宝受到了熏陶。

另外，孕妈妈要提高自己的艺术鉴赏力，因为对美术作品欣赏能力的程度，直接关系到孕妈妈传递给胎宝宝信息的丰富程度，它是每一位孕妈妈都应该不断学习和提高的一种文化艺术修养。它要求孕妈妈在理解美术作品的基础上，用心去体会，引起情感上的共鸣，产生美的感受，从而达到美学胎教的效果。

语言胎教：童话《五指吵架》

“五指吵架”这个故事告诉胎宝宝每个微小的力量，团结起来都是大力量。

五指吵架

每个宝宝都有一双小手，每只手都有五个手指，这五个手指生活在一起非常融洽。可是有一天，它们忽然吵起来了，各夸各的本领大，谁也不肯认输。

大拇指说：“每次老师夸赞好学生的时候，总要把我翘起来。你们说，为什么叫我作代表？”食指说：“战士们上战场杀敌时，不论什么机械，扳机都归我管。你们干不了这活吧！”中指抢着说：“谁都不能否认，做立正的时候，就得靠我中指作标准。你们行，为什么不用你们作标准？”这一来，谁也不服谁，都挺直胸脯想比个高低。连平常不爱说话的无名指，这回也忍不住了，说道：“你们真会吹牛！别看我无名，我的能耐可不小，打仗时手榴弹是挺有用的武器，可是哪回投手榴弹不是我拉的弦呀？不信，我拉一下，准把你们炸毁！”小指刚要起来争吵，忽然远处“皮球先生”一蹦一跳地过来了。

“皮球先生”着急地嚷着说：“哎，哎……自家兄弟可别闹翻了呀！我来给你们评评理，看谁能把我举起来，谁的本领就最强。”

大拇指挺身而出，费了半天劲，累了一身汗，只是推动，不能举起。食指抢上一步，试了试也不行。中指笑了笑说：“瞧我的吧！”可是它左推右推了好一会儿还是不行。无名指和小指也都试了，不论钩啊、挑啊，拖啊……都举不起“皮球先生”。

“皮球先生”说：“你们合起来一起使劲试试！”五个指头点了点头，大家一起使劲，一下子就把“皮球先生”抛掷空中。

“皮球先生”笑呵呵地说：“你们个人的力量都是要依附团体而存在的，团结起来就有力量，闹不团结、自高自大，就什么也干不成，以后谁也不要居功自傲了。”五指听了都点了点头。

和妻子一起给宝宝取名字

在怀孕5～6个月的时候，胎宝宝就有了听觉，这个时候如果准爸爸和孕妈妈经常呼唤胎宝宝的乳名，他会记忆深刻，等到宝宝出生后，当他听到有人呼唤他的乳名时，这种熟悉的感觉会使他产生一种特殊的安全感，烦燥、哭闹就会明显减少，有时甚至会露出高兴的表情。

虽然宝宝出生以前并不知道是男孩还是女孩，但是这并不妨碍给宝宝起个中意的名字，反而还能让爸妈对宝宝的未来充满期待，激发他们的慈爱之心，不会觉得取很多个名字备用会很麻烦。

第21周 胎教尖峰时刻

这一时期正是胎教任务最重的时期，我会不断提高自身的修养，把握好时机对胎宝宝进行胎教。我还会仔细观察胎宝宝发出的信号，关注胎宝宝每天的成长，适当锻炼身体，摄入足够的营养，避免不良的刺激，将我的爱全部付诸实际行动。宝贝，为了表达我的爱，我会努力行动起来的。

本周妈妈变化和宝宝成长

1.胎宝宝变得滑溜溜的

胎宝宝这周不但体重增加了，身上还出现了一层白色的、滑腻的胎脂，胎脂可以保护胎宝宝免受羊水长期浸泡带来的伤害，有的胎宝宝出生之后身上还会带着这层胎脂。

2.孕妈妈有点“气喘吁吁”

孕妈妈的子宫日益增大，肺部会因此逐渐受到压迫，这时孕妈妈会感觉呼吸变快，特别是上楼梯的时候，走不了几步就会气喘吁吁，随着妊娠的进展，这种情况会有所变化。

意念胎教：孕妈妈自数胎动

胎动，是子宫内胎宝宝生命健康的重要标志。孕妈妈数胎动可以成为一种很好的胎教施教方式。

在通常情况下，第1次胎动会出现在妊娠18～20周之间。出现胎动后，孕妈妈应该坚持数胎动，时间最好固定在每天晚间8：00～9：00，胎动一般平均每小时3～5次。

数胎动时，孕妈妈会对胎宝宝高度关注，所以是实施胎教很理想的时机。通过对胎宝宝身体姿态的丰富想像，自然而然地就可以对胎动进行生动描绘，这时对胎宝宝进行对话，就能够增进母子之间的感情交流。

比如说：“这一下是头撞，练的是头功；这一下是击拳，拳功真棒；这一下是踢脚，大有足下生风、临门劲射之势。又来了，这回可是全身运动，舒展开怀……”

一边联想，一边轻声地喝彩鼓励。孕妈妈的这些意念作用，无疑会增加母子间的依恋之情，对于胎宝宝出生后的心理、智力、意志、爱好、情趣以及生长发育都将产生良好的影响。

孕妈妈每天定时自数1个小时的胎动，并且把胎动次数记录下来，逐日逐月绘成一张胎动图，只要持之以恒，这幅图将会是一幅保健图。这幅图如果保存起来，也是很有意义的，这也是一幅母爱示意图。

情绪胎教：和胎宝宝一起短途旅行

妊娠第5～6个月最适宜孕妈妈短途旅行。这时，胎宝宝渐渐安定，离生产还有一段时间，孕妈妈的身体也还比较便于活动。所以，不妨选一个好天气，与胎宝宝，准爸爸一起享受一下外出度假的乐趣。

在制订旅行计划时，你们一定要考虑到胎宝宝，行程不要安排得太紧，行程不要过于劳累。一般而言，空气清新、宁静的地方最理想，最好离家不要太远，如果有绿草地、湖泊则是最佳的选择。可以一边欣赏大自然的美景，一边呼吸新鲜空气，孕妈妈如果感到心旷神怡的话，胎宝宝也会从中受益。

旅行时，你们两人也可以一起讨论给宝宝取名字，这些经验和过程将会成为你们以后最美好的回忆。

语言胎教：和胎宝宝一起看画册

孕妈妈和准爸爸用富于想象力的大脑将图画中的幻想世界放大后传递给胎宝宝，能够很好地促进胎宝宝的心灵健康成长，最常见的方式是看画册。

在看画册的时候，既要欣赏画册的美，也要把画册的内容或小知识讲给胎宝宝听。在讲的时候，如果对植物了如指掌，可以多讲讲植物；如果对美术造诣较深，不妨介绍美术；若是擅长绘画和写作，可以将图画赏析给胎宝宝听。

选择画册时，孕妈妈和准爸爸应该尽量找一些色彩丰富、内容愉快、富于幻想、情节独特，能够唤起人幻想、幸福和希望的幼儿画册。最好将那些描绘残酷和恐怖场面的画面删除，以免胎宝宝感到不必要的恐惧。

孕妈妈还可以自己绘制一些图画。绘画的过程本身也是一种修身养性、陶冶身心的行为，孕妈妈绘画不但可以传递给胎儿美的信息，同时还可以培养孕妈妈自己的美学修养。

第22周　积极进行胎教

22周的胎宝宝在母体里已经开始自由自在地舒展了，我知道宝宝的“多动”行为是在要求我能与他进行互动交流。因此，我会经常跟宝宝说话，给他听美妙的音乐。优美动听的乐曲可以给躁动的宝宝留下和谐而又深刻的印象，美妙怡人的音乐还可以刺激胎宝宝的听觉神经器官，促使母体分泌出一些有益于健康的激素，使胎宝宝能够健康地发育。

本周妈妈变化和宝宝成长

1.胎宝宝长眉毛了

本周的胎宝宝，体重达到400克左右，身长已经超过28厘米了，手指甲和小眉毛都长出来了，听声音的本事更大了，不但可以听见孕妈妈的声音，还能听见外界的一些声响了。

2.孕妈妈乳房更加柔软

为了适应日益增大的子宫，孕妈妈不得不挺起肚子走路，行动变得迟缓笨重。在孕激素的作用下，全身关节韧带变得松弛，乳房变得更加柔软了。

美学胎教：孕妈妈自己学画画

由于胎宝宝生长在子宫这个特殊的环境里，胎教就必须通过母体来施行，并通过神经来传递到胎宝宝未成熟的大脑中，对胎宝宝的发育起到良性的刺激，而且一些刺激可以长久地保存在大脑的某个功能区，一旦遇到合适的机会，惊人的才能就会发挥出来。因此，除了听音乐外，孕妈妈还可以抽出时间学习画画。

心理学家认为，画画不仅能提高人的审美能力，让人产生美的感受，还能通过笔画和线条释放内心的情感，调节心绪平衡。画画和听音乐具有一样的效果，即使不会画画，你在涂涂抹抹之中也会自得其乐。

画画的时候，不要在意自己是否画得好，孕妈妈可以持笔临摹美术作品，也可以随心所欲地涂抹，只要孕妈妈感到是在从事艺术创作，感到快乐和满足就可以了，当然能临摹一些儿童画就更好了。孕妈妈在画画的同时，还可以向胎宝宝解释自己所画的内容。

运动胎教：舒缓的瑜伽可安胎

瑜伽源于古印度，现已受到全社会的广泛欢迎。妊娠期间，孕妈妈可以根据自己的身体情况，进行节奏舒缓、动作轻柔的瑜伽运动。练习瑜伽讲究人与自然的和谐、共鸣，从而使孕妈妈情绪平稳、内心充实。练习瑜伽也可以在很大程度上缓解孕期肌肉和情绪紧张，为分娩做好充足的准备。

瑜伽的功用之一就是可以使身体、心智和精神达到平衡协调。孕妈妈在妊娠期间要尽可能地使自己的身体保持健康，情绪保持稳定。练习瑜伽可以让人充满自信、身心和谐，对身体健康和人生态度产生巨大的影响。

孕妈妈如果准备练习瑜伽，就应该先咨询医生或助产士。在得到医生或者助产士的允许后，在经验丰富的、合格的瑜伽教练的指导下进行练习才会比较安全。

语言胎教：故事《小丑鱼》

“小丑鱼”是一个非常有意思的胎教故事，通过这个胎教故事，孕妈妈要向胎宝宝传达这样一种思想：每个人都是独一无二了，每个人都有属于自己的美。

小丑鱼

海底有很多的珊瑚礁，就像是海底的小森林，非常美丽。

在珊瑚礁里，生活着很多各种各样的小鱼。他们一会儿游到这边，一会儿游到那边，好像有风在吹着他们似的。

可是，有一条小鱼，他总是躲在珊瑚礁的缝里，不肯游出来。

大家都在快乐地游，只有这条小鱼很难过。

为什么呢？因为他总是觉得自己长得很丑：“我的头太大了，身子太小了，而且，嘴巴也很难看。”

在另一个珊瑚礁缝里，躲着另一条小鱼，他同样不肯游出来，总是很难过。

为什么呢？因为他也觉得自己长得太丑：“我的头太小了，身子太大了，而且，身上的花纹还很难看。”

两条小丑鱼，都偷偷地看着别的小鱼们游来游去。他们都觉得，世界上别的鱼都那么美，只有自己最丑。

一次，一条大鲨鱼游过，他厉害的尾巴一摆，卷起很大的旋涡，把两条小丑鱼都卷出珊瑚礁缝来。

两条小丑鱼慌乱地游来游去，都找不到自己躲的珊瑚礁缝了。他们碰到了一起。两条小丑鱼你看看我，我看看你。头大的小丑鱼对头小的小丑鱼说：“唉，你长得真美呀，头这么小。”

头小的小丑鱼对头大的小丑鱼说：“哪里，你才美呢，有一个这么大的头。”

结果他俩都笑了。

这时候，很多小鱼都游到他们的身边来了。两条小丑鱼这才注意到，这么多的小鱼，每一条都长得不一样，身上的花纹也不一样。

所有的小鱼都欢迎这两位新朋友。两条小丑鱼再也不觉得自己丑了，他们和大家游在了一起。

珊瑚礁里的所有小鱼们都明白了，每一条鱼都不丑，因为每一条鱼都像他们自己。小鱼们一会儿游到这里，一会儿又游到那里，就像风吹着他们似的。

向当爸爸的朋友学习经验

准爸爸可以通过很多途径学习孕期经验，向同事和朋友交流是最直接有效的方式。同事和朋友是准爸爸比较熟悉的群体，他们中当爸爸的人往往能提供十分有价值和中肯的信息。同时，作为过来人，他们还可以帮助准爸爸规避一些在孕期很容易犯的小错误。另外同事和朋友的经验要比从网络和书本上看到的更鲜活、更具有操作性，印象也更深一些，不容易忘记。

从老公到准爸爸再到爸爸的角色转变，对准爸爸自己以及小家庭来说，都十分重要。以一种为人父的成熟心态和责任感来对待孕育，可以让小家庭更加和睦、幸福与团结。

第23周 与宝宝快乐互动

今天我的腹部有一种好像跳动一样的奇怪感觉——他们说那是宝宝在打嗝。尽管他需要的氧气都是由我通过脐带输送给他的，但他好像自己也在练习呼吸和吞咽。

现在，宝宝的样子更接近新生儿了，但现在更像个小老头。宝宝的五官已经很清晰了，具备了微弱的视觉；胰腺及激素的分泌也正处在稳定的发育过程中；肺中的血管已经形成，呼吸系统正在快速建立。

本周妈妈变化和宝宝成长

1.胎宝宝牙胚开始发育了

本周，胎宝宝体重约450克，皮下脂肪还没有生成，皮肤皱巴巴的。不过胎宝宝已经有了微弱的视觉，恒牙的牙胚开始发育，胎动更频繁、更明显。

2.孕妈妈的食欲越来越好

孕妈妈的胃口和体重都在增加，以后每周会增重250克左右，这是身体在为生产做准备。令人兴奋的是，孕妈妈有时候能够听到胎宝宝的心跳声了。

情绪胎教：通过倾诉排解不良情绪

对于孕妈妈来说，其精神状态和心理情绪不好，不仅对自己的身体有害，而且还会影响胎宝宝的健康发育，因此，孕妈妈应该学会排解不良情绪。

孕妈妈可以通过倾诉的方式，来排解内心焦虑与急躁的情绪，倾诉也是一种很好的宣泄渠道，是调节心理情绪的一种好方法。当然，孕妈妈倾诉心中的担忧、顾虑，进行心理调整，则需要家人耐心地“洗耳恭听”，来配合孕妈妈调整好情绪。

一旦孕妈妈把心里憋着的话全都倾诉出来，精神状态就能够有所放松，至少，能够改善失眠或晚上睡不踏实的情况。与其让自己的心里憋着、闷着，把自己弄得整天心神不宁、坐卧不安、吃不下、睡不着地难受，不如找到爸妈、家人或者闺密好友，干干脆脆地全部倾诉出来。一旦说出来，就会发现自己的思想负担减轻了，情绪也改善了。困扰自己睡不好觉的心理暗结，会通过倾诉而淡化掉，生理上的不适感也会得到适当的缓解。

美学胎教：名画欣赏·《蒙娜丽莎》

《蒙娜丽莎》是一幅享有盛誉的肖像画杰作，代表达·芬奇的最高艺术成就。背景山水幽深茫茫，画中人物坐姿优雅，笑容微妙，具有神秘莫测之感，被不少美术史家称为“神秘的微笑”。

达·芬奇在人文主义思想影响下，着力表现人的感情。构图呈金字塔形，人物显得更加端庄、稳重。蒙娜丽莎的一双手，柔嫩、丰腴，展示了她的温情及身份地位，显示出观察的敏锐，画技的精湛。

[赏析] 微笑并不神秘

在不同角度不同光线下欣赏这幅画，人们都会有不同的感受。那微笑时而温文尔雅，时而安详严肃，时而略带哀伤，时而又有几分讽嘲与揶揄，神秘莫测的微笑显露出人物神秘莫测的心灵活动。

视觉神经活动方面的权威哈佛大学神经科专家玛格丽特·利文斯通博士认为：蒙娜丽莎的微笑时隐时现，与人体视觉系统有关，而不是因为画中人表情神秘莫测。

利文斯通说：“如果看着她的嘴巴，便永远无法捕捉她的笑容。”蒙娜丽莎的笑容若隐若现，源于人们的目光不断转移。

语言胎教：故事《孟母择邻》

“近朱者赤，近墨者黑”，年幼的心灵，更具有可塑性。“孟母三迁择居”之所以传为佳话，流传至今，就是因为蕴含着一定的育人哲理。

孟子少儿时，父亲就去世了，母亲仉（Zhang）氏很有见识，她对孟子很注重思想品德教育。起初，孟子的家座落在偏僻的郊区，附近是墓地，城乡的人们经常在那里进行祭祀，祭者的孝子贤孙在墓地跪呀，拜呀，请来的巫师、道士还在那里手舞足蹈地玩弄一些祭神除邪的怪动作。年幼好奇的孟子就模仿大人的动作与邻里的小孩一起玩一些类似葬丧之类的游戏。

孟母见儿子整日不注重读书学习而在那里搞一些无聊的游戏，欲禁而不止，心想，在这里住下去必定不会使孩子受到良好的教育，于是就决定迁居他地落户。

孟母带着孟子从郊外迁居到城郊附近，这里靠近城区，邻近住着几家做屠宰生意的商人，由于儿童具有模仿的禀性，年幼的孟子又开始模仿大人经营宰杀之类的动作，甚至在平日的言行举止方面都流露出宰商的习气。孟母担心孟子不能受到良好的环境熏陶，更怕影响孟子的学业，又决定迁居到他地落户。

最后，孟母迁居到一家学馆附近。在这里年幼的孟子每天看到的，都是一些读书知理的现象，听到的，都是书声妙语。这对少年的孟子影响很大。从此，孟子发奋笃志，朝夕勤学，终于成了儒家学派著名的学者。

陪妻子上产前培训班

孕妈妈在接受产前检查的同时，医院卫生保健部门还会定期对孕妈妈进行产前宣传教育，内容包括：计划生育、优生优育、卫生保健常识、孕产期知识等。

准爸爸要尽量抽出时间陪妻子一起去上产前培训班，可以更多地学到孕期的保健常识，除个别课程外，大部分都建议带配偶参加。通常周末白天、晚上都有课，以方便孕妈妈选择，每堂课1～2个小时不等。这些课程基本涵盖了所有的妊娠问题，包括孕妈妈营养保健、孕期心理健康、骨盆操、分娩止痛选择、胎宝宝发育、母乳喂养、新生儿护理、产后保健、防止产后忧郁等。

第24周 优化内外环境

胎宝宝已经24周了，听力已经形成，但发育尚不完全。我知道我的心跳声、说话的声音、我的呼吸声以及肠胃发出的隆隆声，对于宝宝来说，是这个世界上最美的声音。我越来越感到自己身体的沉重，虽然享受着即将当妈妈的快乐，但孕期不适给我增添了许多烦恼，甚至造成过分紧张与不安，我知道这对胎教是非常不利的。所以我必须了解并掌握一些缓解孕期不适的方法，以便给胎宝宝创造一个完好的宫内环境。

本周妈妈变化和宝宝成长

1.胎宝宝可以听到更多的声音

胎宝宝体重约600克了，孕妈妈的说话声、心跳声、肠胃蠕动声以及大一些的噪音胎宝宝都能听见。对于较大的噪音，胎宝宝还会表现出明显的不安，现在的胎宝宝已经开始为储备皮下脂肪做准备了。

2.孕妈妈容易感到疲劳

因为腹部越来越沉重，为保持平衡，需要腰部肌肉持续向后用力。因此，孕妈妈的腰腿痛更加明显了。有些孕妈妈这时会感到眼睛不适，也容易感到疲惫，这是比较典型的妊娠反应，孕妈妈不必过分担心。

语言胎教：随时随地与胎宝宝交流

其实胎教并不是非得刻意去做的事情，当孕妈妈或准爸爸将其视为一种习惯时，胎教就会潜移默化地发生作用。

例如，孕妈妈在吃饭前，可以把吃什么饭菜告诉胎宝宝。吃饭的时候，如果饭菜的味道特别好，也可以对胎宝宝说：“宝宝，今天的饭菜真香啊！我们要多吃一点哦！”。这样不仅可以在吃饭的时候和胎宝宝交流，还能增进孕妈妈的食欲。

散步的时候，可以把沿途中看到的周围环境、花草树木、池塘中的游鱼，以及呼吸到的新鲜空气，都讲给腹中的胎宝宝听。

总之，可以随时随地的把生活中的每一个愉快的场景都讲给胎宝宝听，和胎宝宝共同生活、共同感受，共同交流，使母子间的纽带更加牢固，使胎宝宝对孕妈妈有信赖感、安全感，从而产生美妙的幸福感。

环境胎教：森林浴对胎教的作用

所谓森林浴，就是一种“在呼吸新鲜、清爽空气的同时，在森林里漫步或休息的活动”。

1.森林浴对胎教的作用

森林浴可以使身心变得舒畅：走进森林里，当你将新鲜、清爽的空气和树木散发出的幽香一口气吸入体内时，身体和内心的所有疲劳感都会被一扫而光，它将给你的生活重新带来活力。实际上，大量的研究结果证实了森林里的空气对人体健康有益这一事实。这种使身心都变得舒畅的活动，也会给孕妈妈带来很大的积极作用。

植物杀菌素和阴离子对胎教有益：进入树木繁茂的森林中，无论是谁都会感到自己的心情变得舒爽起来。这实际上是“植物杀菌素”的功劳。植物杀菌素是植物为了保护自己不受细菌的侵害而不断释放出的一类“芳香性物质”，即所有植物产生的杀菌性物质的总和。而森林浴的效果也同样来源于这些植物杀菌素。在你进入森林时总会闻到一股树木特有的清香味道，这种味道来自植物杀菌素当中的主要成分萜。

萜又名松烯，它在起到抗菌作用的同时会对身体的活性化过程产生帮助。萜被身体吸收之后会轻微地刺激人的皮肤，提高人体的活性，促进血液循环，并达到使人心情安定的效果。森林浴的另一个作用就是为人体获取大量的阴离子。阴离子可以使人的自由神经变得镇定，还可以起到促进新陈代谢并强化细胞和脏器机能的作用。

安定身心，增强胎教的效果：森林浴可以缓解孕妈妈的压力。在森林中一边呼吸新鲜空气一边漫步，可以将身体里的废弃物随着呼吸一起排出体外，可以促进新陈代谢并强化心肺机能，还可以缓解因为压力和疲劳而引起的肌肉与神经的紧张。多听一些自然界的声音，对胎教也有帮助。小溪流水和鸟儿、虫儿的鸣叫等这些来自于大自然的声音将超越所有的古典音乐，为胎宝宝带来前所未有的胎教效果。

2.怎样进行森林浴

森林浴的黄金季节是初夏到初秋：这段时期温度和湿度较高，植物杀菌素会被大量地释放出来。另外，一天中最好的时段是上午10：00～12：00，孕妈妈应该尽量利用这段时间享受森林浴的乐趣。

进行腹式呼吸：与散步时相类似，在进行森林浴时应该努力吸入尽可能多的空气，感觉好像要用空气把自己的身体注满一样。这种腹式呼吸的方法可以让人充足地吸收氧气和植物杀菌素。此外，还可以在森林中做一做体操和伸展运动，这些都会增强森林浴的效果。

穿比较宽松的衣服：在进行森林浴时应尽量穿轻便而宽松的衣服，这样就可以使皮肤更多地接触空气中的植物杀菌素。

胎教活动：书法赏析·《难得糊涂》

郑燮（1693～1765），字克柔，号板桥，江苏兴化人，乾隆元年进士。曾任山东范县、潍县县令，为人疏放不羁。因为饥民请赈得罪官吏，罢归后返扬州，有“三绝诗书画，一官归去来”之誉。郑板桥著有《板桥全集》，为“扬州八怪”之一。

[板桥书法] 郑板桥善画兰竹，笔致飘逸。他以兰草画法入笔，极其潇洒自然，参以篆、隶、草、行、楷五体的字形，穷极变化，从而形成了独特的个人风貌。板桥对其别具一格的新书体，自称为“六分半书”，开创了书法历史的先河。

[“难得糊涂”的来历] 郑板桥题过几副著名的匾额，其中最为脍炙人口的是“难得糊涂”与“吃亏是福”这两副。题写“难得糊涂”还有一段传说。

有一年，郑板桥专程至山东莱

州的云峰山去观赏郑文公碑，流连忘返，天黑后不得已借宿于山间茅屋。屋主为一儒雅老翁，自命“糊涂老人”，出语不俗。他的室中陈列了一块方桌般大小的砚台，石质细腻，镂刻精良，郑板桥十分叹赏。老人请郑板桥题字以便刻于砚背。板桥认为老人必有来历，便题写了“难得糊涂”四字。

因砚台尚有许多空白，板桥说老先生应该写一段跋语。老人便写了“得美石难，得顽石尤难，由美石而转入顽石更难。美于中，顽于外，藏野人之庐，不入宝贵之门也。”他用了一块方印，印上的字是“院试第一，乡试第二，殿试第三。”

板桥看后一惊，原来老人是一位隐退的官员。有感于糊涂老人的文词，见砚背空处较大，便也在题写的“难得糊涂”下应和了一段：“聪明难，糊涂难，由聪明而转入糊涂更难。放一著，退一步，当下安心，非图后来福报也。”

学习测量宫高的方法

怀孕第5个月时，医生常常会通过触摸孕妈妈的腹壁，测量出耻骨上缘到子宫底的长度，这就是在测量宫高。

宫高是指耻骨联合上缘至子宫底最高点的距离，表示子宫的长径，脐水平的腹围代表子宫横径及前后径。这三个径线综合起来，能较准确地反映子宫的大小，是产科检查中简便又可靠的方法。

通过宫底高度的变化，可以推测胎宝宝的生长情况。例如，当胎宝宝由纵产式变为横位时，宫高会有所降低，臀位的胎宝宝端坐在宫腔内，宫高会显得高一些。怀孕末期时，胎宝宝的入盆会让宫高降低。准爸爸也可以学一学怎样测量宫高，这样在家的时候也可以帮助妻子测量，随时了解妻子子宫的情况，从而推测出胎宝宝的生长情况。

第25周　和宝宝娓娓道来

宝宝此时对我的声音已经十分敏感了，我那亲切的语调，动听的语言，将会通过语言神经的震动传递给腹中的胎宝宝，使他产生一种安全感，从而能达到促进大脑发育，提高记忆力的目的。不仅如此，而且还能增进、加深我和胎宝宝出生后的感情，使我们相见时即早已彼此熟悉，有利于早期智力的开发，而且还可以使宝宝更愿意同周围的人相互交流，促进健全人格的培养和形成。

本周妈妈变化和宝宝成长

1.胎宝宝大脑发育高峰期

现在胎宝宝的体重稳定增长，本周大约有700克了，皮肤很薄而且有皱纹，全身覆盖着一层细细的绒毛。胎宝宝的大脑细胞迅速增殖分化，体积增大，进入了大脑发育的高峰期。

2.孕妈妈身体越来越沉重

孕妈妈的肚子越来越大，体重也越来越重了，不断增长的肚子对孕妈妈腰腿部位的牵拉引起的疼痛继续加强。孕妈妈脸上和身上的斑纹也更加明显了。但孕妈妈不用担心，这些斑纹都会在生产后慢慢消失。

环境胎教：色彩对胎教的影响

目前人们已经认识到，色彩能够影响人的精神和情绪。它作为一种外在的刺激，通过人的视觉产生不同感受的结果，给人以某种作用。因此，精神上感到舒畅还是沉闷，都与视觉有着直接的关系。可以说，不舒服的色彩如同噪音一样，会使人感到烦躁不安，而协调悦目的色彩则是一种美的享受。

一般说来，红色会使人激动、兴奋，能鼓舞人们的斗志；黄色明快、灿烂，使人感到温暖；绿色清新、宁静，给人以希望；蓝色给人的感觉是明静、凉爽；白色显得干净、明快；粉红和嫩绿则预示着春天，使人充满活力。

孕妈妈由于体内激素的变化，往往会性情急躁，情绪波动较大。因此，要有意识地多接触一些偏冷的色彩，如绿色、蓝色、白色等，以利于情绪稳定，保持淡泊宁静的胎教心境，使腹中的胎宝宝安然平和地健康成长。而不宜多接触红、黑等色彩，以免产生烦躁、恐惧等不良心理，影响胎宝宝的生长发育。因此，在布置孕期居室，选购日常生活用品，以及居家旅行时要有意识地注意这个问题。

语言胎教：对胎儿进行诵读胎教

1.孕妈妈亲自诵读经典

孕妈妈可以定时诵读经典给腹中的胎宝宝听。一直反复念同一经典给胎宝宝听，会令胎宝宝神经系统变得对语言更加敏锐。怀孕第8个月直至生产前，是施行阅读胎教的最佳时机。医学研究发现，胎宝宝的意识萌芽大约发生在怀孕的第7～8个月，此时胎宝宝的脑神经已经发育到几乎与新生儿相当的水平。为了让孕妈妈的感觉与思考能和胎宝宝达到最充分的交流，孕妈妈一定要保持平静的心境，并集中注意力。

孕妈妈的喜、怒、悲、思都可以使血气失合而影响胎宝宝，所以孕妈妈宜心境平和，心情舒畅，遇事乐观，不要喜怒无常。孕妈妈通过诵读经典，可以安心宁神，让“心中之水”平静，为体内的胎宝宝提供最好的身心环境。

2.准爸爸为胎宝宝诵读经典

准爸爸为孕妈妈和胎宝宝诵读经典，可以提升夫妻两人的道德修养，改善夫妻间的关系，促进家庭和睦，保证孕妈妈精神愉快，身心健康。一个融洽、和谐、温馨和充满爱心的家是保证胎宝宝身心正常发育的必要条件。

同时，准爸爸的声音对胎宝宝的影响是孕妈妈无法取代的。美国的优生学家认为，胎宝宝最喜欢爸爸的声音，也许是因为男性特有的低沉、宽厚、粗犷的嗓音更适合胎宝宝的听觉功能，也许是因为胎宝宝天生就爱听爸爸的声音，所以胎宝宝对爸爸的声音都会表现出积极的反应。

3.听经典诵读的录音

通过播放经典诵读的录音进行胎教，具有较好的便利性。不论是在休息或者做事时，都可以将录音作为一种背景音乐来听。经典诵读录音对胎宝宝的影响类似于经典音乐对胎宝宝的影响，但比音乐的内涵更具有丰富性和价值性。

通过经典诵读实施胎教，不仅可以提高夫妻两人自身的心性修养，同时也能熏陶和强化胎宝宝的德性与慧性，可谓一举多得。

语言胎教：纪伯伦散文诗选

黎巴嫩著名诗人纪伯伦是阿拉伯近代文学史上第一位使用散文诗体的作家。他要唱出“母亲心里的歌”，作品以爱和美为主题，通过大胆的想像和象征的手法，表达深沉的感情和远大的理想。诗人把美当成上帝、真理。她无所不包、无处不在，其力量也非常神奇，可以主宰生死存亡，令你获得爱情、灵感，可以使人变得聪明、美丽，净化人的心灵，使社会变得崇高起来。

孕妈妈在实施语言胎教和美学胎教时，可以经常阅读纪伯伦的散文诗，这样不仅能够体会到美文中演绎的哲理，还可以得到美的享受，形象而鲜明地触发孕妈妈的良好情绪，给胎宝宝以潜移默化的影响。

美之歌

我是爱情的向导，是精神的美酒，是心灵的佳肴。我是一朵玫瑰，迎着晨曦，敞开心扉，于是少女把我摘下枝头，吻着我，把我戴上她的胸口。

我是幸福的家园，是欢乐的源泉，是舒适的开端。我是姑娘樱唇上的嫣然一笑，小伙子见到我，霎时把疲劳和苦恼都抛到九霄云外，而使自己的生活变成美好的梦想的舞台。

我给诗人以灵感，我为画家指南，我是音乐家的教员。

我是宝宝回眸的笑眼，慈爱的母亲一见，不禁顶礼膜拜，赞美上帝，感谢苍天。

我借夏娃的躯体，显现在亚当面前，并使他变得好似我的奴仆一般；我在所罗门王面前，幻化成佳丽使之倾心，从而使他成了圣哲和诗人。

我向海伦莞尔一笑，于是特洛伊成了废墟一片；我给克娄巴特拉戴上王冠，于是尼罗河谷地变得处处是欢歌笑语，生机盎然。

我是造化，人世沧桑由我安排，我是上帝，生死存亡归我主宰。

我温柔时，胜过紫罗兰的馥郁；我粗暴时，赛过狂风骤雨。

人们啊！我是真理，我是真理啊，你们要把这一点牢记在心里。

准爸爸做抚摸胎教

胎宝宝最喜欢准爸爸的抚摸和声音，所以在整个抚摸胎教的过程中，准爸爸一定要参加进来。准爸爸应经常隔着肚皮轻轻地抚摸胎宝宝，并协助妻子让胎宝宝进行一些宫内运动，最好是一边抚摸一边与胎宝宝说话，同时要告诉宝宝是爸爸在抚摸他。

当胎宝宝的活动过于激烈让妻子感觉有些难以忍受时，准爸爸可以一边隔着肚皮轻抚胎宝宝，一边温和地说："乖宝宝，爸爸和你商量个事儿，小腿踢得轻点，好吗？你妈妈感觉有些吃不消了。"相信胎宝宝一定会给爸爸面子的！

第26周 进行心灵对话

亲爱的宝贝，虽然距离你出生还有很长的时间，但是你早已在我们的生活中生根发芽，我们不能没有你！我知道，我的宝宝与我是心灵相通的，所以我很努力地调整自己的情绪。我会通过意念相通的特点，给宝宝来点“思维沟通”，从而让胎宝宝充分感受美好的事物和最温暖的爱。在进行的过程中，我可以细细体会胎宝宝的反应，这样有利于我们母子情感的交流与互动。

本周妈妈变化和宝宝成长

1.胎宝宝睁开眼睛了

本周，胎宝宝的体重长到800克左右了，体形较瘦，胎宝宝的视觉有了很大发展，可以睁开眼睛了。

2.孕妈妈睡眠变差了

孕妈妈最近睡眠是不是开始变差了，还经常做一些恶梦？这是对即将承担做母亲的重任感到忧虑的反应，是一种普遍现象，孕妈妈要放宽心态，不要想太多，尽量保持良好的心情。

环境胎教：怎样进行日光浴胎教

太阳不仅能给我们带来光和热，而且阳光中的紫外线还能使人体产生维生素D，进而促进体内钙的正常吸收。所以孕妈妈可以在天气好时来个日光浴，在沐浴阳光的同时，还可以和胎宝宝好好交流交流，例如一边晒太阳，一边和腹中的胎宝宝说“宝宝，今天阳光真好啊，听到小鸟在唱歌了吗？”等等。

至于什么时候晒太阳，应该根据季节、时间

以及每个人的具体情况灵活掌握。如果是烈日炎炎的盛夏季节，就不用专门去晒太阳了，树荫里散射的阳光就足以满足孕妈妈的需要。

根据我国的地理条件，一般来说，春秋季以每天9：00～16：00为宜，冬季以10：00～13：00为宜，此时段阳光中的紫外线最为充足，孕妈妈可以选择在这段时间晒太阳。晒太阳的时间不能太久，以每天1小时为宜。孕妈妈要注意面部的防晒，以防止黑色素的沉淀。

营养胎教：孕妈妈不能多吃盐

怀孕期间，孕妈妈容易出现水肿和高血压，因此主张孕妈妈不宜多吃盐。如果孕妈妈常吃过咸的食物，可能会导致体内钠潴留，引起浮肿，影响胎宝宝的正常发育。当然也不能完全不吃盐，只有适当少吃盐才是必要的。如果出现以下几种情况，就应该忌盐。

（1）患有某些与妊娠有关的疾病（心脏病或肾脏病）时，孕妈妈必须从妊娠一开始就忌盐。

（2）孕妈妈体重增加过多，特别是同时还出现水肿、血压增高、有妊娠中毒症状者应忌盐。

所谓忌盐饮食，是指每天摄入氯化钠不得超过2克。正常进食每天可以带给人体8～15克氯化钠，其中1/3由主食提供，1/3来自烹调用盐，而另外1/3则来自其他食物。无咸味的调味品可以使孕妈妈逐渐习惯忌盐饮食，如新鲜水果、番茄汁、无盐醋渍小黄瓜、柠檬汁、醋、香菜、大蒜、洋葱、葱、韭菜、丁香等，也可以食用全脂或脱脂牛奶以及用低钠制作的酸奶、乳制甜奶等。

语言胎教：故事《最美的“蝴蝶花”》

《最美的“蝴蝶花”》是一个充满爱心的故事，蝴蝶和小松鼠们都很有爱心，都愿意为他人付出。孕妈妈可以通过这个故事告诉胎宝宝，只要人人都献出自己的一点爱心，大家一定都会很开心、很幸福。

最美的“蝴蝶花”

冬天来了，漂亮的蝴蝶该睡觉了。于是，她就去找树缝，找呀找，刚找到树缝，小松鼠灰灰看见了，就不由地叫起来：“哇，多美丽的蝴蝶呀！能让我看你跳舞吗？”

蝴蝶想，如果我不跳，花花会失望的。于是，她就跳了起来，舞步轻盈如风，飘飘如云。小松鼠灰灰眼都看花了，他不停地喝彩：“太棒了！太棒了！”灰灰的叫声惊动了其他的小松鼠。他们对蝴蝶说：“请你再跳一个舞给我们看看，行吗？”

“好吧！”蝴蝶很疲倦了，她只想睡觉，可是为了不让小松鼠们失望，她还是跳了起来。跳呀跳呀，一个又一个，小松鼠们不停地为她喝彩叫好。蝴蝶跳着跳着，终于睡着了。咦，她怎么啦？小松鼠们惊讶了。他们赶紧把蝴蝶送到动物医院。山鸡医生查了查，笑着说：“她太累了，她睡着了。”

“她什么时候才能醒来呢？”

“她要睡一个冬天呢！”

“肯定是什么特别的原因，才会使蝴蝶在跳舞时睡着了。”小松鼠们谈论着。

“对呀，她是为了让我们看到她的舞姿才这样的。”小松鼠灰灰想起来了，他把前前后后的事情讲给山鸡医生听。医生听了也很感动：“你们要好好地保护她，让她安全过冬。”

“放心吧，我们会做到的。”小松鼠们说。

小松鼠们将蝴蝶放在灰灰的家里，大家轮流陪着她，每天都在她床前唱歌。他们说：“蝴蝶在睡梦中一定会听到我们的歌声的。”

过了一天又一天，当春天到来时，蝴蝶在小松鼠们的歌声中醒来了。她一看到小松鼠灰灰，马上就想起了睡觉前的事，便一跃而起说：“灰灰，是你一直陪着我吗？”

“不，是我们所有看你跳舞的小松鼠。”灰灰说。小松鼠们听到响声，都把头探了进来：“啊，你醒过来了！”

蝴蝶很感动，一边说谢谢，一边又跳起了舞，小松鼠们伴着她的舞唱起歌来：“春天来了，春天来了，我们的友谊像花朵一样开放了……”

一朵美丽的“蝴蝶花”绽开在花花的家里，瞧，这花儿多美呀！

第27周 用音乐开发右脑

此时是胎宝宝大脑活动非常活跃的时期，我会经常和胎宝宝说说话、做做游戏，凡是能让胎宝宝活跃和开心的胎教方式都可以采用。讲故事、抚摸胎宝宝或者给他听音乐都是不错的主意，有趣的故事、充满爱心的抚摸和轻松的音乐可以使我的心情平静而愉快，同时给胎宝宝听音乐，还能开发胎宝宝的右脑。

本周妈妈变化和宝宝成长

1.“停不住”的胎宝宝

在孕妈妈的肚子里动个不停的胎宝宝，到本周听觉系统已经发育完全，对外界的声音刺激有更明显的反应，但是他的气管和肺部还未发育完全，但是呼吸动作仍在继续。

2.孕妈妈容易出现便秘

因为子宫胀大压迫肠道，便秘的困扰便会随之而来，这可能会影响到孕妈妈的心情。孕妈妈平时要多喝水，多吃点新鲜的水果蔬菜，以及一些含粗纤维的食物。

音乐胎教：教胎宝宝学唱音符

怀孕第6个月时，胎宝宝的听觉已经开始能记录在脑电波中，到胎宝宝24周左右时，他的耳蜗形态和听神经的分化已经基本形成。因此，现在，孕妈妈和准爸爸可以教胎宝宝唱一唱音乐中最基本的内容——音符。

教胎宝宝唱音符的方法

（1）孕妈妈或准爸爸先熟悉音符的发音，“1、2、3、4、5、6、7、i”——“i、7、6、5、4、3、2、1”。

（2）反复轻声教唱若干遍，每唱完一个音符停顿几秒钟，给胎宝宝学习和复唱的时间。

（3）在教唱时，孕妈妈可以想象子宫中的胎宝宝跟随学唱的样子。

（4）在教胎宝宝唱音符时，室内应保持安静，尽量避免噪音干扰。

（5）孕妈妈可以每天教唱1～2次，每次3～5分钟。

美学胎教：通过编织进行胎教

运动医学研究证明，人在进行编织时，会牵动肩膀、上臂、小臂、手腕、手指等部位的30多个关节和50多块肌肉。这些关节和肌肉的伸屈活动，只有在中枢神经系统的协调配合下才能完成。管理和支配手指活动的神经中枢在大脑皮层上所占面积最大。

孕妈妈进行编织时，手指的动作精细、灵敏，可以促进大脑皮层相应部位的功能发展，通过信息的传递，可以促进胎宝宝大脑发育和手指的精细动作。

孕妈妈可进行以下几种编织活动。

（1）设计图案，给宝宝织毛衣、毛裤、毛袜或线衣、线裤、线袜。

（2）用钩针钩织宝宝的生活用品。

（3）绣花，在家可以做点十字绣，给宝宝绣条方巾也可以。

（4）编织其他美术品，如壁挂（各种娃娃等）或贴花等。

不管编织的东西样式是否好看，只要是用心去做，带着好心情去做，就能获得很好的胎教效果。

语言胎教：《新月集》诗选（三）

我的歌

我的孩子，我这一只歌将扬起它的乐声围绕你的身旁，好像那爱情的热恋的手臂一样。

我这一只歌将触着你的前额，好像那祝福的接吻一样。

当你只是一个人的时候，它将坐在你的身旁，在你耳边微语着；当你在人群中的时候，它将围住你，使你超然物外。

我的歌将成为你的梦的翼翅，它将把你的心移送到不可知的岸边。

当黑夜覆盖在你路上的时候，它又将成为那照临在你头上的忠实的星光。

我的歌又将坐在你眼睛的瞳仁里，将你的视线带入万物的心里。

当我的声音因死亡而沉寂时，我的歌仍将在我活泼泼的心中唱着。

第28周 给宝宝光刺激

这个阶段我感觉胎宝宝活动比较频繁，他一定是个淘气的小家伙，我总感觉到他在我的肚子里翻跟头，我那么清晰地感觉到他在动，使我的肚子此起彼伏。现在的胎宝宝已经有光感了，此时对胎宝宝进行光照胎教，不仅可以促进视觉功能的健康发育及胎宝宝对光线的灵敏反应，而且有益于出生后动作行为的成熟。这周的胎教重点就是对胎宝宝进行光敏感训练。现在，我已经准备好了，亲爱的宝贝，我们开始吧！

本周妈妈变化和宝宝成长

1.胎宝宝会做梦了

本周胎宝宝体重达到1000克左右，几乎占满了整个子宫。脑神经细胞树突的分支活跃度增加，大脑皮层出现特有的沟回，并形成了自己的睡眠周期，而且还会做梦呢！

2.孕妈妈的肚皮会跳舞

性格活泼的胎宝宝在孕妈妈的肚子里动得越来越频繁了，以致孕妈妈的腹壁此起彼伏，好像是孕妈妈的肚皮在“跳舞”。

美学胎教：练习毛笔字陶冶情操

书法是一门艺术，能够提高人的审美观，孕妈妈学写毛笔字其实是一种美学胎教。

1.写毛笔字需要准备的工具

毛笔，墨汁。

纸张 刚开始练习时可以用学生用的十五格纸，用废报纸也行。

字帖 一本好字帖对于初学者非常重要，最好从真书（楷、魏碑等）入手，行草比较难，不宜先行练习。

2.具体写毛笔字的方法

从笔画开始练起，然后循序渐进，穿插带笔画的字进行练习，如“三、王”练横画，练熟后可以临古诗帖。

不练笔画，可以直接从练字开始，主要方法有：

描红 在勾勒出的字框内填写笔画，一般书店都有售。

临摹 在前人的法帖上覆上白纸临摹，或参照前人的法帖进行临摹。

背临 先学习消化前人的法帖，然后不看法帖完成书写。

孕妈妈写毛笔字最好天天写，两三天写一次也行。坚持不懈地练习对孕妈妈的身体和情绪的调整都有益处。

光照胎教：怎样进行光敏感训练

本周可以开始对胎宝宝进行光敏感训练了，也就是前面讲到的光照胎教。给胎宝宝做光照胎教，可以按照以下的步骤进行。

工具 手电筒

方法 孕妈妈每天定时用手电筒微光紧贴腹壁，反复开关手电筒，一闪一灭照射胎宝宝的头部位置，一般在宫底下两三横指处。每次开关三次即可。

光照胎教必须在有胎动的时候进行，在胎动明显的时候，即胎宝宝醒着的时候开展。孕妈妈可以同时和胎宝宝说话，刺激胎宝宝视力和大脑的发育。

注意 对胎宝宝进行光照胎教时，切忌用强光，强光会刺激胎宝宝的眼睛，使胎宝宝感到不舒服。照射时手电筒不要放在肚脐上，且照射时间不宜太长，一般以5～10分钟为宜。

语言胎教：故事《狗熊种地》

“狗熊种地”的故事告诉我们做什么事都不能半途而废，只有坚持不懈，才能获得成功。

狗熊种地

有一只狗熊，他很勤快，可是每年都没有收成，这是为什么呢？

播种的季节到了，狗熊想到去年辛辛苦苦地干了一年，却一无所获。所以，狗熊决定今年一定要向别人取经。

一天，狗熊听说山羊在种生菜，而且听说生菜又鲜又嫩，可好吃了！于是，狗熊也在自家门前种上了生菜。过了些天，狗熊种的生菜从地里钻出来了。狗熊高兴地望着刚出土的生菜，搓着大熊掌喊道："生菜又鲜又嫩，生菜又鲜又嫩……"

正在这时，狗熊听说小白兔没种生菜，而是种了萝卜。狗熊找小白兔一问，小白兔说："我固然爱吃生菜，不过，我更爱吃萝卜，萝卜脆生生的，多好吃……"

狗熊一听，急忙跑回家，把生菜全拔光了，种上了萝卜。过了些日子，见萝卜长出了缨子，狗熊非常高兴，他望着刚出土的萝卜缨子，搓着大熊掌喊道："萝卜脆生生，萝卜脆生生……"

这时候，狗熊又听说猴子没种萝卜，而是种了花生。狗熊马上去找小猴子问，小猴子说："我当然也爱吃萝卜，不过我更爱吃花生，花生又香又脆……"狗熊听小猴子这么一说，赶紧跑到家，一口气就把萝卜缨子全从土里拔出来，又种上了花生。一段日子后，狗熊看见花生苗出土了，开心坏了，他望着花生苗，搓着大熊掌喊道："花生又香又脆，花生又香又脆……"

秋天到了，山羊、小白兔和小猴子都获得了大丰收。而一场霜下来，狗熊种的花生秧还没等长大，就全枯死了。

这一年，狗熊又是一无所获，但他还是不明白：为什么自己辛辛苦苦地从春天忙到秋天，却总是没有一点收获呢？

协助妻子做自我监护

数胎动：利用胎动次数可以监护胎宝宝的安危。胎动的计数一般应在32周开始，每天早、中、晚3次固定时间数1个小时，3次总数乘以4就是12个小时的胎动数，正常胎动次数每天约30～40次，但不同的胎宝宝也存在着个体差异性。

听胎心音：观察胎心率变化是最简单实用的自我监护方法。准爸爸应该每天听胎心音1～2次，每次1～2分钟。正常胎心在120～160次/分钟，范围之外表示胎心异常。

测量宫底高度：测量宫底高度可以了解胎宝宝在子宫内生长的情况。宫底高度可以每周测量一次。

如果准爸爸和孕妈妈能掌握足够的自我监护知识，就能及时发现妊娠并发症，预防早产，减少难产的发生率，从而保障母子的健康和安全。

第29周 提升宝宝的智力

我就像个长途旅行者，千辛万苦已经走完了一大半路程。眼看就要到达终点了，不过，我可不敢掉以轻心，要提防胎宝宝“提前报到”。在此时的胎教过程中，我也会特别注意，给胎宝宝最体贴的照顾，尽量不让胎宝宝来得太早。同时，还要避开早产的因素，为顺利生下健康聪明的宝宝而努力。

本周妈妈变化和宝宝成长

1.大脑发育迅速

此时，胎宝宝大脑的发育程度令人惊喜。颅骨非常柔软，以适应发育迅速的大脑需要。在大脑的表面，出现了越来越多的不规则皱褶和沟痕，即大脑的沟回，它们是神经细胞建立联系的结果。现在，大脑功能相当完善，能够控制呼吸和体温。

2.孕妈妈出现假宫缩

孕妈妈此时会觉得肚子偶尔一阵阵地发硬发紧，这是正常假宫缩现象，不必太担心。胎宝宝比较好动且无时间规律，有时在妈妈想睡觉的时候胎宝宝会动个不停，等妈妈醒来时，他却安静地睡着了。

营养胎教：孕晚期需补充的营养素

碳水化合物： 怀孕第8个月，胎宝宝开始在肝脏和皮下储存糖原及脂肪。此时如果碳水化合物摄入不足，将造成蛋白质缺乏或酮症酸中毒，所以孕8月应保证热量的供给，增加主粮的摄入，如大米、面粉等。

钙： 孕晚期为了满足大量钙的需要，孕妈妈应选择食用海带、紫菜、虾米、虾皮等食物。紫菜不仅含钙量高，而且含有丰富的蛋白质。

膳食纤维：妊娠晚期，逐渐增大的胎宝宝给孕妈妈带来了沉重的负担，孕妈妈很容易发生便秘。由于便秘，又可能会发生内外痔。为了缓解便秘带来的痛苦，孕妈妈应该注意摄取足量的膳食纤维，以促进肠道蠕动。

硫胺素（维生素B_1）：怀孕的最后1个月里，必须补充各类维生素和足够的铁、钙，充足的水溶性维生素，尤其以硫胺素最为重要。如果硫胺素不足，容易导致孕妈妈呕吐、倦怠、体乏，还会影响分娩时子宫收缩，使产程延长，导致分娩困难。硫胺素在海鱼中的含量比较高。

豆类蛋白质：孕晚期除了要保证畜禽肉、鱼肉、蛋、奶等动物性食品的摄入量外，还要多增加一些豆类蛋白质，如豆腐和豆浆。

语言胎教：给胎宝宝讲童话故事

如果希望胎宝宝通过与孕妈妈的情感沟通，渐渐成长为充满勇气、情感丰富的宝宝，那么就应该给胎宝宝讲童话故事。给胎宝宝讲童话故事，不仅能够帮你缓解焦虑，而且在讲述的过程中，你自己也仿佛回到了美好的童年时光。

1.选择一个好童话

所选择的童话故事应该注重体现勇敢、善良、聪明、勤劳等美好的品质，故事中所蕴藏的情感要丰富，而且结局也要美好。这样可以给胎宝宝以良性的刺激，有利于胎宝宝健康成长。

2.富有感染力的声音

给胎宝宝讲童话故事时，要想象胎宝宝正在身边聆听你讲的故事，根据故事情节的变化，变化多种音调，给故事注入丰富的情感。

3.自己编童话故事

如果孕妈妈有足够的创造力，还可以以周围常见的事物为题材，自编童话故事讲给胎宝宝听。在平静的心态下，或追忆过去有趣的往事，或对未来展开美好的憧憬，这不论是对胎宝宝还是对孕妈妈，都将获益匪浅。

美学胎教：孕期美容（孕晚期篇）

1.化妆美容

孕晚期，孕妈妈的皮肤很容易过敏，所以，不要随意改用化妆品，可以用自己之前一直用的，否则，可能会使皮肤变得粗糙或留下斑点。

孕晚期，孕妈妈到医院做产检的次数越来越多了。做产检时不要化妆，不要涂胭脂、眼影、口红、指甲油，因为孕妈妈的脸色与指甲的颜色往往是医生判断孕妈妈身体情况的指标。如果它们被化妆品掩盖住了，医生就很难做出正确的诊断了。

2.保持清洁

妊娠晚期，孕妈妈阴道的分泌物增多，外阴部容易污染，所以，要每天清洗以保持清洁。由于局部充血，皮肤黏膜特别容易受伤，所以，洗澡时动作要轻缓。住院待产前，要先洗头洗澡，保持全身的清洁。

3.穿衣打扮

到了孕晚期，孕妈妈的腹部日渐隆起，身体越来越笨重了。这时候选择服装时，质地太软、颜色灰暗、皱褶明显的衣料，都不应该选择。紧身的衣裙、粗毛绒衫等服装也都不合适了。这些样式，孕妈妈穿起来不仅不舒服，而且很不雅观，让孕妈妈愈加显得笨重了。

为了让孕妈妈看起来不那么笨重，应该尽量选择露出脖子的衣服，到了夏天可以穿短袖或完全无袖的衣裙。头及胳膊露出来会使人产生错觉，看起来就会觉得轻盈，且惹人喜爱了。

第30周 我的性格我做主

胎儿期是胎宝宝性格形成的重要时期，因此，我特别注重胎宝宝的性格培养。胎宝宝性格的形成离不开生活环境的影响，而我的子宫则是胎宝宝的第一个环境，在这个环境里的感受将直接影响到胎宝宝出生后性格的形成和发展。所以我会努力给胎宝宝营造一个安全、舒适、温馨的环境。

本周妈妈变化和宝宝成长

1.胎宝宝大脑迅速发育

胎宝宝的头部继续长大，大脑发育非常迅速，大脑和神经系统已发育到了一定程度。胎宝宝的骨骼、肌肉和肺部发育日益成熟。

2.孕妈妈行动很吃力

孕妈妈感到身体越来越沉重了，肚子大得看不到脚尖，行动开始变得吃力，偶尔还会有胃部不适。胎宝宝的营养需求也逐渐达到了最高峰。

运动胎教：爬行运动对母胎都有益

1.爬行对母胎的好处

爬行，并不是婴幼儿的专利，孕妈妈也可以用来作为孕晚期的锻炼方式。长期的直立，会使人体极易诱发脑血管病变和脊椎、腰肌劳损。孕晚期进行适度的爬行，能够增强腹肌的力量，预防难产，产后爬行则有利于子宫复位。

科学家认为，爬行使人在活动中回到了原始的动作姿势，降低了头部和心脏的位置，使全身的血液回流通畅，有利于对身体各器官的血液供应。运动时，内脏向下压迫胸、腹前壁，使呼吸肌得到了锻炼，呼吸器官的功能也得到了改善。

在运动中，维持头部重量的颈、背部肌肉群也得到了锻炼，改善了脊柱的姿势和体态，减轻了下肢、骨盆的负担。身体重量分散到四肢，从而大大减轻了腰椎的负担。如果每天抽出一定的时间进行爬行锻炼，将对心血管疾病及各种脊椎、腰部病变显著的症状起到治疗的功效。

2.如何实施爬行方案

爬行健身法简单易行，一学就会；早上、晚上、午间休息等时间，孕妈妈都可以就地爬行几圈，只需几分钟时间。爬行前，先活动一下四肢，特别是肘关节、腕关节、膝关节、踝关节等。开始爬行时身体要保持水平状态，不要着急，让身体有一个适应的过程。爬行中，注意双手的应用，不要把重量都压在膝关节。爬行中，要抬头四处张望，让颈部也得到活动。每次的爬行练习要坚持20分钟以上。

爬行时要穿一些宽松、舒适的衣物；可以给膝盖戴上护膝；爬速宜慢，爬幅宜小，重复2～3次，两次中间休息20～30秒。

语言胎教：故事《美丽的小路》

“美丽的小路”是一个告诉我们要爱护环境的小故事，孕妈妈可以读给胎宝宝听，告诉胎宝宝，美好的环境需要我们每个人共同来维护，只有我们每个人都出一份力，才能让我们身边的环境越来越美好。

美丽的小路

鸭先生的屋前有一条长长的小路。小路上铺着花花绿绿的鹅卵石，小路两旁开着美丽的鲜花。兔小姐慢慢地从小路上走过来，说：“多美的小路呀！”鹿先生轻轻地从小路上走过来，说：“多美的小路呀！”朋友们都说鸭先生屋前有一条美丽的小路，他们都喜欢在美丽的小路上散散步，说说话。

可是没过多久，美丽的小路不见了。小路上堆上了很多垃圾，苍蝇在小路上嗡嗡地飞着。这里发生了什么事呢？原来是鸭先生把吃剩下的饭菜，随手往小路上扔；把泥巴、菜叶和小瓶子也都往小路上扔。兔小姐慢慢走来，说：“呀，美丽的小路不见了！”鹿先生也轻轻走来，说：“咦，美丽的小路哪儿去了？”“天哪！我的美丽的小路哪儿去了？”鸭先生也叫起来。他看着看着，忽然一拍脑袋说：“我一定要把美丽的小路找回来，”

这天，鸭先生早早起来了，他推着一辆小车，拿着一把扫帚，用力地扫着小路上的垃圾。兔小姐和鹿先生看见了，也赶来帮忙，他们提着洒水壶，给花儿浇浇水，给小路洗洗澡。不一会儿，一条干干净净的小路又出现了，兔小姐说：“嗯，美丽的小路好香啊！”鹿先生也说：“嗨，美丽的小路好亮啊！”鸭先生对朋友们说：“让美丽的小路一直和我们在一起吧！”

音乐胎教：古筝名曲《春江花月夜》

《春江花月夜》原是一首古筝名曲，1923年被改编为丝竹合奏曲，并且借用《琵琶行》中“春江花朝秋月夜，往往取酒还独倾”这个诗句改名为《春江花月夜》，至今仍用此名。

丝竹合奏曲《春江花月夜》共分10段。改编者根据对乐曲内容的理解而用诗的语言为每段加了小标题，它可以让人们在欣赏音乐时产生美好的联想。

这首乐曲适合于孕妈妈情绪烦躁时听，它能镇定孕妈妈的情绪。孕妈妈在欣赏这首乐曲时，应将自己融入到月夜春江的迷人景色中，在优美柔婉的旋律里，除尽烦躁，洗练出一个宁静、甜美的心境，让自己的情绪在音乐绘成的这幅清丽、淡雅的长卷山水画中变得心旷神怡起来。

和妻子一起布置婴儿房

居室环境：婴儿居室应选择向阳、通风、清洁、安静的房间。婴儿居室的室温在18℃～22℃之间为宜。

居室湿度：婴儿居室的湿度在50%～60%左右为佳。加湿方法：空气加湿器最好，冬季时也可以在暖气片上放些干净的湿布。夏季时可以在地面洒些清水。

居室布置：婴儿居室的装修、装饰要简洁、明快，可以吊挂一个鲜艳的大彩球及一幅大挂图，以刺激婴儿的视觉，为以后的认物打下基础，但勿将居室搞得杂乱无章，以免使婴儿的眼睛产生疲劳。不能让婴儿住在刚粉刷或刚涂过油漆的房间里，以免吸收一些有毒物质。

第31周 胎教源于生活

此时我的腹壁和子宫壁会变得很薄，宝宝很容易就能听到外界的声音，不光如此，他还可以区别声音的差异，对声音的强弱和变化都能做出不同的反应。这时的胎宝宝已经是一个能听、能看、能理解爸妈的有生命、有思想、有感情的人了。凝聚着我们深情的呼唤和谈话，一定会使胎宝宝聚精会神地倾听，所以我们应不失时机地加紧与胎宝宝之间的语言沟通和音乐刺激，以丰富胎宝宝的精神世界。

本周妈妈变化和宝宝成长

1.胎宝宝不太爱动了

现在胎宝宝的肺部和消化系统已经接近成熟，体重迅速增加。但随着胎宝宝的增大，他在子宫内的活动空间将越来越小了，胎动也会有所减少。

2.孕妈妈呼吸更加费力了

这时子宫底已上升到了横膈膜处，孕妈妈会感到呼吸有些困难。吃下食物后会总觉得胃里不舒服，这种情况以后会有所缓解。

语言胎教：胎教儿歌（二）

1.妈妈的吻

在那遥远的小山村
小呀小山村
我那亲爱的妈妈已白发鬓鬓
过去的时光难忘怀，难忘怀
妈妈曾给我多少吻，多少吻
吻干我那脸上的泪花
温暖我那幼小的心
妈妈的吻，甜蜜的吻
叫我思念到如今
遥望家乡的小山村
小呀小山村
我那可爱的小燕子可回了家门
女儿有个小小的心愿
小小心愿
再还妈妈一个吻，一个吻
吻干她那思儿的泪花
安抚她那孤独的心
女儿的吻，纯洁的吻
愿她晚年得欢欣

2.小鸟小鸟

蓝天里有阳光，
树林里有花香，
小鸟小鸟，
你自由地飞翔。
在田野，在草地，
在湖边，在山冈，
小鸟小鸟迎着春天歌唱，
啦啦啦啦啦！
爱春天，爱阳光，
爱湖水，爱花香，
小鸟小鸟，
我的好朋友，
让我们一起飞翔一起歌唱，
一起飞翔歌唱，
啦啦啦啦啦！

美学胎教：通过剪纸进行胎教

剪纸也是一种美学胎教。孕妈妈可以先勾轮廓，然后再剪，剪个胖娃娃、“双喜临门”、“喜雀登梅”、“小放牛娃”，或宝宝的属相，如猪、狗、猴、兔等。别怕麻烦，别说没时间，别说不会剪，因为问题不在于你剪得好与坏，而在于你在进行美学胎教，你在向胎宝宝传递深深的“爱”，传递“美”的信息。

只要你觉得剪纸的过程是一种享受，在这个过程中你的身心很放松，很愉悦，感受到了美，那么就达到了胎教的效果，胎教不是要你刻意做什么，而是要向胎宝宝传递你美好的感受。

营养胎教：吃山核桃给胎儿补脑

孕晚期胎宝宝的体重快速增加，活动更加频繁有力，身体的各个器官都进入了最后完备发育的阶段，逐渐成熟的听觉、视觉让胎宝宝慢慢能感受到外在的世界。孕晚期也是胎宝宝脑部发育的重要时期，孕妈妈要抓住时机给胎宝宝补脑。

山核桃又名胡桃，山核桃的营养价值和药用价值都很高，100克核桃仁可以产生2803千焦的热量，是同等重量粮食所产生热量的2倍。每千克核桃仁相当于5千克鸡蛋和9千克鲜牛奶的营养价值。核桃仁中的不饱和脂肪酸含量高，有降低血中胆固醇的作用。核桃中的磷脂具有增加细胞活力的作用，可以使皮肤光滑细腻，促进造血和伤口愈合，促进毛发生长，提高脑神经的功能，还可以增强机体的抵抗力。

孕妈妈经常食用核桃仁，可以促进胎宝宝骨骼、毛发和脑细胞的生长发育，还可以预防妊娠期高血压疾病的发生。

山核桃虽然补脑，但孕妈妈也不宜多吃，每天吃2～4个山核桃即可。如果山核桃吃得多了，炒菜时就需要适当减少用油量。

陪妻子参加社交活动

到了怀孕晚期，由于行动不便，孕妈妈的活动量就会减少，除了必须要做的事外，其他的外出活动就能少则少了。可是这样每天闷在家里，面对的只是准爸爸和其他家人，缺少了以前的社交活动，孕妈妈难免会觉得生活乏味，情绪低落。

准爸爸这时候应该担起“司机”和“护花使者”的责任，陪妻子去参加社交活动，让妻子的这种状况得以改变。在有朋友聚会的时候，准爸爸应事先打听好聚会环境是否适合妻子，如果适合就积极陪同妻子去参加。周末有空，还可以带妻子去看看朋友，尤其是去有宝宝的朋友家做客，让妻子和自己都能实地感受一下家有“小天使”的氛围。另外，准爸爸还可以在自家举行一些小派对，这样妻子就可以在家里参加社交活动了。

第32周 切忌营养过剩

从怀孕第8个月开始，我能感觉到胎宝宝的身体长得特别快，大夫说胎宝宝的体重主要是在这个时期增加的。这是因为胎宝宝的大脑、骨骼、血管、肌肉都在此时完全形成，皮肤逐渐坚韧，皮下脂肪增多的原因。虽然现在我的胃口很好，但是我不能吃得太多，不然就会使营养过剩，使胎宝宝长得太大，出生时就容易难产。为了我和胎宝宝的安全，我一定要合理地安排每天的饮食。

本周妈妈变化和宝宝成长

1.胎宝宝更像个小婴儿

胎宝宝的身体和四肢继续长大，体重已经达到1800克左右了，身长约40厘米，看上去更像一个婴儿了。胎宝宝的各个器官继续发育、逐步完善，具备呼吸能力，肺和肠胃功能也接近成熟了。皮下脂肪开始堆积。

2.孕妈妈下腹坠胀明显

孕妈妈的体重继续增加，但每周增加不超过500克。孕妈妈会感到明显的下腹坠胀，这是由于胎宝宝生长发育加快所导致的。

营养胎教：孕晚期不宜大量进补

在怀孕的最后3个月里，孕妈妈每天的主食需要增加到300～400克，牛奶也要增加到两瓶，荤菜每顿也可以增加到150克。但是，孕妈妈也不宜大量进补，孕妈妈的过度肥胖和巨大儿的产生对母子双方的健康都不利。

孕妈妈的体重增加每周不应超过500克，体重超标极易引起妊娠糖尿病。新生儿的重量也并不是越重越好，3000～4000克为正常的体重。从医学角度看，超过4000克就属于巨大儿，巨大儿出生后对营养的需求量加大，但自身摄入能力有限，所以更容易生病。

运动胎教：孕妈妈动手做十字绣

1.做十字绣的好处

锻炼手指可以使脑部变得发达：在进行手工作业时，手指上的神经会对脑部产生一定的刺激作用，所以一直以来，我们都非常注重让孕妈妈参加动手的活动。需要进行手工作业的活动有折纸、陶艺、缝纫和编织等，其中因技法简单、费用低廉而广受大众欢迎的则当属十字绣了。做十字绣可以使孕妈妈的心情很快得以平静，对提高其集中注意力的能力也有一定的作用。

可以提升孕妈妈的色彩感：在一幅十字绣作品里往往要用到数十种颜色的丝线，所以在一针一线的编织过程中，孕妈妈的色彩感和调和颜色的能力也会不知不觉得到提高。孕妈妈如果能在怀孕时多接触一些美丽的颜色和形状，生出来的宝宝也将拥有较高的审美能力。

2.做十字绣的注意事项

做十字绣时孕妈妈的眼光和神经都集中在了针尖那一点上，所以很容易产生疲倦的感觉；另一方面，孕妈妈也不适合长久保持做十字绣的姿势。因此，孕妈妈最好把每次做十字绣的时间控制在1个小时之内。

此外，做十字绣可以让心态变得宁静，是一种修身养性的过程，不可以当成任务完成，过于形式化，而要当作一种乐趣。想做的时候就可以做做，不想做的时候就不要勉强。最好在腰后垫一个垫子，在舒适的姿势下完成这项活动。

孕妈妈还可以在做十字绣的同时与胎宝宝聊天。可以说一说正在为其制作的东西，比如枕头、围兜和儿童被等，也可以说对各种颜色的喜好，最好能在做十字绣的同时达到胎谈的效果。

语言胎教：故事《鼹鼠与猎人》

《鼹鼠与猎人》是一个关于真善美的胎教故事，故事中鼹鼠的小小举动，改变了猎人的想法，从此猎人不再猎杀小动物，而是种植起了蘑菇。

鼹鼠与猎人

一天，鼹鼠正睡着午觉，突然被“嚓嚓嚓”的声音吵醒了。他起床一看，发现猎人在自己的洞旁挖了一个很深的陷阱。“住在陷阱的隔壁太危险了！还是赶快搬家吧！”鼹鼠越想越害怕。

鼹鼠正想着搬家呢，突然听见“咚”的一声，一只小野兔掉进了陷阱里。小野兔坐在陷阱里，害怕得哭了起来。鼹鼠听见哭声，马上从自己家挖了一个小洞通往陷阱，让小野兔钻进自己家中，逃了出去。

救了小野兔后，鼹鼠想：以后一定会有更多的小伙伴掉进陷阱里。于是他决定不搬家了，他要守着陷阱，把掉进陷阱的小伙伴统统救出来。

猎人看见小野兔掉进陷阱里，便兴冲冲地跑过来，却发现洞里什么也没有。猎人自言自语道“奇怪！小野兔哪儿去了呢？”，为了一探究竟，他伸长脖子往里看，一不小心自己也掉到陷阱里了。

一整天过去了，谁也没有来救猎人。猎人吓坏了，呆在黑漆漆的陷阱里绝望地哭了起来。鼹鼠听见猎人的哭声，觉得他也挺可怜的，于是他爬到陷阱旁的大树上绑了根绳子，把绳子的另一头扔给洞里的猎人。猎人顺着绳子爬出了陷阱，他感到非常惭愧，离开的时候还深深地向鼹鼠鞠了个躬。

第二天，猎人回到树林里，把陷阱填平了。从此，他再也不打猎了，改行种蘑菇了，他种的蘑菇又白又胖，味道非常好。

帮助行动不便的妻子

搀扶：孕妈妈肚子大起来时身体重心也发生了变化，在下楼梯的时候极有可能踩空；由于子宫的增大，有可能压迫到坐骨神经，坐下和起来对于孕妈妈来说有时会非常困难，尤其是在久坐的情况下，准爸爸有力的臂膀能给孕妈妈很大的帮助，随时随地搀妻子一把，让妻子因为有你而感到安全、舒适。

翻身：随着孕妈妈的肚子日渐隆起，睡觉已不是件舒服的事。翻身变得越来越困难。这一时期，准爸爸睡觉时要警醒一点，多留意身边的妻子，适时帮她翻个身。

第33周 进行综合胎教

突然觉得宝宝不如以前淘气了，胎动也越来越少了，我好害怕。大夫说这是正常现象，因为宝宝越来越大，他的活动空间就会越来越小，只要感到宝宝在腹中偶尔活动一下，就说明他很健康。这下我才放心了。虽然我的身体日渐沉重，行动也越来越笨拙，但我还是会积极地进行各种胎教。

本周妈妈变化和宝宝成长

1.圆乎乎的胎宝宝

胎宝宝体重大约有2000克，身长约41厘米。这时胎宝宝的身体变得圆乎乎的，呼吸系统、消化系统以及生殖器官的发育都已成熟了。

2.孕妈妈尿意频繁

孕妈妈此时体重每周增长500克左右，这是因为胎宝宝在出生前的最后8周内体重会猛增。孕妈妈现在会感到尿意频繁，这是由于胎头下降压迫膀胱的缘故。为了顺利分娩，孕妈妈应该适当地做一些有助顺产的运动。

综合胎教：各种方法灵活运用

此时的胎宝宝已经逐渐成熟，语言、对话、光照、运动等胎教可以全方位地实施，全方位胎教刺激可以促使胎宝宝身心全面发展。只是在实施这些胎教时要进一步加强，比如对话的内容可以更复杂些，可以讲故事、谈话、讲画册、教儿歌等；语言胎教可以增加外语的播放；运动胎教以帮助胎宝宝做体操等较大的“运动”训练为主；光照胎教则建议孕妈妈直接到大自然中去迎着太阳走，让太阳柔和的光源照射自己的腹部，给胎宝宝以自然光的刺激。

此外，这几种胎教还可以在同一时间内综合运用，比如孕妈妈在散步时，可以一边让胎宝宝接受光照胎教，一边推动胎宝宝在腹中运动，与此同时孕妈妈再给胎宝宝描述温暖的阳光、美丽的景色，让胎宝宝在腹中通过视觉、触觉、听觉等感觉“外面的世界”。

运动胎教：有助于顺产的运动

担心“顺产不顺”是多数孕妈妈不肯自然分娩的原因。所以，学会一些有助于自然分娩的锻炼方法，就能帮助她们打消顾虑。在此提供了4种方法以供孕妈妈练习。

1.普拉提式的侧腔呼吸

吸气时尽量让肋骨感觉向两侧扩张，吐气时则要让肚脐向背部靠拢。这种呼吸方法可以使身体深层的肌肉都得到锻炼，有助于加强腹肌和骨盆底部的收缩功能，对顺产很有帮助。此外，对肺活量的锻炼，也能让她们在生产时呼吸得更加均匀平稳。

2.力量型训练，如蹲举

蹲举运动不但可以锻炼腿部耐力，还可以增强呼吸功能及大腿、臀部、腹部的收缩功能。运动时，双手自然下垂，两脚与肩同宽，脚尖正对前方，然后吸气往下蹲，蹲到大腿与地面呈水平时，吐气站立。下蹲时，应注意膝盖不能超过脚尖，鼻尖不能超过膝盖。每个动作重复12～15次，一周练习3～4次。

3.举哑铃、杠铃

可以选择一些小重量的哑铃和杠铃，一边双臂托举，一边配合均匀呼吸。这样不但可以锻炼手臂耐力，加强身体控制，还可以增强腹肌收缩功能和腰部肌肉的柔软性。

4.坐姿划船及坐姿拉背

坐姿划船 平坐在椅子上，双手向后拉固定在前方的橡皮筋，来回水平运动。

坐姿拉背 平坐在椅子上，双手向下拉固定在头顶的橡皮筋。每个动作重复15次左右，每周3～4次。此运动可以有效地增强臂力及背部肌肉力量，孕妈妈生产时臂肌和背肌能够均匀用力，有助于顺产。

需要注意的是，孕期最好不要做俯卧或仰卧运动，采取坐姿或侧卧较好。此外，在怀孕7个月后，若有流产经历、怀有多胞胎、怀孕期间有不明原因流血现象、患有妊娠期高血压疾病的孕妈妈，都不宜运动。

胎教活动：学做简单的宝宝装

今天，来给宝宝做一件衣服吧，说不定将来宝宝一出生就可以穿上你为他准备的这份礼物呢，那么现在就来学一种非常简单的宝宝装的做法吧。

1.手工材料

一块与宝宝身长差不多的方形布料（最好大于50厘米、布料尽量选择全棉料的，一些旧棉衣、睡袍等都可以）、剪刀，尺子，针线（也可用缝纫机）。

2.手工步骤

（1）将布料的正面朝里对折，定出衣服的宽度，将两边折回成M状条形。

（2）将折成条形的布料折成L状，一边略短做袖子。

（3）沿折痕剪开，将剪口对齐成L状。

（4）在对齐的尖角处剪一个弧形的口，做领口，然后将两只袖子从中间剪开。

（5）缝合接口，装饰开口，安上系带，漂亮的宝宝装就做好了。

3.根据宝宝的特点来做衣服

（1）忌选化纤布料，棉质品最好。宝宝皮肤娇嫩，抵抗力低，化纤织物对皮肤有很大的刺激。应该选用吸水、通气性能好、质地柔软，无刺激，穿着舒适的棉织品。

（2）以浅色布料为好。在颜色上要选用白色、浅色为宜，尤其是夏季，因为颜色深的布料对宝宝皮肤有刺激性，也易吸收阳光而产生闷热感。

（3）衣服款式不可过窄过紧。处在生长旺盛阶段的宝宝，身体增高、增胖很快，因此衣服要以宽松、不妨碍活动，穿、脱方便为宜。

学习孕产、育儿的知识

准爸爸可以和孕妈妈一起阅读一些孕产期保健及育婴方面的书籍，有条件的话还可以参加准爸爸学习班，了解相关的孕期保健及育儿新知识，学习一些基本的保健及婴儿护理方法，比如为婴儿洗澡、学习制作婴儿辅食等。

第34周 等待中继续胎教

此时胎宝宝的各个器官均已充分发育，如果现在出生，已经能够适应子宫外面的世界了。但我不能着急。其实，等待也是很美好了，可以继续享受我与宝宝的“二人世界”。我可以利用现在的时间，继续做胎教，并做好相应的临产准备。

本周妈妈变化和宝宝成长

1.胎宝宝头朝下了

胎宝宝体重大约2300克。此时胎宝宝已将身体转为头朝下的姿势，头部已经进入骨盆。胎宝宝身体其他部分的骨骼已经变得很结实，皮肤已不再褶皱。

2.孕妈妈腿肿得厉害

孕妈妈此时腿脚可能会肿得厉害，生产后才会消失。如果手、脸肿得很严重，一定要去看医生。即使出现水肿，孕妈妈也需适量补充水分，因为母体和胎宝宝都需要大量的水分。

情绪胎教：孕晚期摆脱不良情绪

妊娠晚期，孕妈妈过度的心理压力会对胎宝宝造成不良的影响，孕妈妈可以用下面的方法摆脱不良的情绪。

设想 想象一下腹中宝宝的模样，是像爸爸多一些，还是更像妈妈一些。可以拿出一张纸，试着画一画胎宝宝小脸的样子，把自己为宝宝降生而准备好的用具翻一翻，一样一样地说给宝宝听：这是妈妈为你准备的新衣服，这里是你的小床，那是你的小被子……

深呼吸 难忍难熬时，闭上眼睛，向窗外看看，深深吸气，快速呼出，连续做几次深呼吸，你会觉得舒服很多。

告诫 不开心的时候，告诫自己，不要生气，不要着急，更不用害怕，宝宝正和妈妈一起加油呢！

转移 有时消除烦恼的最好方法就是离开不愉快的环境，可以通过一些自己喜欢的活动，如听音乐、看画册、郊游等，使情绪由焦虑转向愉快。

释放 可以通过写日记、给好朋友发电子邮件或向闺蜜诉说自己的处境和感受，使烦恼得到有效的释放。

社交 让自己置身于乐观向上的人群中，充分享受友情的快乐，使情绪得到积极的感染，从中获得愉悦的心情。

运动胎教：孕晚期的放松运动

妊娠最后两个月，不宜进行剧烈的运动，以免发生早产。但运动胎教还是要继续进行，可以做一做放松运动。

学会放松有助于保持健康、顺利分娩，同时享受与胎宝宝共处的每一刻。可以每天抽出20分钟，找到自己肌肉紧张和放松的区别，然后做做如下几项放松的运动。

（1）戴上耳机，调暗灯光，坐在舒适的椅子上或躺下。孕晚期不能平躺，可以用垫子支撑住腰腹部或侧卧。

（2）用一段时间，平静下来，脑子里什么都不想。

（3）伸展脚趾，感受到牵拉力，然后慢慢放松，再摇几下脚趾。

（4）用力绷紧双膝和大腿肌肉，保持几秒钟，然后再放松，让大腿向两侧摆动。

（5）轻轻地适当绷紧腹肌，给胎宝宝一点儿紧缩力量，然后尽量放松，使胎宝宝活动空间加大。

（6）握紧拳头，保持一小段时间，然后尽量放松手指。

（7）尽量向上提肩，保持一小会后再放下，反复几次，使双肩得到放松和舒适。

语言胎教：故事《一块亮石头》

“一块亮石头”是一个很有爱的胎教故事，通过这个故事，孕妈妈可以告诉胎宝宝：拥有快乐时，要学会分享快乐，这样我们会让更多的人得到快乐。

一块亮石头

一天晚上，一只小老鼠想穿过草丛回家。突然，他在草丛里发现了一块亮闪闪的石头。小老鼠捧起这块亮石头，开心地说："哇，我家正缺一盏灯，我可以把它挂在家里当灯用。"于是，小老鼠抱起亮石头就往家里走去。

走着走着，小老鼠自言自语地说："四周那么暗，我可以把它做成一个灯笼，晚上就不怕看不见啦。"于是小老鼠用一根绳子栓着亮石头，把亮石头做成了一盏灯笼。

走了没多久，小老鼠又自言自语地说："大家都在走夜路，可是只有我一个人提着灯笼，真不好意思啊。"

突然，小老鼠手里的亮石头"哈哈"大笑起来，把小老鼠吓了一大跳！

小老鼠惊讶地问："你是谁？"

亮石头说："我是天上的星星呀！"

小老鼠又问："你怎么会在草丛里呢？"

亮石头不好意思地笑了："我在那儿打了个盹。"

小老鼠乐了，他说："小星星，你能帮个忙吗？请照着我回家，也照着所有的人回家，好吗？"

小星星说："当然好了，你把我往头顶上一扔，这样我就能回家了。"

小老鼠把小星星使劲往上一扔，那颗小星星飞到了天上，发出亮闪闪的光。

小星星不仅照亮了回家的小老鼠，也照亮了所有想回家的人。

提前准备好分娩必需品

在分娩医院确定下来以后，准爸爸需要事先确认医院里有些什么必备用品，除此之外的东西准爸爸要悉心准备并整理好，放入旅行袋或者孕妈妈的专用包中备用。在选择住院用品和育儿用品时，准爸爸可以列出一个购物清单，以免由于忙碌而漏掉一些需要准备的用品。称心的衣服和物品能够让孕妈妈更舒心地度过分娩期和产后期，因此，准爸爸入院前的准备是很有意义的。

第35周　一切都在期待中

现在宝宝随时都有可能降生，分娩的心情是喜悦的，但是，分娩的辛苦是可想而知的。我希望老公能把分娩看做是我们两人必须共同面临、度过的历程。我也希望老公在宝宝的成长过程中不缺席。从宝宝在我的肚子里孕育开始，他就希望有参与的机会，对于宝宝的诞生，更不能袖手旁观。

本周妈妈变化和宝宝成长

1.胎宝宝生存能力增强

此时胎宝宝体重约2500克，身长43厘米左右。胎宝宝如果在此时出生一般都能够成活。此时胎宝宝的肺部发育已基本完成，但中枢神经系统尚未完全发育成熟。

2.孕妈妈会感到腹胀、腰酸

因为胎宝宝增大，并逐渐下降，多数孕妈妈会感到腹胀、腰酸，骨盆后部附近的肌肉和韧带感觉麻木，并有一种牵拉式的疼痛，行动变得更为艰难。

音乐胎教：和胎儿一起听《欢乐颂》

妊娠第35周了，孕妈妈可能随时面临着分娩，这时候一定要保持心境平和，拥有更多的正能量。

孕妈妈不妨和胎儿一起来听听《欢乐颂》这样的音乐，它所表现的不是缠绵的情意，而是歌颂仁爱、欢乐、自由的伟大理想。歌词：欢乐女神圣洁美丽，丈光芒照大

欢乐颂

1=D $\frac{4}{4}$

席　勒　词
贝多芬　曲

3345 | 5432 | 1123 | 3· 22 – | 3345 | 5432 | 1123 | 2· 11 – ‖: 2231

欢乐女神，　圣洁美丽，灿烂光芒　照　大地！　　我们心中　充满热情，来到你的　圣　殿里！　　你的力量

| 23431 | 23432 | 125 3 | 3345 | 54342 | 1123 | 2· 11 – :‖

能使　人们　消除　一切　　分歧，在　　你光辉　照耀下　面，人们团结　　成　兄弟。

地，我们心中充满热情，来到你的圣殿里。表现的是一种崇高、圣洁的美。

孕妈妈听了这样的音乐，不仅可以让心情变得愉悦，摆脱孕晚期的不良情绪，还可以增强对分娩的信心和勇气。

语言胎教：故事《天空中的小手帕》

“天空中的小手帕”是一个很美的胎教故事，看完这个故事，孕妈妈心情会不会变得更阳光了呢？快用你快乐的情绪感染你的胎宝宝吧！

天空中的小手帕

天空是位爱美的小姑娘，她有许多纯白的手帕，那就是白云。瞧，一块块白手帕，多漂亮啊！

天空的手帕真巧，好象会变戏法。她把手帕折成了威武的马，折成了美丽的城堡，折成了神气的白天鹅……

轰隆隆，轰隆隆，雷公公开着车走过来，还不时亮着车灯。雷公公是位粗心大意的货车司机，这不，他把一瓶瓶的墨汁给颠簸下来，全泼在天空的白手帕上了。这下可糟了，白白净净、飘漂亮亮的手帕全变脏了，模样好难看哟。

地上的小朋友看到脏手帕，一个个直伸舌头，跑进屋里躲起来；小鸟看到了脏手帕，一个个都发出了惊叫，争先恐后地飞回家。

心爱的手帕弄脏了，快乐的伙伴躲开了，孤孤单单的天空小姑娘伤心极了。她哭了，止不住的泪水滴答滴答地直往地上趟。

瞧，天空小姑娘的泪水还真神奇，既然成了高能的洗涤剂。手帕上的脏东西渐渐的减少了，最后又成了漂漂亮亮的白手帕了。

太阳出来了，天空小姑娘好高兴哟，她把心爱的手帕晾在金灿灿的阳光中。

营养胎教：为分娩储备充足的能量

怀孕晚期，母体的基础代谢率达到高峰，胎宝宝的生长速度也达到了高峰，为了储存分娩的能量，孕妈妈在饮食上应该做些调整。

1.增加蛋白质的摄取

怀孕晚期是胎宝宝蛋白质和母体蛋白质储存最多的时期，应该多补充蛋白质。

2.摄取足够热量和必需脂肪酸

除了生长代谢需要热量外，胎宝宝还要在肝脏和皮下储存糖和脂肪。如果碳水化合物摄取不足，可能会导致蛋白质缺乏或酮症酸中毒。不过，怀孕后期必须稍加限制碳水化合物的摄取，以免胎宝宝过大。另外，充分摄取脂肪酸，还有助于胎宝宝的大脑发育。

3.供给充足的水溶性维生素

孕晚期，孕妈妈缺乏水溶性维生素，尤其是硫胺素，可能会引起孕妈妈困乏无力、分娩困难。

4.足够的铁和钙

怀孕晚期，铁如果摄取不足，胎宝宝出生后容易患缺铁性贫血；缺钙时，孕妈妈可能会出现软骨病，导致胎宝宝畸形。在食用富含钙质食品的同时，也要多摄取含有维生素D的食物，促进钙质的吸收。

入院待产前应准备的物品

证件：孕妈妈和准爸爸的身份证、户口本，孕妈妈的保健手册、病历本等。

现金：办理住院手续时需要用的钱款。

衣物：2～3套睡衣，方便更换；拖鞋1双；舒适的帽子1顶；防止乳汁渗漏乳垫2副；哺乳胸罩2个；一次性纸内裤1包。

洗漱用品：牙刷、牙膏、毛巾、脸盆等。毛巾至少3条，洗脸、擦身、洗下身各1条；脸盆至少2个，洗脸，擦身各一个。

日用品：饮水杯、饭盒等，日用、夜用的卫生巾多准备几包。

食物：可准备巧克力、果汁（配上弯曲的吸管，可以方便喝）。

宝宝用品：小衣服、小被子、小毛巾、纸尿裤、湿纸巾。

哺乳用品：吸奶器、奶瓶、奶粉、奶嘴、奶瓶消毒锅、消毒钳、宝宝专用电暖水壶。

其他：准爸爸也要准备一些自己的必须物品。还要准备好相机或摄像机。

第36周 适量运动助顺产

我的身体越来越笨重了，好想以宝宝为借口放纵自己酣吃酣睡，可是我知道适量运动才有助于顺利分娩，所以我会每天都坚持散步，除此以外，我还会做一些辅助训练。练习辅助训练动作不仅能减轻阵痛的痛苦及减轻分娩时引起的肌肉酸痛，而且还能使全身放松，同时我还会练习分娩时用力的方法。

本周妈妈变化和宝宝成长

1.胎宝宝肾脏发育完全

胎宝宝现在大约重2800克，肾脏已经发育完全，肝脏也已经能够处理一些代谢废物了。

借助超声扫描仪，通过一系列的面部表情可以看出，宝宝的脸蛋儿已经圆润饱满，手指甲已经完全覆盖了指尖。

2.孕妈妈体重达到高峰

孕妈妈的体重此时已经达到了最高峰，肚子已经相当沉重了，所以更要注意自身安全，不能滑倒。从现在开始应该每周做一次产前检查了。

此时的子宫壁和腹壁已经变得很薄了，因此会有更多的光亮透射进入子宫，这会帮助胎宝宝逐步建立起自己每天的活动周期。

情绪胎教：增强面对分娩的信心

面对分娩，孕妈妈往往会有些不安，其实没什么可忧虑的，一切都将圆满如愿。孕妈妈要勇敢面对分娩，同时也是为宝宝上好最后一堂胎教课。

1.不良情绪必须调整

孕妈妈越临近分娩可能越焦虑不安，这种不良情绪必须调整过来，否则会导致体内激素的改变，对胎宝宝产生不良的刺激。同时，焦虑和恐惧会引起肌肉紧张、身心疲惫，导致分娩时子宫收缩无力、产程延长以及滞产等现象。

2.充满信心迎接宝宝

分娩是胎教的最后一课，更是最重要的一课。面对分娩，孕妈妈要充满信心，相信自己一定能顺利做好。只要摆正了心态，分娩会是一件很容易的事。

意念胎教：和胎儿一起玩记忆游戏

现在孕妈妈可以准备和熟悉将来要与宝宝一起玩耍的游戏。可以找一本有图画的书，随机的翻阅，记住几张你喜欢的图画，然后再随机地翻阅，看看能不能再找到它们。

玩过几次，腹中的胎宝宝似乎也能领略到这个游戏的趣味性，等他（她）出生后，孕妈妈就可以拿来做实验。尤其是学步期的幼儿对图画书中的图画特别感兴趣，他们常常会把注意力集中在每本书里的一两张图画上。

对他们来说，看书就像玩“躲猫猫”的游戏一样，会静静地翻着书，直到发现了一张自己喜欢的图画，然后把书合起来再继续翻阅。把这种游戏提前在胎教中实施，可以提高胎宝宝的记忆水平。

语言胎教：故事《树叶娃娃》

《树叶娃娃》是一个很温暖的胎教故事，孕妈妈可以通过这个故事告诉胎宝宝：每个人在生活中的快乐更多的是能给别人带去什么，这样才能真正地实现自我的价值。所以我们每个人都应该助人为乐，多为他人着想。也就是赠人玫瑰，手留余香。

树叶娃娃

秋天到了，秋姑娘唱着丰收的歌谣送来了一阵阵凉爽的风。红叶娃娃、绿叶娃娃在树枝上摆过来摆过去。有一天，秋姑娘打开双臂，使劲伸了一个大大的懒腰，红叶娃娃一个一个跳下树枝，落在了大地的怀抱里。树上的绿叶娃娃着急地喊：“别跳！别跳，危险！”红叶娃娃们的心里也在害怕地想：“是呀，我这么小，落下去干什么呢？”

红叶娃娃们刚落到地上，就赶上了一场秋雨。有的红叶娃娃吓得哭起来。这时，几只小蚂蚁爬到红叶娃娃的面前说：“小红叶，谢谢你给我们挡住了风雨。“红叶娃娃高兴的说：“小蚂蚁，不用谢，能为你做点事情，我很高兴。”突然，一只小鸟飞过来说：“可爱的小红叶，我们家的房子漏雨了，你能帮我们修一修吗？”红叶娃娃说：“当然可以了。”于是就和小鸟一起去修补房子了。

雨停了，红叶娃娃们跟着秋姑娘来到小河边，几只小瓢虫看见了，大声的喊：“小红叶、小红叶、我们要过河，你给我们当小船吧！”红叶娃娃送小瓢虫过了河。瓢虫们一起说：“谢谢你们，我们一起去旅行吧。”红叶娃娃们说：“不，我们要留在这里，和我的同伴们变成一条红色的被子，盖在树妈妈的身边，树妈妈需要我们呢”。于是他们便安静地躺在了树妈妈的身边。

做好准备，随时出发

妊娠最后一个月，准爸爸应该保证妻子随时可以找到自己。如果准爸爸因为工作原因需要暂时离开本地，也可以委托一个亲友或亲自请假来陪伴妻子。

建议准爸爸把紧急时需要打的电话号码和住所等资料做成一览表贴在电话机旁，以便妻子在遇到紧急情况时不至于惊慌失措，内容如下：

联系人	电话号码	地址	备注
住院的医院			（休假日、夜间就诊情况）
丈夫公司			（常去的地方、饭店等）
娘家			
婆婆家			
好友			
出租汽车公司			

还要学会帮妻子记数宫缩频率，当宫缩时间间隔越来越短，疼痛时间越来越长的时候，就应该考虑马上去医院，特别是在距离医院路程较远的情况下，一定要把时间安排好。

第37周 坚持就是胜利

胎宝宝37周了，经过了之前9个月的胎教训练，我已经有些迫不及待地想看看自己“教育”出来的宝宝到底有多出色。胜利就在眼前了，用不了多久，我就可以看到自己健康、聪明的宝宝了。我知道虽然很快就要看到宝宝了，可毕竟还有3周，胎教工作仍需继续，亲爱的宝贝，坚持就是胜利！

本周妈妈变化和宝宝成长

1.胎宝宝是足月儿了

本周末，胎宝宝就可以称为“足月儿”了，他大概有3000克了。不过胎宝宝也有胖瘦不一的情况，只要超过2500克就属于正常情况。只要胎宝宝的发育正常，就没必要特别在意他的体重。

2.孕妈妈食欲有所好转

孕妈妈可能会感觉下腹部的压力越来越大，突出的大肚子逐渐下坠，这是胎宝宝在为出生做准备呢。由于子宫底的位置逐渐下降，孕妈妈的肺部和胃部都变得轻松了，呼吸和进食也比前一段时间舒畅了，食欲也有所好转了。

情绪胎教：孕妈妈预防产前忧郁

随着一天天临近分娩，孕妈妈的身心负担越来越重。孕妈妈在期待宝宝出生的同时，会担心分娩是否疼痛、选择顺产还是剖宫产、宝宝出生后是否健康、奶水是否充足、如何养育宝宝等问题。这种心理负担，如果不及时疏导，就会产生忧郁的心理障碍。

因此，预防产前忧郁的心理就显得尤为重要。我们建议，当孕妈妈在孕晚期出现忧郁心理时，准爸爸、家人及孕妈妈本人要有足够的认识，尽量及早主动排遣忧郁的情绪。尽量打消孕妈妈不必要的担心，把孕妈妈所担忧的问题尽早解决，让孕妈妈消除对分娩的恐惧和紧张。当孕妈妈情绪不佳时，准爸爸要悉心照料好孕妈妈的生活，尽量耐住性子顺应孕妈妈的情绪，以宽容来包容孕妈妈。只要准爸爸和孕妈妈共同努力，克服不利于分娩的恶劣情绪，就一定能顺利分娩，迎来健康、可爱的宝宝。

运动胎教：提前练习分娩的姿势

1.下蹲式

分娩时，下蹲式是最好的姿势，因为这种姿势利用了重力的牵拉作用，使胎宝宝顺产道而下。下蹲运动会使骨盆开至最宽，有助于会阴部（肛门和阴道之间的区域）伸展，防止在分娩过程中撕裂会阴。最初练习下蹲式较为困难，你可以先坐在矮凳子上来练习下蹲动作，把双脚的间距放宽，身体前倾，背部挺直，用力将膝关节和肘关节一起向外展开推出。

一旦骨盆联合处变得柔软有弹性，你也适应了这种姿势，便可以不借助矮凳子，用自己的双腿下蹲。如果你的脚后跟不能落地，可以用卷起的毯子或毛巾垫在脚后跟。

2.盘膝坐式

这个姿势能加强大腿的韧性，有利于持久保持下蹲的姿势，还能改善骨盆的柔韧性。刚开始训练这种姿势会有一定的困难，孕妈妈可以用一个垫子支撑在大腿下面，或将身体靠墙挺直。当你处于这一姿势时，请把注意力集中在呼吸和放松技巧上。挺直背坐着时，可以将双脚脚底靠在一起，把脚跟朝会阴方向牵拉，并用双臂将大腿往下轻压。

音乐胎教：舒伯特《小夜曲》

舒伯特是奥地利作曲家，这支《小夜曲》是一首家喻户晓的名曲。在名曲唱片或CD里，基本都有这支曲子。好好欣赏这支名曲，临近分娩，优美的音乐是解除焦虑的良药。

其实，这支曲子在作曲家生前并不为人们所知，直到舒伯特逝世以后，人们为了纪念他，把他后期写的一些艺术歌曲整理搜集在一起，编成《天鹅之歌》声乐套曲之后，人们才发现它们的美妙和价值。

《天鹅之歌》声乐套曲里，有舒伯特用德国诗人海涅、赛德尔、雷尔斯塔布的诗谱成的十四首歌。这十四首歌彼此之间并没有联系，小夜曲是其中的第四首，是舒伯特于1828年用雷尔斯塔布的诗谱成的。

歌曲为D小调，3/4拍。开始，有四小节引子。不难听出，这里模仿了吉他伴奏的特点，情景十分幽静，它给人们描绘出这样一幅画面：在月亮升起的时刻，一个小伙子正抱着吉他在心爱的姑娘窗下弹奏，随后，他唱出了感情真挚、表达爱慕心情的歌。

歌曲有两段歌词和一段叠歌，吉他伴奏音型作为衬景持续不断。在第一段词里，他对四周幽静的环境作了细致的描绘。它们是诗，也是画；后半段，转到D大调上，情绪显得十分激动，并推出歌曲的第一次高潮。

经过和前奏一样的间奏，给人感觉这是求爱者在侧耳倾听，可是，还听不到姑娘的回答，于是，他又继续唱：“你可听见夜莺歌唱？它在向你恳请，它要用那甜蜜的歌声，诉说我的爱情。”

这时候，求爱者在感情上更加激动。由于还听不到回答，他感到痛苦，但仍然期望着。乐曲转到D大调，他以更热情的歌声表达炽热的情感，形成乐曲的第二次高潮。然后，有两小节间奏，求爱者仍痴情地等待着。虽然他那“带来幸福爱情”的歌声，已消失在茫茫夜空之中。

听到这样一首动人的歌曲，谁能不为之动情呢？

准爸爸要克服产前焦虑

临近预产期，准爸爸也会很焦虑。但为了孕妈妈和胎宝宝的健康，准爸爸一定要努力克服产前的焦虑情绪。准爸爸如果被焦虑情绪所困扰，可参考以下建议。

(1) 多看看孕产专业书籍，了解相关的知识，做到心中有数，增强自信心。

(2) 不要把宝宝的到来看成是一种责任和压力，应该是一种乐趣。用平和的心态去迎接即将出生的胎宝宝，不要有太多高标准的期待，压力自然就变小了。

(3) 如果过于担心孕妈妈的生产，可以抽出半天时间去医院实地查看一下，那样准爸爸就会发现之前所担心的场景，其实在生产时都会很少出现。

第38周 保持良好心态

随着分娩日期日益临近，我的心理负担越来越重，害怕分娩时太疼；担心不能顺利生产或做剖宫产；担心生出不正常的小宝宝。因此，精神变得有些紧张，偶尔还会出现失眠的现象。大夫说，在分娩前保持良好的心理状态十分重要，它关系到能否顺利分娩，还会影响到胎宝宝的胎教进程，所以我一定要克服这些紧张心理和恐惧情绪。宝宝，我们一起加油哦！

本周妈妈变化和宝宝成长

1.胎宝宝皮肤光滑了

胎宝宝现在大概有3200克，他身体的各部分都还在继续生长着。而且之前覆盖在他身上的那层细细的绒毛和白白的胎脂已经逐渐脱落、消失了，所以胎宝宝现在的皮肤很光滑了，长得越来越漂亮了。

2.孕妈妈有些焦虑

孕妈妈此时一般都会有点紧张和焦虑，既希望胎宝宝早点出生，又对分娩的痛苦有些恐惧。孕妈妈应该适当活动，充分休息，并且密切关注自己身体的变化。同时熟悉产程，做到心中有数，以减轻焦虑的情绪。

情绪胎教：克服对分娩的恐惧

孕妈妈可以从以下几个方面来进行自我调控，克服对分娩的恐惧。

（1）把对分娩的恐惧转移到别的方法。不要把分娩当作一件严重的事情来考虑，生活中避免和家人谈论分娩这个话题，也不要听过来人的分娩经验。

（2）正视对分娩的恐惧。将可能遇到的问题事先想清楚，同时找出每个问题的解决方法。做好分娩前的物质准备，这样就不会手忙脚乱了，也可以帮助你稳定情绪。

（3）掌握与分娩有关的知识。妊娠期间，孕妈妈要看一些关于分娩的书，在了解了分娩的整个过程后，就会以科学的头脑来看待分娩，从而消除一些恐惧心理。

运动胎教：有利分娩的深呼吸操

离胎宝宝出生的日子不远了，因此，孕妈妈要选择合适的运动方式，以利于分娩。深呼吸操就是一种对分娩很有帮助的运动。方法如下：

1.仰卧腹式深呼吸

孕妈妈躺在床上，膝盖稍微弯曲，两脚轻松分开，两手轻松放在下腹部两侧，两拇指位于脐正下方，小指位于耻骨联合上3～4指远，围成三角形。用鼻子深深地吸一口气，吸气时使下腹部隆起，当不能再吸气时，再慢慢用嘴呼出气体，呼气的同时使下腹部凹陷恢复原状。

2.侧卧腹式深呼吸

孕妈妈侧卧在床上，两膝轻松自然弯曲，身体下方的手向上弯曲，手掌放在脸旁，上方的手轻轻放在下腹部，然后如腹式呼吸法，用鼻子深吸一大口气，使下腹部鼓起，不能再吸气时再慢慢用嘴呼气，使下腹部恢复原状。

当然，由于已经到了临近分娩的孕晚期，运动也要适量不能过度了，否则很容易出现危险，如果把握不好，可以向医生请教。运动时稍微感觉不适就要停下来，要知道自己的身体已经处于“关键时期”了。

语言胎教：读美丽的散文

胡安娜·伊瓦沃罗（1895～1979），乌拉圭著名女诗人和小说家。由于她在诗歌创作上的杰出成就，被授予“美洲的胡安娜”光荣称号。孕妈妈读读她的文字，可以使你的整个身心都放松下来，会感到一片宁静。

1.葡萄架

夏天，葡萄架的阴影多么美丽！它那碧绿的色调跟水一样，使人想起河水的怀抱。它是那么茂密，只是有时候，当一阵风把叶子分开，才让一枚颤动的阳光金币落在地面上。在我父亲家的老葡萄架下躺在摇椅上午睡，我是多么地愉快！

那时我还不会作诗，但是诗歌已经像一只不安静的蝴蝶一样在我的心里扑扇翅膀，我眯缝着眼睛，似睡非睡，梦见了最荒唐、最甜蜜的事情。唉，尽管如今我也有了一幢房子和由大葡萄架罩着的院子，但是我再也不能像那时那样作梦了。

2.向日葵

在我家，大家都感到奇怪：我们的花园那么小，决定只种奇花异草，我却开辟一个畦，种上了葵花籽。他们不明白，在高雅的玫瑰、杜鹃花、三色堇、茉莉花中间，我怎么会让那种平常而又土气的植物存在呢？但这是因为我太爱向日葵了。我和葵花之间有一种相似之处，这就像一种亲缘关系，我们都渴望天空和阳光，这种渴望像一根绳儿一样把我们拴在一起。它那硕大的花冠始终需要阳光，总是面朝着天空，像恋人那么固执，像饿汉那么如饥似渴！而害怕黑暗的我，也经常亲身感受到对阳光的本能渴望，每当望着葵花着魔似地随着太阳转，寻求着阳光，我就激动不已。所以，我爱它们：它们有着和我一样强烈需要生命、光亮和天空的愿望。

帮助妻子适应生产环境

临产前，准爸爸应该和孕妈妈一起去了解一下病房、产房的环境，熟悉自己的医生。熟悉的环境能让人感觉舒服、放松。同时要给予孕妈妈积极的心理暗示，多把正确、实用的生育知识告诉你的妻子。

第39周 衔接胎教与早教

现在我随时都可能分娩，但是胎教仍要坚持进行，在孕期的最后一段日子里，我会教一教胎宝宝出生后该做的事，给他讲一讲他所能看到的这个大千世界。然后告诉胎宝宝，我和爸爸都很爱他，在呵护他，会给他以安全和保障。给胎宝宝以信心，同时也增强了我自身的信心。现在到了冲刺的阶段了，宝宝要和妈妈一起加油哦！

本周妈妈变化和宝宝成长

1.胎宝宝还在长肉呢

胎宝宝现在体重差不多已经达到3400克左右了，不过他还在继续长肉呢，脂肪的储备可以帮助他出生后调节体温。胎宝宝各部分器官都发育完全了，肺部是最后成熟的器官，要在新生儿出生几个小时之后才能建立正常的呼吸模式。这时候，胎宝宝已经整个倒了过来，他没有以前那么活跃了，因为他现在主要的任务就是向下降，以便随时等待出生。

2.孕妈妈要注意临产先兆

本周，孕妈妈要格外注意3个重要现象：宫缩、破水和见红，这些都是临产的先兆。

营养胎教：多吃有助分娩的食物

马上要到预产期了，现在，孕妈妈随时都有可能会分娩。所以孕妈妈应该多吃一些对分娩有帮助的食物，随时做好分娩准备。

1.含锌的食物

多吃含锌量高的食物，可以增强子宫有关酶的活性，促进子宫肌收缩，促使胎宝宝驱出子宫腔。产前孕妈妈每天锌摄入量越多，其自然分娩的机会就越大。

2.巧克力

很多营养学家和医生都认为，巧克力可以充当“助产大力士”。主要有两个原因，一是巧克力营养丰富，含有大量的优质碳水化合物，而且能在很短的时间内被人体消化吸收和利用；二是巧克力体积小，产生的热量多，产妇只要在临产前吃一两块巧克力，就能在分娩的过程中产生更多的热量。

3.水果粥和水果汤

有些水果粥、水果汤也有助于分娩，如蜂蜜水果粥、香蕉百合银耳汤等都含有大量的营养成分，具有易消化、养胃、清心润肺的作用，还可以大大提高产妇的产力。

语言胎教：故事《狮王的礼帽》

“狮王的礼帽”是一个非常有趣的胎教故事，这个故事告诉胎宝宝：做人不能阿谀奉承，要实事求事，不然就是自取其辱。

狮王的礼帽

一天早晨，动物王国传开了一条爆炸性的新闻：狮王在河边散步时，不慎将礼帽掉入了河中。

狮王懊恼地回到家，刚一坐下，就传来了一阵“嘭嘭嘭”的敲门声 。门卫打开门，只见老虎手捧一顶水淋淋的礼帽走进来，恭恭敬敬地对狮王说：“启禀大王，听说您的礼帽掉到河里了，全国老百姓都惊动了，因为大王的礼帽是权威的象征，怎么可以掉呢？虽然我不善游泳，但还是冒着生命危险，把大王的礼帽捞上来了……”

狮王看看老虎手里的礼帽，还没来得及说话。浑身滴着水的灰狼冲了进来，他手里也捧着一顶礼帽，恭恭敬敬地对狮王说：“启禀大王，我帮您把礼帽捞上来了。大王的礼帽，是我们动物王国价值连城的瑰宝，大王戴着它，是那样的至高无上，威风凛凛，所以，我饿着肚子，捞了好几个钟头，才把大王的礼帽给捞上来了……”

还没等灰狼把话说完，狐狸也捧着一顶水淋淋的礼帽跑了进来。恭恭敬敬地对狮王说："大王，我把您的礼帽捞上来了！大王的身体健康是我们全体臣民的福气，大王如果不戴礼帽，万一感冒了，那就不好了。"狐狸说着还挤出了两滴眼泪。

狮王看着老虎、灰狼、狐狸手里捧着的顶顶礼帽，感到很惊奇。但是他什么也没有说，只是慢慢地从王位上站了起来，朝大门口走去。老虎、灰狼和狐狸也都向大门外望去，只见鸭妈妈和她的孩子们抬着一顶礼帽，十分吃力地走了过来。

狮王对鸭妈妈说："谢谢你们为我把礼帽捞上来了！"他又回过头，对老虎他们说，"其实，我的礼帽是一顶极普通的礼帽，并没有多么奢华，我戴着它只是为了保暖。"他把礼帽的顶朝着大家，指着上面的一块白布说，"你们看，上面还有一个补丁哩！"

听到狮王这么说，老虎、灰狼和狐狸这几个拍马屁的高手，看着自己手里的礼帽，一个个脸都红到脖子根了。

音乐胎教：助产音乐帮妈妈分娩

分娩是每一位即将做母亲的女性都必须经历的，而分娩又是一个很痛若的过程。所以，如何消除产妇的恐惧，减少分娩的痛苦，成为有关专家研究的问题。下面为孕妈妈介绍一种助产音乐。

在孕妈妈分娩的过程中播放助产音乐，可以帮助孕妈妈专注于生产，缓解激动、不安的情绪。乐曲长达70分钟，其中除了有各种乐器声如小提琴、和弦和敲击乐器声外，还有胎宝宝的心跳声。乐曲从16节拍的主旋律着手，不断重复节奏，使孕妈妈产生相应的节奏感，呼吸变得更有规律和层次，从而提高孕妈妈在分娩过程的呼吸技巧。不论乐曲从什么时候开始播放，孕妈妈都能轻松地进入主旋律，而胎宝宝也将在这种放松的音乐中完成从子宫到人间的过程。

第40周 胎教的最后一课

就快要和宝宝见面了，我突然间有点紧张，又有些迫不及待，我知道现在最重要的是静心等待，等待宝宝的到来。

宝宝一旦离开母体后，胎教就结束了。经过胎宝宝期的各种胎教刺激，使新生儿具有良好的感觉器官功能和反应能力，为早期教育打下了基础，如果出生后即停止训练，胎教的效果就会逐渐消退乃至消失，因此要重视将胎教和早教衔接起来。

本周妈妈变化和宝宝成长

1.胎宝宝就要出生了

本周是胎宝宝的预产期，但是只有5%的胎宝宝会很听话地在预产期出生，所以提前2周或者推迟2周都有可能，这都是正常的。

2.孕妈妈准备迎接新生命

十月怀胎，一朝分娩，漫长的等待终于要结束了，分娩虽痛，但更多的是幸福。只要顺利过了分娩这一关，你马上就可以享受一家三口的天伦之乐了。

营养胎教：忌吃难消化的食物

临产期间，由于宫缩的干扰及睡眠的不足，产妇胃肠道分泌消化液的能力降低了，蠕动功能也减弱了，吃进的食物从胃排到肠里的时间也由平时的4个小时增加至6个小时，这时候极易存食。因此，最好不要吃难以消化的油炸或肥肉类等油性大的食物。

可以吃些容易消化、高热量、少脂肪的食物，如粥、面条、牛奶、鸡蛋、鱼汤等，以增加体力。还可以喝一些红糖水、猪骨汤等以补充足够的水分，为分娩时失去过多的水分做好准备。

语言胎教：分娩前和胎宝宝聊天

孕妈妈马上就要分娩了，胎宝宝也到了瓜熟蒂落的时候，妈妈和爸爸都盼望着能早日见到宝宝。

分娩前，孕妈妈可以和胎宝宝聊聊宝宝出生的话题：“宝宝，你就要离开妈妈的身体来到爸爸妈妈身边了，妈妈和爸爸都好想见到你哦，你一定要和妈妈配合好，勇敢地走出来。”准爸爸也可以贴近孕妈妈的肚皮说：“宝宝，妈妈和爸爸都非常欢迎你，时刻等待着你降生，你看爸爸给你准备了床、衣服和被子，还有你爱玩的玩具，出来吧，我们都欢迎你。”

胎教活动：留下宝宝的第一次

280天的朝思暮想，40周的牵肠挂肚，终于迎来了自己的宝宝。升级成为妈妈了，你可曾想到：40周的牵挂刚刚结束，一生的牵挂才刚刚开始！留下下面这些第一次，让牵挂更加充实……

胎毛 每个人一生之中只有一次机会可以将胎毛留下，建议将胎毛制作成胎毛笔，留下永恒的记忆。

录音 宝宝的第一个声音肯定不是叫爸爸，也不是叫妈妈。那么是哇哇大哭还是咿咿呀呀呢？你可以用录音设备保存宝宝最初的第一段声音。

三口合影 今天是个非同一般的日子，既是孕期的圆满结束，也是新生活的开始。一家三口拍张合影，也算是胎教毕业的师生照吧！

摄像 宝宝出生后的每一时、每一刻，都是令人无比兴奋与激动的。建议从今天开始，在宝宝出生后的每一个重点阶段，都要用摄像机留下宝宝最可爱的的一举一动。宝宝出生的那一刻是红着屁股还是闭着眼睛呢？你可以和医生协调，捕捉宝宝呱呱坠地的一瞬间。

脚、手印 宝宝的小手、小脚是最惹人怜爱的。宝宝的一小步，是妈妈的一大步。建议用红色或是紫色的印泥，印画出宝宝最可爱的小手和小脚印。

第二部 早教

儿童发展的机会之窗

专家提示，婴幼儿时期是孩子神经系统发育最快、各种潜能开发最为关键的时期。根据敏感期和大脑发育理论，人类对各种信息和各项能力发展的敏感期都集中出现在生命的最初几年，这个时期是人一生中独特和重要的发展阶段，也是儿童发展的机会之窗。

宝宝初来乍到

宝宝从出生到出生后第28天为新生儿期，这是一个特殊的时期，新生儿此时离开母体进入了独立的生活环境，各个器官需要进一步完善，功能需要进行有利于生存的重大调整，因此，这个时候的新生儿对外界环境的适应能力较差，父母应该细心护理宝宝，并抓紧进行新生儿的体能训练和智力开发，从而保证新生儿健康成长。

宝宝体格与智能发育

体格发育指标

男宝宝	女宝宝
身长：51.9～61.1厘米，平均56.5厘米	身长：51.2～60.9厘米，平均55.8厘米
体重：3.7～6.1千克，平均4.9千克	体重：3.5～5.7千克，平均4.6千克
头围：35.4～40.2厘米，平均37.8厘米	头围：34.7～39.5厘米，平均37.1厘米
胸围：33.7～40.9厘米，平均37.3厘米	胸围：32.9～40.1厘米，平均36.5厘米
囟门：2～2.5厘米（对边中点连线）	囟门：2～2.5厘米（对边中点连线）

新生儿的本能反射

新生儿从出生的那一刻起，就会有很多的本能反射活动，它是大脑皮层未发育成熟的暂时表现，这些本能反射活动有的在几周内就会消失，有的在数月后仍然存在，并会继续下去。了解新生儿的这些本能反射活动，可以及早对新生儿的动作与能力进行调教与引导，以使宝宝健康成长。

新生儿的本能反射活动主要有：惊吓反射、踏步反射、觅食反射、自动反射、掌握反射、足握反射。

惊吓反射 新生儿在出生后的前几周会有一种惊吓反射的本能，这是一种非常有趣的反射。如果他的头部突然向后仰或者因某些大声以及一些突然的动作吃惊时，新生儿的反应是手脚张开、颈部伸直，然后快速将手臂抱在一起，开始大声哭泣。一般来说，这种惊吓反射会在第1个月内达到高峰，到第2个月以后逐渐消失。

踏步反射 新生儿是个踏步天才，虽然这时他还不能支持自己的体重，但如果你用手臂托着他，扶好他的头部，让他的足底接触一个平面，你会发现新生儿会将一只脚放在另一只前面，其姿势好像在踏步。出生2个月以后，这种反射将消失，而到他近1周岁学会自主走路时，又会重新恢复。

觅食反射 新生儿的觅食反射活动，主要是吸吮，一有什么东西碰到他的小嘴，就会立即做出吸吮的动作，还往往会将自己的小手放入口中吸吮，并且运用这些行为来安慰自己。仔细观察一下，就会发现新生儿蜷缩在小毯子中，试图咬自己的手，这时可以给他一个人工乳头或者帮助他寻找大拇指，通过这种安慰行为，可以让他安静下来。此反射在4个月左右就会消失。

自动反射 自动反射又叫强直性颈反射，也是一种很有趣的本能，又称为篱笆姿势。这是因为当新生儿的头部转向一侧时，这一侧的手臂就会伸直，而另一侧的手臂则弯曲着，好像在扎篱笆的样子。这是一种精细反射，当新生儿被扰乱或哭泣时，就不会出现这种本能反射了，在宝宝5～7个月大时，这种本能基本消失。

掌握与足握反射 在叩击新生儿的手掌时，他会立即握住你的手指，叩击新生儿的足底时，会看到他的足底屈曲、脚趾收紧。这种本能出现在宝宝出生后的最初几天，新生儿手的握持力非常强，似乎可以承担他全身的重量。但是不可好奇去尝试，因为他不能控制这种反应，可能会突然松开。新生儿的这种反射在3个月后就会消失。

运动能力发育

出生后第1～2周内的宝宝会有些痉挛的样子，下巴会颤抖，手也会抖动，快满月时逐渐消失，取而代之的是更顺畅的上下肢运动，看起来像在骑自行车。腹部朝下时，他的下肢会做爬行运动，而且像是要撑起来的样子。出生后的第1个月内，宝宝的手大部分时间紧握成拳，手指运动非常有限，但他可以屈伸手臂，将手放到眼睛看得见的范围或口中。

认知能力发育

视觉 出生第1个月，宝宝的视力将发生许多变化，出生时只能看见身旁的物体，逐渐地喜欢看在他前方8～12英寸处的物体，1个月时可以看见3米处的物体。他也将学会跟踪运动的物体，喜欢黑白或者高对比度的图案，喜欢看人的面孔甚于其他图案。新生儿最喜欢看妈妈的脸。当妈妈注视宝宝时，宝宝会专注地看着妈妈的脸，眼睛变得明亮，显得异常兴奋，有时甚至会手舞足蹈。

听觉 在第1个月期间，婴儿的听力发育完全成熟，他会密切注意人类的声音，也会对噪音敏感。在这个月龄段，宝宝不仅听力较好，而且也能记住他听到的一些声音，他会将头转向熟悉的声音和语言。

知觉 随着对宝宝了解的增加，你会认识到他有时候警觉而主动，有时他可以观察但被动，有时他很疲劳而易被激怒。但这种所谓的知觉状态可在第一个月以内发生戏剧性变化。实际上宝宝一天有 6 种要循环几次的知觉状态。包括 2 种睡眠状态， 4 种清醒状态。

第 1 种状态	深睡眠	躺着不动
第 2 种状态	浅睡眠	睡眠时运动；噪声可惊醒
第 3 种状态	嗜睡	眼睛开始闭合；打盹
第 4 种状态	平静而警觉	眼睛睁开—表情明朗—身体不动
第 5 种状态	活动而警觉	面部和身体主动活动
第 6 种状态	哭泣	哭泣或哭叫，身体乱动

语言能力发育

哭是新生儿唯一的语言，如果新生儿出生时没有哭，医生会立即进行抢救。哭象征生命，哭声的大小可以衡量生命的质量。整个新生儿期，宝宝都在哭，新手妈妈要学会听懂这种特殊的语言。如：饥饿性啼哭、过饱性啼哭、口渴性哭闹、尿湿性啼哭、寒冷性啼哭等等。

性格与交流能力发育

宝宝在生命的最早期就会有自己独特的个性特征，他是活跃或紧张，还是性格相对沉稳，面对新环境胆怯还是喜欢。在他做的每一件事中都包含有其性格特征，你应该注意这些信号并作出相应的反应，从宝宝一出生就应该按照他们的不同性格特征，采取不同的养育方式。

新生儿天生就具有与外界交流的能力。新生儿最初的交流，就是和妈妈对视。当妈妈说话时，正在吃奶的新生儿会暂时停止吸吮，或减慢吸吮的速度，听妈妈说话，别人说话他就不理会了。当宝宝哭闹时，爸爸妈妈把他抱在怀里，用亲切的语言和他说话，用疼爱的眼神和他对视，宝宝就会安静下来，还可能会对爸爸妈妈报以微笑，让爸爸妈妈更加疼爱自己。

宝宝智能开发与训练

粗大运动训练

1.拉坐起

在宝宝清醒时，将宝宝置于仰卧位，握住宝宝的手腕，轻柔而缓慢地将宝宝拉起，宝宝的头一般会前仰后合地寻找平衡。每天练习2～3次，以此锻炼宝宝的颈部和背部肌力。

2.竖抱抬头

喂奶后竖抱宝宝使其头部靠在自己的肩上，轻拍几下背部让其打嗝以防溢奶。之后不扶宝宝的头，让其头部自然直立片刻。每天4～5次，以促进宝宝颈部肌肉力量的发展。

3.俯卧抬头

在两次喂奶的间隙，每天让宝宝俯卧一会儿，并用玩具逗引他抬头。逗引的时间不要太长，以免宝宝太累。

4.被动操

给宝宝洗澡、穿衣时，可以帮宝宝做做上下内外屈肘伸肘等动作，使身体得到运动，皮肤受到抚摸。这样能促进宝宝的肢体发育，也可以满足婴儿皮肤希望得到充分接触、摩擦的需求。

5.竖抱观景物

竖着抱住宝宝，逗引他看会动和会发声的玩具，或者看户外的风景，引起宝宝对景物的兴趣。这样可以锻炼宝宝的颈部逐渐支撑头部重量。

精细运动训练

1.训练双手的协调能力

当宝宝清醒时，给宝宝穿宽松的、能使手臂自由活动的衣服，给宝宝一些玩具让其抱握、玩耍，帮助宝宝发展双手的协调能力。

2.训练手的抓握能力

用手指或带柄的玩具触碰宝宝的手掌，让宝宝紧紧握住，在其手中停留片刻后放开。宝宝松开后，家长再将玩具放入宝宝手心，让宝宝多次练习抓握。

3.训练手指触觉和活动能力

将宝宝的双手放在被子外面，让其自由挥动拳头，看自己的手，把手放到嘴里吸吮（一定要把宝宝的手洗干净），增进宝宝手指的触觉和活动能力，扩展手的活动范围。

认知能力训练

1.听觉练习

当宝宝觉醒时，可以和他面对面讲话，当宝宝注视你的脸后，慢慢地移动你头的位置，设法吸引宝宝的视线，宝宝有时会随着你的脸而移动。

2.视听练习

在宝宝觉醒时，将宝宝取仰卧位放在床上，拿出色彩鲜艳、带响声的玩具，放在距离宝宝眼睛大约20厘米处，边摇边缓慢地移动玩具，让宝宝的视线随着玩具和响声移动。

3.口嘴游戏

和宝宝面面相对做张口、伸舌、咂舌等动作。刚出生的宝宝就会吸吮，所以口嘴比其他部位灵活，学动作也会更快。可以锻炼宝宝的模仿能力。

4.音乐熏陶

从宝宝出生后，就应该在宝宝的生活环境里不断播放些优美、柔和、温馨的音乐或歌曲，为宝宝提供一个美好的有声环境。以复习音乐胎教的课程，巩固音乐记忆，能启迪右脑欣赏美的功能。如果婴儿期不复习，胎教的影响将在半年内消失。

语言能力训练

1.逗引宝宝发音

妈妈在喂奶、换尿布时，可以一边注视宝宝，一边逗引宝宝，并且要多和宝宝说话。平时还可以唱歌给宝宝听，逗引宝宝自己发喉音。

2.发声应和

宝宝哭时，妈妈可以发声应和，宝宝会停止哭，并辨别究竟是谁在哭，然后出现哭之外的声音。妈妈讲话时，宝宝会用小嘴一张一合地应和，发出细小的“哦哦”声，高兴时会发出“啊啊”的声音，妈妈也可以应和，使宝宝的声音更加响亮。经常跟宝宝讲话，鼓励宝宝发声自娱，或与别人呼应，为以后宝宝开口讲话打好基础。

社会交往能力训练

1.和宝宝多交流

父母要细心体会宝宝哭闹的原因，要对宝宝的需求予以理解和满足。在宝宝觉醒时要充满爱心地和他交流，宝宝和家长在交流中会学会辨别不同人的声音、语意，辨认不同人的脸、不同的表情，保持愉快的情绪，促进宝宝交往能力的发展。

2.逗宝宝笑

从宝宝出生的第一天起，父母就可以逗宝宝笑。可以抱着宝宝，挠挠他的身体，摸摸他的小脸蛋，用快乐的声音、表情和动作感染宝宝。宝宝在这种情绪下，目光也会逐渐变得柔和，出现快乐的笑容。

宝宝会笑了

对大多数父母而言，第2个月最令人高兴的莫过于宝宝的微笑了。如果你注视着宝宝，跟宝宝说话，宝宝很可能会摇动四肢及身体，同时咯咯、咕咕地叫出来，仿佛整个身体都在“微笑”。宝宝自己还会表示苦恼、兴奋、高兴等情绪，并能以吸吮的方式让自己安静下来。

宝宝体格与智能发育

体格发育指标

男宝宝	女宝宝
身长：55.3～64.9厘米，平均60.1厘米	身长：54.2～63.4厘米，平均58.8厘米
体重：4.6～7.5千克，平均6.0千克	体重：4.2～6.9千克，平均5.5千克
头围：37.0～42.2厘米，平均39.6厘米	头围：36.2～41.0厘米，平均38.6厘米
胸围：36.2～43.4厘米，平均39.5厘米	胸围：35.1～42.3厘米，平均38.7厘米
囟门：前囟平均2×2厘米，后囟平均0～1厘米	囟门：前囟平均2×2厘米，后囟平均0～1厘米

运动能力发育

本月，宝宝身体的许多运动仍然是反射性的。例如，每次转头时采用的防御体位（强直性颈反射），并且听到噪音或感到下落时，伸开手臂（惊吓反射）。如果你轻轻拉宝宝的手让他坐起来，他的头将向后面软瘫。

他可能已经可以挣扎着抬起头并向四周张望，尽管他的头只能抬起1～2秒钟，但至少可以使他以稍微不同的视野看这个世界。宝宝的腿也逐渐变得更加强劲而主动，他的腿会从刚出生时的屈曲状态开始伸直。虽然他时而的踢腿仍然以反射性为主，但力量将增加很快。宝宝的手会突然间放松，手臂外展。

身体技能发育

2个月的宝宝还不能主动把手张开，但会把攥着的小拳头放在嘴边吸吮，甚至放得很深，几乎可以放到嘴里，但不会把指头分开放到嘴里。也就是说这么大的宝宝不是吸手指，是吸拳头，和大宝宝不同，小婴儿攥拳头是把拇指放在四指内，而不是放在四指外，这是小婴儿握拳的特点。

认知能力发育

视觉发育 2个月的婴儿最佳注视距离是15～25厘米，太远或太近，虽然也可以看到，但不能看清楚。将物体放宝宝正面20厘米处，宝宝能注视7秒以上。宝宝能够很容易地追随移动的物体，两眼的肌肉已经能够协调运动，能够追随亮光，喜欢看颜色鲜艳的东西；对看到东西的记忆能力进一步增强，当看到妈妈爸爸的脸时，会表现出欣喜的表情，眼睛放亮，显得非常兴奋。妈妈爸爸也会送给宝宝爱的眼神，这种对视就是母爱、父爱的体现，宝宝会很幸福，对宝宝身心发育是非常有利的。

听觉发育 用能够发声的玩具在宝宝的头部周围引逗时，宝宝会转头寻找声源。

语言能力发育

2个月的宝宝还不能用语言来表达，但已经有表达的意愿。当妈妈爸爸和宝宝说话时，你可能会惊奇地发现，宝宝的小嘴在做说话动作，嘴唇微微向上翘，向前伸，成O形。这就是想模仿妈妈爸爸说话的意愿，妈妈爸爸要想象着宝宝在和你说话，你就像听懂了宝宝的话，和宝宝对话，这就是语言潜能的开发和训练。尽量多和宝宝说话，开发宝宝语言学习能力。

情感和社交能力发育

2个月的宝宝每天将花费更多的时间在观察他周围的人并聆听他们的谈话上。他明白他们会喂养他，使他高兴，给他安慰并让他舒服。当看到周围人笑时他会感到舒心，他似乎本能知道他自己也会微笑。而他咧嘴笑或做鬼脸的动作和表情将变成真正的对愉快和友善的表达。开始会表现出悲痛、激动、喜悦等情绪了。可以通过吸吮使自己安静下来。在宝宝情绪很好时，可以对着他做出多种面部表情，使宝宝逐渐学会模仿面部动作或微笑。

宝宝智能开发与训练

粗大运动训练

1.头竖直

妈妈每天适当地竖起抱宝宝数次，让宝宝练习头竖起。练习竖抱时，妈妈一定要保护好宝宝，可以将宝宝背部贴住妈妈的胸部抱，一手扶住宝宝的胸部，一手托住宝宝的臀部。爸爸可以拿色彩鲜艳和带响声的玩具放在接近宝宝面部的前方，逗引宝宝抬头。

2.俯卧抬头

练习俯卧抬头时，一般应在空腹的情况下，即吃奶前1个小时、觉醒状态下进行。让宝宝俯卧，家长在宝宝头部上方摇响铃铛，鼓励宝宝跟着铃声抬头，让宝宝下额短时间离开床面，双肩也随着抬起来，每次训练30秒，以后逐渐延长时间，每天可以训练数次。

3.训练转头

妈妈将宝宝抱在身上，面向前方，另一个人在其背后忽左忽右地伸头、摇响铃铛或呼唤宝宝的名字逗引他，训练他左右转头。

4.做被动体操

帮宝宝做被动体操，包括上肢伸屈运动，肩部运动，下肢运动，两腿轮流伸屈。两腿伸直向上和髋关节一起运动，用于提高宝宝肌肉的收缩力。

5.蹬踢彩球

让宝宝仰卧，踢吊在上方的大彩球或吹满气、内有小铃铛的大塑料袋。宝宝看见球在跳动，或听到声音会很兴奋，便会努力蹬腿，屈伸膝盖，双腿上举或随球而动，从而欢欣鼓舞。这个游戏可以帮助宝宝活动双腿，锻炼下肢肌肉。有时宝宝手和脚都能同时碰到球，下肢运动扩大到四肢和全身运动，可以促进婴儿的肌肉发育和新陈代谢。

6.让两条腿自由活动

2个月宝宝的双腿活动也开始活跃起来，这时可以给宝宝穿开裆裤，以便活动。给宝宝洗澡后，或更换尿布时，妈妈可以用手按摩宝宝的腿部，并用手拉拉宝宝的双腿，使之上下活动，这有利于宝宝运动机能的发展。

7.侧卧

婴儿吃饱后，可以让他成右侧卧位，同时在背后垫一个枕头或小被子固定体位。婴儿有时身体会倾向背侧而成仰卧，或因垫高身体倾向腹侧而成俯卧，刚开始这种转位是被动的，以后会逐渐转为仰卧或俯卧。侧卧可以作为产生翻身动作的阶梯。

精细运动训练

1.让手和手指充分活动

2个月宝宝的手会经常握拳，但有时会张开。宝宝不认识自己的手，有时会凝视自己的小手。要让宝宝自由活动手和手指，不能用手套约束宝宝。妈妈可以给宝宝的小手腕戴上带响的小手镯，或者拴上颜色鲜艳的布条，吸引宝宝活动双手。

2.让宝宝练习握玩具

当宝宝能张开手，又能看到手时，可以给他容易抓握的玩具玩。有时宝宝把玩具握在手里，又会很快掉下来，可以重复让宝宝握几次。通过握东西，可以促使宝宝张开手和进行触摸刺激。

认知能力训练

1.视觉训练

宝宝仰卧位时，可以在他的上方15～25厘米处，悬挂一些宝宝感兴趣的玩具，最好是红色和绿色或伴有响声的，每次放1～2件。在宝宝面前摇动或触动玩具，以引起他的兴趣，让他的视线集中在这些玩具上。在宝宝集中注视后，可以将玩具边摇动边从水平或垂直方向移动，使宝宝的视觉追随玩具移动。玩具要经常调换和变换位置，使宝宝感到新奇。

2.听觉训练

用带响声的玩具，在正面逗引宝宝，给予宝宝声音的刺激，让宝宝能够注意到声音。

3.给宝宝放音乐

每天定时给宝宝放一些适合宝宝听的乐曲，或者由妈妈给宝宝哼唱一些节奏明快、简单的歌曲。逗引宝宝发出笑声，激发宝宝愉快的情绪，吸引宝宝的注意力。

4.触体感受

按压宝宝的背部、指关节，让宝宝感受压力的轻重、快慢，先轻后重，先快后慢，一边按压一边说“轻、重、快、慢”。使宝宝将声音与皮肤感觉联系起来。如果说到“重”时开始躲避，说明宝宝懂得了轻重的感觉与声音的联系。速度和压力能增加婴儿皮肤的弹性和感知能力，加上声音预示，可以使宝宝学会保护性防御。

语言能力训练

1.多和宝宝说话

宝宝语言的发生和发展，需要一个良好的语言环境。虽然宝宝还不会说话，但我们也要把他当成一个懂事的宝宝，要经常和他交谈。和宝宝说话时声调要高，速度要慢，如果发现宝宝发出类似应答的声音，这时妈妈应停顿片刻，以增加宝宝参加到妈妈和宝宝的“交谈链”中的机会。

2.逗引宝宝发音

妈妈用亲切、温柔的声调对着宝宝发a、o、e等母音，吸引宝宝看妈妈的口型并逐渐学会回应。需要注意的是，逗引宝宝发音时，妈妈还要注意经常停下来跟宝宝玩耍，以便让宝宝保持愉快的心情。

社会交往能力训练

1.多和宝宝进行情感交流

爸爸和妈妈要经常用亲切的语调和宝宝说话，用慈爱的目光注视他，并引起他的注视。在宝宝安静觉醒时，或有发音等活动时要抱一抱宝宝，以示关怀和鼓励。

2.和宝宝一起跳舞

妈妈或爸爸抱着宝宝随四三拍的乐曲跳双人舞，前跨步、后跨步、旋转、仰抱、竖抱或让宝宝俯趴在妈妈的怀抱里。在背景音乐的伴随下既可以培养宝宝的节奏感，同时还能增强宝宝的安全感以及对父母的信任感。

宝宝会抬头了

3个月的宝宝，身体长胖了，会发出特别的声音，心情好时还会“咿咿呀呀“自言自语；看到熟悉的人，会笑得像花儿一样；双手可以伸出来拿东西，这也让宝宝很满意，一时起兴，还会手舞足蹈。这时候的宝宝已经是个很有反应力、很有个性的小人儿了。

宝宝体格与智能发育

体格发育指标

男宝宝	女宝宝
身长：57.6～67.2厘米，平均62.4厘米	身长：56.9～65.2厘米，平均61.1厘米
体重：5.2～8.3千克，平均6.7千克	体重：4.8～7.6千克，平均6.2千克
头围：38.2～43.4厘米，平均40.8厘米	头围：37.4～42.2厘米，平均39.8厘米
胸围：37.4～45.0厘米，平均41.2厘米	胸围：36.5～42.7厘米，平均40.1厘米
囟门：2.5厘米×2.5厘米（两对边中点连线）	囟门：2.5厘米×2.5厘米（两对边中点连线）

运动能力发育

把头抬得很高 当宝宝俯卧位时，不但会把头抬起来，而且会抬得很高，可以离开床面成45°以上。

练习翻身 宝宝翻身时常常是仅把头和上身翻过去，而臀部以下还是仰卧位的姿势。这时如果妈妈在宝宝的臀部稍稍给些推力，或移动宝宝的一侧大腿，宝宝就能很容易把全身翻过去。

本能反射消失 在这个月内，宝宝的惊吓反射及踏步反射将逐渐消失。宝宝曾有过的大部分反射都将在2～3个月时达到高峰并开始消失。反射消失后，宝宝可能会暂时缺乏活动，但他的动作将更加细致，而且有目的，将稳定地朝成熟的方向发展。

身体技能发育

这个月随着握持反射的消失，宝宝开始出现无意识的抓握，这就标志着手的动作开始发育了。手的动作发育也称之为精细动作的发育。

吸吮玩具 宝宝会用手够东西，但常常够不到，显得很笨拙。如果拿到玩具，他会把手中的玩具紧紧握住，尝试着放到嘴里。一旦放到嘴里，就会像吸吮乳头那样吸吮玩具，而不是啃玩具。

看手、玩手 宝宝会仔细看自己的小手，或将双手握在一起放在胸前玩。

开始吸吮大拇指 3个月的宝宝开始吸吮手指，这是这个时期婴儿运动能力发展的表现，妈妈不要制止。

认知能力发育

视觉发育 此时宝宝的视觉会出现戏剧性的变化，这时宝宝的眼睛更加协调，两只眼睛可以同时运动并聚焦。3个月的宝宝就已经认识奶瓶了，一看到妈妈拿着它就知道是给自己吃饭或喝水，会非常安静地等待着。

视线转移 妈妈在床右侧和宝宝说话，爸爸突然出现在床左侧并且鼓掌，宝宝会马上将视线转移去看爸爸。也可用滚动的球从桌子一侧滚到另一侧抱着宝宝观看，这时宝宝可以追视达180°。宝宝最喜欢观看快跑的汽车、会飞的鸟儿、会跑的猫。经常让宝宝到户外观察活动的物体，能提升其认知能力。

亲近妈妈 妈妈走向宝宝时，宝宝会显出快乐和急于亲近的表情，有时还会呼叫，手舞足蹈。亲近妈妈是宝宝到3个月时出现的情感，到6～7个月时就会越来越明显，以致拒绝陌生人到“怯生”的程度。

语言能力发育

3个月的婴儿处于简单发音阶段。婴儿出生后第一声啼哭，就是最早的发音，满月后的哭就是在和别人交流了，但都是“说”的消极状态。3个月的婴儿开始有了积极要“说”的表示，妈妈可以听到婴儿舒服、高兴时的发音，如啊、哦、噢等。婴儿越高兴，发音就越多。宝宝独处时也会自己发声自娱，或者对着玩具说话。此时的发声是为以后早日学说话做准备。宝宝不断练习发音，是语言学习的开始。

情感和社交发育

到第3个月末时，宝宝可能已经会用“微笑”谈话了，有时他会通过有目的的微笑与你进行“交谈”，并且咯咯咯地笑引起你的注意。在其他时间，他会躺着等待，观察你的反应直到你开始微笑，然后他也以喜悦的笑容作为回应。他的整个身体将参与这种对话中，他的手张开，一只或两只手臂上举，而且上下肢可以随你说话的音调进行有节奏地运动。他也会模仿你的面部表情，当你说话时，他会张开嘴巴，并睁开眼睛，如果你伸出舌头，他也会做同样的动作。

宝宝智能开发与训练

粗大运动训练

1.坐抱

妈妈左臂托着宝宝，让宝宝靠坐在妈妈的胸前，妈妈用右手取一些玩具让宝宝双手拿着玩，或托着宝宝坐在桌前，把玩具放在桌上，让宝宝用手去取或够，或推动桌上的小车。通过这个游戏，可以让宝宝学习坐的姿势，为以后练习拉手坐起打好基础。宝宝坐起来后，可以双手同时活动，为双手协作提供机会。

2.翻身90°

宝宝学会侧卧后，还会从侧卧翻到俯卧或仰卧，这种翻身几乎是无意识的，是由身体重心的偏移决定的。3个月前后，宝宝自己能做90° 翻身，或由仰卧到侧卧。妈妈也可以用玩具逗引加上适当的帮助让宝宝翻身。让宝宝把翻身的动作由无意上升到有意，由身体重心偏移决定变为自主决定。

3.活动四肢

宝宝仰卧，吊一个大花球在宝宝能看到的地方，拉一条绳子，一头系在球上，一头系在宝宝的手腕上。妈妈扶着宝宝的左手摇动，会牵动大花球上的铃铛作响。妈妈松手让宝宝自己玩，宝宝会舞动四肢甚至晃动身体去使铃铛发出响声。宝宝发现挥动左臂铃铛会响后，妈妈给宝宝把绳子再换一只手绑，然后再轮流绑到左、右脚踝上。这是一种锻炼感觉统合和选择性专一的游戏。由看到听，到支配全身无选择运动，感觉统合过程，锻炼大脑专门指使选择肢体活动，有很好的益智作用。

4.用肘卧撑

宝宝俯卧，将可以移动的镜子摆在宝宝头侧，宝宝喜欢看镜子中的自己，会努力把上身撑起。妈妈帮助宝宝把一侧肘部放好，宝宝会主动把另一侧也放好，使整个胸部都撑起来，扩大视野，而且宝宝会伸一只胳膊去取身旁的玩具。这同样是锻炼颈部、上肢和胸部肌肉，同时扩大视野，使宝宝能看到更多的事物。

精细运动训练

1.看小手、玩小手

帮宝宝擦净双手，并剪去指甲。妈妈拉住宝宝的小手，吸引宝宝看、玩自己的手，还可以引导宝宝吸吮自己的手。可以在宝宝的手上拴块红布或戴个发响的手镯，激发宝宝看手和玩手。通过看、玩小手，感知手与手指，促进手的精细动作发展。

2.训练宝宝的抓握触摸能力

当宝宝情绪愉快的时候，家长可以经常把带柄的玩具或者家长的手指塞到宝宝手掌中，让他抓握触摸，训练宝宝的抓握触摸能力。还可以给宝宝准备一些方便抓握的玩具，如摇铃、能捏响的软塑料或橡皮玩具等。稍大些的宝宝可以用皮筋将这些玩具挂在宝宝能够抓到的地方，让他们练习抓、握、摇、捏等动作。一旦宝宝学会了翻身，就不要再把玩具挂着玩了。

认知能力训练

1.视线转移

随着宝宝的渐渐长大，他的眼睛会越来越明亮，他可以一下子就注视到面前的玩具，并能灵敏地追随。此时可以用两个玩具（或两人）来逗引宝宝，让宝宝先注视一个玩具（或人），然后拿出（出现）另一个玩具（或人），训练宝宝的视线从一个物体转移到另一个物体。也可以在宝宝集中注视某一物体或人脸时，迅速移开物体或人脸，训练宝宝在注视目标消失时用视觉寻找。

2.拍打、够取玩具

宝宝在仰卧位时，将色彩鲜艳、有响声、大小适当的玩具挂在小床上方宝宝能够抓到的地方。将宝宝抱成坐位时，将玩具放在宝宝胸前20厘米左右。摇动或弄响玩具，吸引宝宝的注意力，使他企图击打、够取、抓握、触摸玩具。当宝宝想要动手但又不成功时，可以将玩具放进他的手中，并弄出响声，激发他的兴趣。当宝宝用视觉捕捉目标或偶然击打、触到玩具时，家长要用自然而丰富的表情和手势，欣喜的赞扬语调加以鼓励。

语言能力训练

1.逗宝宝笑出声

随着宝宝各种感觉器官的成熟，宝宝对外界刺激的反应越来越多，愉快情绪也会逐渐增加。首先会表现在微笑上，除了自发的微笑外，同时宝宝很容易被逗笑，甚至出声的笑。

家长要在宝宝情绪愉快时多与宝宝说笑，逗引他发音。还可以用不同的语调与宝宝说话，如亲切和蔼的声音、命令式的声音、激动的喊叫等，训练宝宝分辨不同的语调，做出不同的反应。

除了妈妈外，家庭中的其他成员也要多和宝宝说笑，使他感受多种声音、语调，促进他对语言的感知能力。

2.元音答话

妈妈要经常和宝宝说话，使宝宝多发出元音。3个月的宝宝喜欢说双元音，或拉长一个元音，妈妈要用夸张的口形和宝宝说话，这样宝宝也会发出声音和妈妈对话。宝宝从小喜欢喊叫是语言发育良好的开始，要鼓励宝宝说话，父母一边照料宝宝一边同他说话就会激起宝宝与人对话的兴趣。

3.给宝宝念唱儿歌

歌声是宝宝最乐于接受的语言形式，通过歌曲和儿歌，不仅能让宝宝感受到优美的旋律、明快的节奏，还能给宝宝语音的刺激，帮助宝宝逐渐记住儿歌中典型有趣的词及末尾押韵的音，这对宝宝语言的表现力、表达的音准都很重要。

爸爸妈妈有时间要多收集一些儿歌，空闲时抱着宝宝，一边摇，一边给宝宝念儿歌。比如：“小老鼠，上灯台；偷油吃，下不来；叫奶奶，拿猫来；咕噜噜，滚下来。”给宝宝念儿歌可以丰富宝宝的基础语言，促进宝宝的语言智能发展。

4.多和宝宝说话

当给宝宝喂奶、换尿布时，妈妈可以经常边说边喂，边说边换尿布，给予宝宝一些有益的语言刺激。

无论什么样的生活场景都是跟宝宝说话的好机会，比如爸爸上班外出可以对宝宝讲：“宝宝，爸爸上班去了，再见！”下班回家时可以说：“宝宝，你好吗？爸爸回来了！”尽管宝宝还小，不可能懂得家长的这些语言，但是这些有益的语言刺激总有一天会带给宝宝意想不到的收获。因此，家长要不厌其烦地尽量多和宝宝说话。

社会交往能力训练

1.培养亲子感情

父母抱宝宝时，要和宝宝眼睛对视，要用温柔慈祥的语气和宝宝说话。如“宝宝，我是妈妈，叫妈妈！”也可以将宝宝抱起来，用手指着爸爸，让他看着爸爸，并说“看，爸爸来了！”经过反复强化这种学习，增强宝宝的辨认能力，在欢快的情绪中培养亲子感情，传递着父母和宝宝之间真挚的爱。

2.强化宝宝的笑

家长要经常通过各种方式，如经常抱着宝宝，亲吻、抚摸宝宝，和宝宝说话，给宝宝唱歌等逗引宝宝发笑，并对他的笑给予应答和鼓励，使宝宝保持愉快的情绪。

3.见人就笑

经常抱宝宝到公园或人们休息散步的地方，妈妈和周围的人打招呼，也让宝宝接触陌生人。人们喜欢宝宝会逗宝宝玩，宝宝也会报以微笑。这是宝宝社会化训练的第一步：学会用笑跟人打招呼。这样可以让宝宝学会主动招呼人，养成大方开朗的良好性格。而从来不见陌生人的宝宝见人就会躲开，或者不敢正面看人，逐渐会养成害羞的性格，没有招人喜欢的本领。

4.进行“三浴”锻炼

在条件合适的情况下，可以带宝宝多做“三浴”锻炼，即定时带宝宝进行日光浴、水浴和空气浴，让宝宝有更多的机会感知周围的环境，同时也能提高宝宝适应环境、抵御疾病的能力。

5.识别爸爸

爸爸要主动同宝宝玩耍，宝宝会感到父母是不同的，爸爸的胡须、气味、声音以及强健有力都与妈妈不同，多数宝宝都喜欢让爸爸抱，把自己举得高高的，经历一些惊险但感觉更加有趣。尤其是男孩，更喜欢惊险刺激，喜欢爸爸豪爽的笑。宝宝开始觉察辨别两个不同的人，一个是妈妈，一个是爸爸，都很爱自己。

让宝宝体会母爱和父爱，使宝宝感到家庭的温暖，父母都爱自己，自己属于家庭中的一员，这种家庭观念会影响孩子的终生。

喜欢自说自话

在4个月大的宝宝的世界里，每天都充满了令人兴奋的发现。4个月的宝宝已经在尝试着“社交“了，他会试着用各种方法与他人交流，咿咿呀呀地自说自话，含含糊糊地应答。他会努力表达自己的情感需求，微笑并投出期盼的眼神等等，并且开始发出不满的抗议。

宝宝体格与智能发育

体格发育指标

男宝宝	女宝宝
身长：59.7～69.3厘米，平均64.5厘米	身长：58.5～67.7厘米，平均63.1厘米
体重：6.8～9.0千克，平均7.4千克	体重：5.3～8.3千克，平均6.8千克
头围：39.6～44.4厘米，平均42.0厘米	头围：38.5～43.3厘米，平均40.9厘米
胸围：38.3～46.3厘米，平均42.3厘米	胸围：37.3～44.9厘米，平均41.1厘米
囟门：2.5厘米×2.5厘米（两对边中点连线）	囟门：2.5厘米×2.5厘米（两对边中点连线）

运动能力发育

4个月的宝宝已经能够用上肢支撑头和上身，和床面约成90°。从这个月开始宝宝会翻身了，先是从仰卧到侧卧，逐渐发展到从仰卧到俯卧。竖抱时头较稳定；扶着腋下可以站片刻。

身体技能发育

能把自己的衣服、小被子抓住不放；摇动并注视手中的拨浪鼓；手眼协调动作开始出现；平躺时，宝宝会抬头看到他的小脚。趴着时，宝宝会伸直腿并可轻轻抬起屁股。但还不能独立坐稳。对小床周围的物品都很感兴趣，总是喜欢抓一抓、碰一碰。

认知能力发育

视觉发育 此时宝宝可能已经能够跟踪在他面前半周视野内运动的任何物体；同时眼睛协调也可以使他在跟踪靠近和远离他的物体时视野加深。视线灵活，能从一个物体转移到另外一个物体；头眼协调能力好，两眼可以随移动的物体从一侧到另一侧，移动180°，能追视物体，如小球从手中滑落掉在地上，他会用眼睛去寻找。

视觉注意力增强 4个月的婴儿，随着头部运动自控能力的加强，婴儿的视觉注意力得到更大的发展，能够有目的地看某些物体，婴儿更喜欢看妈妈，也喜欢看玩具和食物，尤其喜欢奶瓶。对新鲜事物能够保持更长时间的注视。注视后进行辨别差异的能力不断增强。

记忆更清晰了 宝宝开始认识爸爸妈妈和周围亲人的脸，能够识别爸爸妈妈的表情好坏，能够认识玩具。如果爸爸从宝宝的视线中消失，宝宝会用眼睛去找，这就说明宝宝已经有了短时间的、对看到物体的记忆能力。爸爸妈妈要抓住这个阶段，对婴儿的视觉潜能进行开发。

能够区分男声和女声 4个月的宝宝已经能够分辨出是妈妈在说话，还是爸爸在说话，能够区分男声和女声了。

语言能力发育

4个月的宝宝慢慢会用“微笑”谈话，会发出“啊、噢、哦”的元音了。婴儿情绪越好，发音越多。爸爸妈妈要在婴儿情绪高涨时，和宝宝交谈，给宝宝发送更多的语音，让宝宝有更多的机会练习发音。让宝宝多到户外，听小鸟叫，听流水声，听风刮树叶声，并不断

地告诉宝宝这是哪里发出的声音。给宝宝做元音发音口型，让宝宝模仿爸爸妈妈说话。婴儿语言的发展是有一定规律的。最初是语言的感知阶段，婴儿先是靠听、看来感知声音，并逐渐对语音进行分辨，最后发展到自己发出语音。

情感和社交能力发育

宝宝不会对每个人都非常友好，很自然地他最喜欢父母和其他小朋友。如果他有哥哥姐姐，当他们和他说话时，他会非常的高兴。如果他听到街上或电视中有儿童的声音，他也会扭头寻找。相比之下，对陌生人他只会好奇的看一眼或微笑一下。可以看出，他已经开始分辨他生活中的人，毫无疑问，他非常依恋与他最亲密的人。他可能已经学会用手舞足蹈和其他的动作表示愉快的心情。

宝宝智能开发与训练

粗大运动训练

1.翻身（仰卧—俯卧）

4个月的宝宝在仰卧玩耍的过程中，有时会不知不觉地俯卧过来，有时还会不断地挣扎着要翻身。这时可以把宝宝最喜欢的玩具放在他的身旁，当他想把身旁的玩具拿到手时，就会翻过身来。开始时宝宝翻过身后一只手臂常常会压在身体下面，家长可以给一定的帮助，慢慢地训练宝宝自己将手放好，灵巧地翻身，自由地选择姿势。可以有意识地帮助宝宝向左右两个方向翻。

2.锻炼抬头和转头

宝宝俯卧时，家长可以站在宝宝的前面逗引宝宝用前臂支撑上身，将胸部抬起，抬头看家长。同时，还可以在宝宝前方用玩具逗引，从左到右，从远到近移动玩具，促使宝宝抬头和转头。

3.拉坐

经过坐抱训练的宝宝较容易拉坐。未经过坐抱训练的宝宝，妈妈要用双手扶着宝宝双肩，一面喊“坐起”一边向前向上拉，宝宝会抬起上身配合着坐起来。练习几次后，妈妈可以用双手拉着肘部和前臂，边喊口令边扶着宝宝坐起。多练几次后，妈妈可以用食指放入宝宝掌心让其握拉坐起。

拉坐训练不宜过早，要在宝宝颈部肌肉能支撑头部重量之后练习，让宝宝听口令协同妈妈一起使劲坐起来。如果宝宝拉坐时后仰，则不应该做此练习。

4.学坐

让宝宝背靠枕头、小被子等软物体坐起来，宝宝很喜欢，因为坐着比躺着看得更远。妈妈要在一旁照料，以防身体下滑而倒下或重心向左右两侧转移而向一边倒下。靠坐时间不宜过长，初学者3～5分钟即可，坐稳后也不宜超过10分钟。靠坐可以练习宝宝的腰背部肌肉支撑身体，为独坐做准备。

5.荡毛巾秋千

准备一条大毛巾，让宝宝仰卧在大毛巾内，爸爸妈妈各拉毛巾的两个角，抬起毛巾。爸爸妈妈一边摆一边喊口令“向左”“向右”，让宝宝在毛巾内荡秋千，宝宝会非常高兴，也可以将口令换成歌谣，随节拍荡漾。

这个游戏适合4个月的宝宝。5个月的宝宝可能会翻身到毛巾的边缘去看个究竟，因而可能会造成危险。已经学会180°翻身的宝宝也不宜再做这个游戏。

精细运动训练

1.练习手抓握

4个月的宝宝对周围的事物开始产生兴趣，对有响声的玩具，如铃铛，一抓握即响的小动物玩具，更加有兴趣。在宝宝觉醒时，将挂着的带响声的玩具拿到宝宝面前摇晃，使其注视，然后将玩具放在宝宝胸前伸手即可抓到的地方，激发他去碰和抓。如果宝宝抓了几次仍然抓不到玩具，就将玩具直接放在他的手中，让他握住，然后再放开玩具，继续教他学抓。若宝宝只看玩具不伸手抓，可以用玩具碰触他的小手，逗引他伸手抓，或将玩具放在他手中摇晃他的手，让玩具发响并逗引他听。

2.够取悬吊玩具

宝宝仰卧，用绳子在宝宝眼前系一晃动的玩具，锻炼宝宝够取物体的能力。家长可以先把玩具放在宝宝伸手可以摸到的地方，摸到后再将玩具推远一点，吸引他再伸手碰触玩具，让玩具晃动起来。经常做这样的练习，过一段时间后，宝宝就能用双手一前一后地将玩具抱住。

认知能力训练

1.看图片和画册

让宝宝看图片和画册，可以补充实物的视听刺激不足。选择的图片和画册上的图要大一些，色彩鲜艳，形象逼真，有美感。妈妈可以一边陪宝宝看画，一边用最简单的词语给宝宝讲图片上画的是什么东西。

2.追视手电光，使视觉灵敏

在傍晚天渐渐黑时，抱着宝宝坐在膝盖上，家长打开手电筒轻轻晃动，使手电筒照在墙壁上来回移动，家长指着手电筒光说："看！看！亮光在哪儿？在哪儿？亮光跑到那儿了！"

3.带宝宝到户外活动

经常带宝宝多接触大自然，看看初升的太阳，傍晚的月亮，看看红色的花、绿色的树木和青草，看车辆行驶，小狗奔跑，树丛中鸟儿飞翔，让他学会视觉追踪。家长可以边带宝宝看边说：红花多好看，小汽车开过去了，等等。

4.注视小物体

在洁白的餐巾纸中央放一粒红豆，宝宝会注意地看这粒小东西，看它不会动也不会叫，就伸手去拿，用手去拨弄。妈妈时刻关注宝宝，不要让宝宝抓到手中后放入口中，以免吞下或噎着。看宝宝能否注意到这粒红豆，观察其手眼协调能力是否良好，只要能拨弄就说明协调能力良好。

5.丰富触觉

让宝宝拿积木、毛绒玩具、纸盒、摇铃等，同时告诉宝宝哪个是硬的、软的、空的、响的。通过触摸不同质地的东西，让宝宝的手得到不同的触觉刺激。家庭中用旧的东西，如奶瓶刷子、勺子、瓶子等可以随时让宝宝去摸。洗澡时接触毛巾、海绵等，都可以丰富宝宝的触觉感受与认识事物的途径。

6.追滚球

在能照到全身的镜子前放一张桌子，抱着宝宝面朝镜子坐在桌前，把一只球从桌子左侧滚到右侧，再从右侧滚到左侧。从镜子中可以看到宝宝的眼睛和头跟着球转动，球滚的速度不宜过快，以免引起宝宝视觉疲劳。也可以改用可推动的惯性车。

这个游戏可以培养宝宝连续追视的能力，先慢后快，观察宝宝是否一直能跟上。

语言能力训练

1.强化宝宝的某些发音

如果宝宝偶然发出“妈妈”的声音，就要马上亲吻他，搂抱他，说：“宝宝真乖！我就是你的妈妈呀！妈妈好爱你啊！”鼓励宝宝重复发出这些有意义的声音。

2.逗引宝宝学发声

拿一个色彩鲜艳带响声的玩具，在宝宝面前一边摇一边说：“宝宝，拿！拿！”鼓励宝宝发出“na”的声音。看到其他的物品或者卡片等，也可以用同样的方法鼓励宝宝发音，训练宝宝逐步由单音向双音发展。

社会交往能力训练

1.表情反应

在和宝宝玩耍时要有意识地对他做出不同的面部表情，如笑、怒、哭等等，训练宝宝分辨这些面部表情，让他逐渐学会对不同的表情有不同的反应，并学会正确表露自己的感受。

2.找朋友，发展交往能力

抱宝宝在户外活动时，让他看一些其他的小朋友在玩耍。

先让他在远处观察，然后渐渐走近。如果宝宝在笑，表示他愿意小朋友接近，就可以让他和小朋友握握手。如果宝宝扑到妈妈的怀中，表示他害怕，那就不要勉强，只让他在一旁观看，直到他露出笑容时才让他与别人亲近。

此外，带宝宝进行户外活动时，要让宝宝多和周围的家长接触，习惯和更多的人交往。

3.看人脸听人声

除了经常面对面注视宝宝和跟宝宝说话外，还可以变换方向或距离，吸引宝宝的注视和倾听。注意他对熟人和陌生人有什么不同的反应。

4.表示情感

这时的宝宝已经对妈妈产生了依恋和较明显的认知，会怕生，会看妈妈的脸色，看见别人笑就会笑，看见别人生气就会默不作声、停止游戏甚至不敢吮指。妈妈伤心时宝宝会静静地趴在身边，似乎要分担忧愁。宝宝生气时除了哭外，还会把头转向一边不理人，吃奶时听到有人大声说话，就会转头闭嘴，表示“不要”。

日常生活中妈妈要仔细观察宝宝表达情感的方式，尽可能使宝宝的情绪稳定，减少激动和生气，否则会影响宝宝进食和生长发育。

第5个月 对什么都感兴趣

转眼间宝宝已经5个月了，与上个月相比，宝宝身体各部分的运动能力都进一步加强了，力气也变大了，对自己周围的事物也越来越感兴趣了，活动范围变得更大了一些。无论是在家里还是在外面，宝宝总是喜欢东瞧瞧西看看。

宝宝体格与智能发育

体格发育指标

男宝宝	女宝宝
身长：61.6～71.0厘米，平均66.3厘米	身长：60.4～69.2厘米，平均64.8厘米
体重：6.1～9.5千克，平均7.8千克	体重：5.7～8.8千克，平均7.2千克
头围：40.4～45.2厘米，平均42.8厘米	头围：39.4～44.2厘米，平均41.8厘米
胸围：39.2～46.8厘米，平均43.0厘米	胸围：38.1～45.7厘米，平均41.9厘米
囟门：前囟2.5×2.5厘米	囟门：前囟2.5×2.5厘米
牙齿：平均0～2颗	牙齿：平均0～2颗

运动能力发育

学坐 随着宝宝背部和颈部肌肉力量的增强，以及头、颈和躯干的平衡发育，他开始学会“坐起”。首先他要学习在俯卧时抬起头并保持姿势，当他趴在床上时可以用双手撑起全身，扶成坐的姿势时，能够独坐一会，但有时两手还需要在前方支撑着。拿物品时，不再是两手去取，会用一只手拿。

翻身 能够从仰卧翻到俯卧，能主动用前臂支撑起上身，并抬起头。但还不会从俯卧翻成侧卧或仰卧，所以父母仍然时刻不要离开婴儿，安全第一。万一宝宝口鼻周围有东西堵住宝宝的呼吸道，那是很危险的。

身体技能发育

随着音乐摇晃身体 5个月的宝宝会积极地倾听音乐，并会随着音乐的旋律摇晃身体，虽然还不能与旋律完全吻合，但已经有节奏感了。

看到什么都想摸 5个月的宝宝，视觉和触觉的协调能力发展起来了。看到什么东西，都会主动有意识地去摸一摸，通过触觉来探索外在的世界。妈妈不要错过这个机会，宝宝看到的东西，能够让宝宝摸的，都尽量让宝宝摸一摸，建立视觉和触觉的联系和协调。

手眼配合比较协调了 这个月宝宝的手眼动作已经比较协调了，会够玩具了，并且会把小摇铃摇响。宝宝把玩具放到嘴里啃时，妈妈不要制止。

动手能力进一步增强 宝宝运用手的能力进一步增强了，可以锻炼着让宝宝自己拿奶瓶喝水或吃奶了。

伸手让妈妈抱 这是让妈妈很开心的事情。爸爸也不妨试一试，做出要抱宝宝的动作，观察宝宝是否也伸手要抱。

认知能力发育

现在宝宝可以辨别红色、蓝色和黄色了，红色或蓝色似乎是这个年龄段的宝宝最喜欢的颜色。这时，宝宝的视力范围可以达到几米远，而且将继续扩展。他的眼球能够上下左右移动去注意一些小东西，如桌上的小点心；当他看见妈妈时，眼睛就会紧跟着妈妈的身影移动。

随着宝宝记忆力和注意力的加强，你会注意到一些迹象，表明他不仅在接受一些信息，而且也在把它们应用到他的日常生活中。

这一阶段宝宝会明白因果关系。当他踢床垫时，他会感到婴儿床在摇晃。当他打击或摇动铃铛时，会认识到铃铛可以发出声音。一旦他知道自己弄出这些有趣的东西时，他将继续尝试其他的东西，并观察出现的结果。

宝宝会对大人的脸非常感兴趣，当你抱着他时，他会用手指戳你的眼睛，会抓你的眼镜。叫他的名字时，他能转过头去，朝声音的方向寻找。这个月的宝宝，开始会注意镜子中的自己。

语言能力发育

宝宝经过了发元音、发辅音的阶段，对语音的感知更加清晰，发音也更加主动，好像已经开始咿呀学语了。

5个月的宝宝进入了发连续音节的阶段。妈妈可以明显地感觉到，宝宝发音增多了，尤其是在高兴时更明显，可以发出如ba—ba、da—da、mou—mou等声音，但还没有具体的指向，属于自言自语，咿呀不停。妈妈要耐心、积极地去回应宝宝的发音。

情感和社交能力发育

5个月大的宝宝听到妈妈或熟悉的人说话的声音就会高兴，不仅仅是微笑，有时还会大声笑。

此时的宝宝是一个快乐的、令人喜爱的小人儿。微笑已经随时可以看见了，而且，除非宝宝生病或不舒服，否则，每天都会长时间展现出愉悦的微笑。这一时期是巩固宝宝与父母之间亲密关系的时期。

宝宝智能开发与训练

粗大运动训练

1.翻身练习

当宝宝处于仰卧位或俯卧位，并已翻身向侧边时，家长可以用玩具逗引或语言鼓励，再从侧边给予帮助，让宝宝从仰卧转向俯卧，再从俯卧转向仰卧。

2.学练180°翻身

宝宝学会俯卧翻到仰卧后，让宝宝将左右翻身的办法联合起来，加上玩具诱导，学习翻身达180°。经常练习翻身，可以使宝宝的视觉、听觉、触觉等知觉与运动结合，为继续翻滚以至360°翻转打基础。

3.靠坐

当宝宝能够自由翻身时，家长要扶他坐一会儿。这说明运动机能发育已从头部进入到躯干。到5个月时，躯干肌肉已经可以支持脊柱直立片刻。练习靠坐时，可以将宝宝放在有扶手的沙发上或小椅子上，让他靠坐着玩。或放在床上，身后放一些棉垫练习靠坐，以后慢慢减少他身后靠的东西，使宝宝仅有一点支持即可坐住，或是撤开家长的支持独坐片刻。要注意此时宝宝肌力弱，不能坐很久，以免他们脊柱弯曲变形。

4.直立跳跃

新生儿在扶成直立位时，有自动迈步的动作，这是一种先天的原始反射动作。以后这种反射会消失，接着宝宝开始有了主动的支撑和活动。练习直立跳跃时，家长取坐位，双手扶住宝宝的腋下，使宝宝的双脚在家长的腿上一蹿一蹿跳跃，每次一分钟左右，每天可以练习1～2次。这既是一种肌肉力量的锻炼，又是宝宝欢快情绪的体验，为宝宝学习站立做好准备。

5.手脚戏球

宝宝仰卧时，会将自己的双脚举起，并用手去抓。此时可以把一个大球或一个吹鼓了的塑料口袋放在宝宝的脚上，让宝宝用手、足去抓去踢，或将塑料袋吹满气，用小绳子扎紧，吊在宝宝手脚都能够够着的地方，这样宝宝双腿上举的能力就会越来越好。

精细运动训练

1.练习准确抓握

经过第4个月的练习，宝宝这时已经能够比较准确地抓到面前的物体了，但仍然要继续练习抓握动作。家长可以抱着宝宝坐在膝上，面对桌子，前面放不同形状、不同大小的东西，让他练习一下子准确抓起来。可以把玩具放在不同的距离（一定是经过努力可以够到的位置），让宝宝凭自己的努力去够取玩具。还可以将玩具放入一个大筐（盆）内，让宝宝到里面去抓取，这样可以锻炼宝宝的手眼协调能力。

2.练习双手抓握能力

抱宝宝坐在桌前，在桌面上宝宝的手能够到的地方，放两个小玩具，宝宝会伸手先抓取一个，家长可以帮助他用另一只手抓住另一个。抓玩具前，要清洗玩具，因为宝宝抓住玩具后，会马上放入嘴内啃咬。

3.训练手指运动能力

把一些容易抓握和带响的玩具摆放在宝宝的面前，锻炼宝宝的抓握、摆弄和敲摇的能力。当宝宝看到玩具后，家长要鼓励他伸手抓握这些玩具，教宝宝拿着玩具敲一敲、摇一摇，训练宝宝手指的运动能力。

4.拉线团，锻炼手眼协调能力

先将会滚的红色或绿色线团用带子系上，让线团从桌子近端滚到宝宝够不到的远端，然后家长把带子一拉将线团拉回来。让宝宝模仿抓住带子的一头将线团拉回来，使宝宝认识线团和绳子之间的关系。

认知能力训练

1.观察周围的环境

家长可以让宝宝看周围的环境。从室内到室外，从人到物进行观察，如妈妈教宝宝认识室内接触到的物品、玩具，尽管宝宝还不会说话，也要让他在看的基础上，听到物品的名称、颜色，并让他看家里人的活动。到室外观察，宝宝也是最高兴的，他充满着好奇心，有兴趣地东张西望。活动着的人、汽车、花草、树木、小动物等都可以让宝宝观察，家长可以用语言及动作来启发、引导宝宝观察。

2.辨认物品

抱宝宝到灯前，关闭台灯，再打开台灯。在这一明一暗的过程中，妈妈说“灯”，反复多次后，让宝宝用手去摸灯罩，凑近去看灯开、灯灭，然后抱开宝宝，问宝宝“灯呢？”如果宝宝用目光盯住灯的方向，就说明学会认灯了。如果宝宝的兴趣在其他的物品上，也可以依此法教宝宝认其他的物品。

3.寻找掉下的东西

学习寻找从视线中突然消失的东西，培养宝宝的观察能力。

用一个滚动能发出声音的玩具从桌子的一头慢慢滚动到另一头，让它自然落地而发出声音，看看宝宝能否用眼睛随着声音发出的方向寻找。

5个月的宝宝开始对突然消失的东西产生寻找的欲望，有了看不见的东西并非消失的意识。于是他会伸头去桌旁观察发出声音的地方，是否有他的玩具。平时妈妈可以故意把金属勺子、小汽车等掉到地上，发出声音，看看他是否会伸头去寻找。当他看到勺子时，妈妈要用夸奖的语气说：“啊，在这儿，宝宝会替妈妈寻找，真棒！”通过表扬，可以使宝宝更加愿意寻找掉下的东西，提升宝宝的观察能力。

语言能力训练

1.多和宝宝说话

宝宝有时会主动发出一些不清晰的音节，如啊、吗、吧、不等，家长要有意识地教他发一些音，引导宝宝模仿发出一些声音，可以是咳嗽声、咂嘴声等。这个阶段仍然要多和宝宝说话，看到什么说什么，特别是对一些经常接触到的事和物要反复说。说的同时要指给宝宝看，或拿着宝宝的手去指，让宝宝更多的感受这些语言，并逐渐认识这些事物。

2.呼唤宝宝的名字

首先要将宝宝的名字固定，最好从一开始就用正名称呼而不用小名。如果家长一会儿称呼他宝宝，一会儿称呼他正名，或是其他什么爱称，宝宝就不知道家长到底在叫谁。

当你想和宝宝玩时，可以在一旁呼唤他的名字，宝宝听到呼唤声转头看时，可以说一声“在这里，在这里”，和宝宝逗着玩。妈妈呼唤多次以后，他就知道是呼唤自己的名字了。以后再呼唤他的名字，他就能立刻做出反应了。

3.听音乐和儿歌

当宝宝情绪稳定时，家长可以给宝宝放一些轻松愉快的儿童乐曲，为宝宝提供一个优美、柔和、宁静的音乐环境，借此提高宝宝的注意力，培养宝宝愉快的情绪。还可以结合生活场景及日常活动，朗读一些简短的儿歌，开发宝宝的语言能力。

社会交往能力训练

1.照镜子游戏

镜子可以作为宝宝时期的一个学习工具。镜子可以让宝宝看见自己，尽管他还不能认识自己，但他会把镜中的自己当作另一个人来与之微笑、玩耍。

镜子还可以让他清楚地看到自己的五官，此时家长可以教宝宝认识眼睛、鼻子、嘴巴等。这一年龄段的宝宝不一定能指对，家长要指着这些器官反复对宝宝说，使他初步地接受这些概念。

2.举高高

家长将宝宝抱好，然后高高举起，接着再放下。游戏时可以通过肌肤接触或愉快的语言交流带给宝宝更多快乐的体验，但一定要注意安全，动作一定要慢，不能吓着宝宝，更不能做抛接动作。做几次这样的游戏后，只要抱起宝宝，他就会做好举高高的准备。举高高是增进亲子关系，同时也是宝宝非常喜爱的游戏之一。

3.认人

随着宝宝对面孔辨认的细致程度增加，此时的宝宝对妈妈更加偏爱，而对陌生人显出警觉和回避反应。这是因为宝宝会认人了，就是说宝宝的感知能力、辨别能力和记忆力提高了。这也是宝宝社会性的重大发展。

此时应训练宝宝和家长交往，认识更多的人。在日常生活中，先教宝宝认识家庭成员及与他的关系和称呼。如认识妈妈、爸爸和奶奶等。结合家长的活动来训练，如奶奶来了，可以指给他看，并叫着他的名字："冰冰，奶奶呢？奶奶抱！"。妈妈给他喂奶时，可以说："来，妈妈抱！"，等等。

平时还可以训练他认找"爸爸呢？"以后可以逐渐扩大范围。外出看见阿姨、小哥哥时，可以指给他看，或拿着小手向他们招一招。经过训练，虽然宝宝还不能发出称呼，但可以让他逐渐学会辨认自己的家人。

4.藏猫猫

5～6个月的宝宝对"藏猫猫"的游戏很感兴趣。在宝宝吃饱喝足后，很希望和家长一起玩。让宝宝坐在爸爸或妈妈的膝盖上，用一块手绢蒙住自己的脸问宝宝："妈妈在哪里？"当宝宝寻找时，突然拉掉手绢露出你的笑脸，并叫一声"喵儿"。此时，宝宝就会高兴地笑。然后将手绢蒙住宝宝的脸，让他学着将手绢拿开，家长叫一声"喵儿"，反复这样做，宝宝就会很开心。

"藏猫猫"的游戏不但可以培养宝宝愉快积极的情绪，也有助于他想像力的发展。

白胖胖的小宝贝

宝宝出生6个月来，身体的变化特别大，他从刚出生时的“小老头”变成了现在这个白白胖胖的小宝贝，让你看在眼里，喜在心头。宝宝现在与你的感情日益深厚，他的情绪会被你的行踪所左右，当你在他身边时，他会很快乐，而你离开他时，他就会变得很烦躁。

宝宝体格与智能发育

体格发育指标

男宝宝	女宝宝
身长：63.4～73.8厘米，平均68.6厘米	身长：62.0～72.0厘米，平均67.0厘米
体重：6.5～10.3千克，平均8.4千克	体重：6.0～9.6千克，平均7.8千克
头围：41.3～46.5厘米，平均43.9厘米	头围：40.4～45.2厘米，平均42.8厘米
胸围：39.7～48.1厘米，平均43.9厘米	胸围：38.9～46.9厘米，平均42.9厘米
囟门：前囟2厘米×2厘米	囟门：前囟2厘米×2厘米
牙齿：长出0～2颗门牙	牙齿：长出0～2颗门牙

运动能力发育

此时的婴儿俯卧时，能用肘支撑着将胸部抬起，但腹部还是靠着床面。仰卧时喜欢把两腿伸直举高。随着头部颈肌发育的成熟，6个月宝宝的头已经能够稳稳当当地竖起来了，他们不再喜欢家长横抱着，而是喜欢家长把他们竖起来抱。一旦宝宝挺起胸部，你就可以帮助他“实践”坐起。很快他就学会“三脚架”——身体向前倾时伸手支撑，保持上身平衡，逐渐地腰部肌肉发育了，靠坐时，腰能伸直。可能还需要一段时间他才不需要你的帮助自己坐起来。

身体技能发育

会伸手够东西 6个月的宝宝，眼神更加灵活，如果把玩具弄掉了，他会转着头到处寻找。会伸手够东西或从别人手里接过东西。这时的宝宝仍然不知道什么能放到嘴里，什么不能放到嘴里，所以总是把手里的东西放到嘴里吸吮或啃咬。

脚尖蹬地 肢体活动能力增强，脚和腿的力量更大了，让宝宝站在你的腿上，会感到小脚丫蹬得你有些痛。宝宝会用脚尖蹬地了，身体不停地蹦来蹦去。但比较安静和内向的宝宝，可能会较少蹦跳。

随着身体协调能力的提高，宝宝会发现自己身体的其他部分。当宝宝仰面躺着时，他会抓住他的脚和脚趾，并放到口中；更换尿布时，他会向下触摸生殖器；坐起时，他会拍自己的臀部和大腿。

认知能力发育

这时宝宝能够自由转头了，因而他的视野更大了。宝宝的视觉灵敏度已接近成人水平，手眼协调能力增强，成了积极的学习者和新事物的探索者。对于6个月的宝宝来说，单纯的看已经不是目的了，他要在看的过程中，获得认识事物的能力。因此这时展开潜能的早期开发，会有事半功倍的效果。

此时期宝宝已能在镜子中发现自己，并与这个新伙伴聊天。照镜子时会笑，用手摸镜子中的人。能够知道自己的名字，听到叫他的名字会有反应。

这个阶段，宝宝处在“发现”阶段。随着认知能力的发育，他很快会发现一些物品，例如铃铛和钥匙串，在摇动时会发出有趣的声音。当他将一些物品扔在桌上或丢到地板上时，可能启动一连串的听觉反应，包括：喜悦的表情、呻吟或者导致物件重现或者重新消失的其他反应。他开始故意丢弃物品，让你帮他拣起。这时妈妈一定要有耐心，因为这是他学习因果关系并通过自己的能力影响环境的重要时期。

现在，宝宝变得越来越好动，对这个世界充满了好奇心。这个阶段是宝宝自尊心形成的非常时期，所以父母要引起足够的关注，对宝宝适时给予鼓励，从而使宝宝建立起良好的自信心。当他想做一些危险的事情或者打扰家庭成员休息的事情时，你必须加以约束，然而这时候你处理这个问题最有效的方法是用玩具或其他活动转移宝宝的注意力。

语言能力发育

随着宝宝更多地与外界接触，与亲人交往，宝宝的发音反应越来越强烈，对语音的感知更加清晰，发音更加主动，此时已不是单独的元音或辅音，而是发出一些音节。6个月的宝宝进入了咿呀学语的阶段，不经意间会发出一些不很清晰的语音，会无意识地叫“mama、baba、dada”。宝宝可以很清晰地模仿发出这些音，但并不代表任何意义。

情感和社交能力发育

这个阶段宝宝对生活充满了无限的活力。给他喂奶或洗尿布时总是扭来扭去；抱他时他又弓背又弯身；实际上是说“快把我放下，我有别的事情要做”。此时的宝宝已经有比较复杂的情绪了，高兴时会笑，不称心时会发脾气，父母离开时会害怕、恐惧。所以要注意不要在陌生人刚来时突然离开宝宝；也不能用恐怖的表情和语言吓唬宝宝；更不能把自己的情绪发泄在宝宝身上，对宝宝冷落、不耐烦、甚至打骂。要让你的宝宝在快乐中成长，你首先要保持一个良好的心态。

这个阶段是宝宝最爱交际的时候，他也许已经学会以伸手、拉人或发音等方式主动与人交往，一定要好好利用。比如可以带他去郊游，见各种各样的人；教他说“您好”，挥手说再见。当你出门或在旁边叫他时，他能意识到你在叫他的名字并把头转过去。当他需要妈妈抱时，不仅会发出声音，而且能有伸开双臂的姿势；当你真的抱起他时，他会高兴得大叫。

宝宝智能开发与训练

粗大运动训练

1.靠坐—独坐

每天经常让宝宝练习双手拉着你的两个手指坐起来，用枕头等垫着宝宝的背部使其靠坐，在宝宝能较稳的靠坐后，逐步移走后边的靠垫。把玩具放在够着处，让宝宝坐着玩一会儿。每次时间不宜太长，开始5～10分钟，每天练习3～4次。

2.翻滚

在平坦不太软的床上，或地上铺席子或塑料地板块，宝宝先仰卧，用一件新鲜的有声有色的玩具吸引他的注意力，引导他从仰卧变为侧卧、俯卧，再从俯卧转成仰卧。让宝宝翻身打滚，但要注意安全。

3.打转

让宝宝俯卧床上，家长用玩具在宝宝一侧引诱。这时宝宝会以腹部为支点四肢腾空，上肢想够取玩具，下肢也着急地摇动，身体在床上打转转。

4.练习跳蹲

家长坐在椅子上扶着宝宝腋下，让他站在家长的腿上，将宝宝提起、放下数次，锻炼宝宝小腿的支撑力，为站立打基础。

5.独站

在靠坐的基础上，让宝宝练习独站。家长可先给宝宝一定地支撑，以后逐渐撤去支撑，使其坐姿日趋平稳，逐步锻炼颈、背、腰的肌肉力量，为独坐自如打下基础。

6.试爬

让宝宝俯卧，家长先将手放在宝宝的脚底，利用宝宝腹部着床和原地打转的动作，帮助他向前匍行。进行一段时间的训练后，家长可在宝宝头部前方，用玩具不断跟随着宝宝的动作缓慢向前摇动，鼓励宝宝向前爬行够取玩具。

精细运动训练

1.抓取小东西

用手指抓小东西，可以锻炼指尖细小肌肉的协调动作，这是促进神经系统反应的必要条件。让宝宝练习用手抓东西，每天数次，抓取物体从大变小。选择小物品要以卫生安全为原则，以免宝宝误食。可以选小饼干、小米花等，即使吃了也会溶化变软。不能抓纽扣、硬豆或药片。抓取练习要持续数月，直到宝宝会灵巧捏取很小的东西为止。

2.玩具换手

通过玩具传手，练习手的技巧。

将宝宝抱成坐位，面前放一些彩色小气球等物品，玩具可从大到小。开始训练时，玩具放在宝宝一伸手就可拿到的地方，逐渐移到远一点的地方，让宝宝伸手去抓握。接着再给他下一个小彩球让他去抓，鼓励他继续伸手向远处抓取玩具，并学习将彩球从一只手转换到另一只手，从而培养宝宝手的灵活性。

3.抓扔玩具

让宝宝坐在桌旁，在桌子上摆数种玩具，家长一个接一个地将玩具塞进宝宝小手，当宝宝的两只手都握有玩具时，继续给他第三个、第四个……促使宝宝像“熊瞎子掰棒子”一样，扔掉一个玩具再拿一个玩具，不断练习抓握，增进手的灵活性。

4.咀嚼饼干促长牙

给宝宝1枚磨牙饼干，妈妈自己也拿1枚，用牙咬去一点儿，慢慢咀嚼。宝宝会模仿妈妈的动作，学着咬一小口，用牙龈去咀嚼。有些宝宝不会咀嚼，但咬下饼干会用唾液浸泡软后直接咽下。

锻炼咀嚼可使牙龈得到锻炼，又可吸口水，便于乳牙的萌出。且拿取小饼干，也可以锻炼宝宝抓握细小东西的精细动作。

认知能力训练

1.培养观察能力

在室内布置适合宝宝月龄、色彩鲜艳的画，逗引宝宝注意观察周围的环境，培养宝宝的观察能力。

2.扶奶瓶，自喂饼干

宝宝吃饭时，可以训练他自己用双手扶着奶瓶吃奶。两顿奶之间可以给宝宝一块软质饼干，放在他手里，鼓励他自己拿着吃，训练宝宝的握持能力。

3.训练定时睡眠和大小便

6个月的宝宝已经能逐步显示出最初的独立性，正是抓住时机培养他良好生活习惯的时候。家长要从养成早晨排便，定时定量喂养等习惯入手，培养宝宝的好习惯。

4.镜前游戏

抱宝宝到镜子前，让宝宝同镜中人笑，用手去摸镜中的自己;看到镜中人装模作样，宝宝会伸手到镜子后面，寻找躲在里面的人。宝宝在镜子前面会十分活跃，会对着镜子蹦跳。从镜中会发现爸爸进来了，或者奶奶进来了，宝宝有时会把头伸向镜子，头碰上了就大声笑，或者大声叫喊。经常让宝宝在镜前活动，让宝宝通过镜子探索新奇的事物，做出不同的表情。

宝宝经常照镜能使表情丰富，并为以后认识五官做准备。

语言能力训练

1.教宝宝听懂更多的话

这时期与宝宝说话仍然很重要，要让他懂得语言和很多动作和物品之间的联系。家长做动作时还要加上语言。在宝宝进食时说“宝贝！吃饭了”，“好好吃呀！”等等。在外出散步时，可以说“宝贝！狗来了”，“啊，花开得真好看呀！”妈妈在做家务时，可以将宝宝放在身旁，边做边解释说：“妈妈要晾衣服了，你在一旁好好等着。”

2.教物品名称

反复教宝宝认识他熟悉并喜爱的各种日常生活用品的名称，如起床时，可以教他认识小被子、衣服；喂奶时，教他认识奶瓶、手绢；坐小车时说“这是小车”等。教宝宝认识物品，结合当时的活动内容反复教，如给宝宝戴帽子外出，家长不仅拿帽子给他看，还告诉他“这是帽子，亮亮的帽子”。吃苹果时对宝宝说“这是苹果”。在玩耍时教宝宝各种玩具的名称。

这个时期，宝宝虽然不会说话，慢慢的他能听懂很多话，对日后语言发展有重要作用。

3.积极回应宝宝的发音

当宝宝发出语音时，爸爸妈妈要积极做出反应。当宝宝发出“mama”的语音时，妈妈要马上说“妈妈在这里”。最好能用手指着自己对宝宝说：“我就是你的妈妈。”做什么事情之前，都应该说“妈妈要干什么了”。让宝宝知道你就是他的妈妈，把语音和实际结合起来，宝宝会快速学会发音，并能很好地运用它。

4.唱儿歌做动作

让宝宝面对面坐在家长的膝盖上，家长与宝宝手拉手一面念儿歌《拉大锯》：拉大锯，扯大锯，姥姥家，唱大戏，爸爸去，妈妈去，小宝宝也要去。一面前后摇动，作拉锯样。念到“也要去”时让宝宝身体向后倾倒。以后每念到“也要去”时，家长不动，看宝宝是否将身体向后倾倒。

其他儿歌也可以配合动作，动作只在某一句上做同样的动作，但不能每句都做动作。6个月的宝宝只能学会一个儿歌做一个动作。

社会交往能力训练

1.捉迷藏

妈妈坐着，让宝宝面对面坐在腿上，妈妈一手扶着宝宝的髋部，一手扶着他的腋下保持平衡。爸爸在妈妈背后，让宝宝一只手抓住爸爸的手指，另一只手抓住妈妈的胳膊，爸爸先拉一下被宝宝抓住的手，当宝宝朝这边看时，爸爸从妈妈背后另一边突然伸出头来亲热地叫“宝贝”，当宝宝转头找到爸爸时，会笑出声来。这个游戏能使宝宝快乐和反应敏捷，增进亲子感情。

2.多让宝宝接触人

宝宝经过了对人的泛化认识后，逐渐有了分化的认识，开始出现怯生的表现，这是宝宝的进步。此时要多给宝宝接触人的机会，观察他对熟人、生人的不同反应，教会他对熟人用微笑或发音来打招呼，对生人逐渐适应。多与人友好交往，逐渐增加熟悉的人数，减轻他怯生反应的强度。

3.学会点头、摇头

让宝宝用点头表示“对”，用摇头表示“不对或不好”。

当家长做动作时要加上口头语言“对”或“不对”，宝宝就会渐渐学会模仿家长的表示方式。当宝宝要吃东西时，家长给宝宝拿好吃的，教宝宝点头，并说“对，对”。

然后拿另一种宝宝不喜欢的东西给宝宝，教他摇头并说：“不对，不对”。经过多次训练后，宝宝就会主动用点头表示“对”，摇头表示“不对”了。

4.学会伸双手求抱

家长要利用各种形式引起宝宝求抱的愿望，如跟宝宝说抱他上街、找妈妈、拿玩具等。抱宝宝前要向宝宝伸出双臂问他：“抱抱好不好？”以这样的形式鼓励宝宝将双臂伸向你。

5.骑马唱歌

把宝宝抱在膝上，面向前方，妈妈双手扶稳宝宝，让宝宝有骑在马上的感觉，一面唱着儿歌一面用腿按节拍上下抖动：

骑大马，骑大马；上高山，跨过河；咯噔咯噔，跨过河！

宝宝很喜欢这种有韵律的游戏，练习几次后，当听到“咯噔咯噔”时，身体便会做好准备，一听到“跨过河”时，会自动向高处一跃，配合妈妈的动作。诵唱其他的童谣也可以使宝宝配合做动作，帮助宝宝懂得童谣的韵律，记住在某几个音节出现后会有一个有趣的动作。宝宝会以那几个音节作为动作的征兆，主动去配合童谣的表演。

宝宝会坐了

从这个月开始，你会欣喜地发现，经过半年的精心养育，宝宝已经不再是当初那个整天睡觉的“懒宝宝”了，而是变成了非常活跃的“小淘气”。宝宝的肢体动作和活动能力大大增强，范围也在不断地扩大。大部分宝宝在这个月会坐了，并能弯腰捡起自己丢下的玩具。

宝宝体格与智能发育

体格发育指标

男宝宝	女宝宝
身长：65.5～74.7厘米，平均70.1厘米	身长：63.6～73.2厘米，平均68.4厘米
体重：6.9～10.7千克，平均8.8千克	体重：6.4～10.1千克，平均8.30千克
头围：42.4～47.6厘米，平均45.0厘米	头围：42.2～46.3厘米，平均44.3厘米
胸围：40.7～49.1厘米，平均44.9厘米	胸围：39.7～47.7厘米，平均43.7厘米
囟门：前囟2×2厘米	囟门：前囟2×2厘米
牙齿：长出0～4颗	牙齿：长出0～4颗

运动能力发育

7个月的宝宝能独坐了，如果你把他摆成坐直的姿势，他将不需要用手支持而仍然可以保持坐姿。宝宝从卧位发展到坐位是动作发育的一大进步。当他从这个新的起点观察世界时，他会发现用手可以做很多令人惊奇的事情。

现在宝宝翻身已经相当灵活了，并有了爬的愿望和动作，这时父母可以推一推宝宝的足底，给宝宝一点向前爬的外力，帮助宝宝体会向前爬的感觉和乐趣，为以后的爬打下基础。

身体技能发育

宝宝会用双手同时握住较大的物体，两手开始了最初的配合。抓物更准确了，最让妈妈爸爸感到惊奇是，宝宝能把一个物体，从一只手递到另一只手，这可是一个大的进步。

宝宝能够自己用手拿着奶瓶，把奶嘴放到口中吸吮。当宝宝不高兴时，不喜欢手里的东西时，会把它扔掉，开始了自主选择。

认知能力发育

现在的宝宝喜欢看周围的环境，但更爱看妈妈、食物、玩具等和自己有关的事物，并能较长时间注意事物，能辨别不同的事物。对陌生人表现出惊奇，大眼睛一眨不眨地盯着陌生人，也会表现出不快，还可能把脸和身体转向妈妈。看到吃的能认识，这时妈妈就应该告诉宝宝什么是能吃的，什么是不能吃的，宝宝就不会把什么东西都放进嘴里啃了。

此时的宝宝，玩具丢了会找，能认出熟悉的事物。听到自己的名字时会有反应。能跟妈妈打招呼了，会自己吃饼干了，出现了认生的行为，对许多东西都会表现出害怕。能够理解简单的词义，懂得大人用语言和表情表示的表扬和批评；能记住离别1周的3～4个熟人；会用声音和动作表示要大小便。

这个月的宝宝有了深度知觉，如抓取物体，感觉它的形状、大小；啃一啃，感觉它的软硬、味道。宝宝把握在手里的东西，摇一摇，听一听它的声音；用手掰一掰，拍一拍，打一打，晃一晃，摸一摸，认识这种物体。宝宝对已经会的能力，不再感兴趣了，而对刚刚学会的，或还没有学会的非常感兴趣。对新鲜事物感兴趣，有探索精神。

语言能力发育

此时家长参与宝宝的语言发育过程更加重要，这时他能独坐了，并开始主动模仿说话声，在开始学习下一个音节之前，他会整天或几天一直重复这个音节。能熟练地寻找声源，听懂不同的语气、语调表达的不同意义。

现在他对家长发出的声音的反应更加敏锐，并尝试着跟家长说话，因此要像教他叫“爸爸”和“妈妈”一样，耐心地教他一些简单的音节诸如“猫、狗、热、冷、走、去”等词汇。尽管至少还需要 1 年以上的时间，你才能听懂他咿呀的语言，但周岁以前宝宝就能很好地理解你说的一些词汇。

情感和社交能力发育

7个月的宝宝已经能够区分亲人和陌生人了，看见看护自己的亲人会高兴，从镜子里看见自己会微笑，如果和他玩藏猫儿的游戏，他会很感兴趣。

这时的宝宝会用不同的方式表示自己的情绪，如用哭、笑来表示喜欢和不喜欢。这个时期的宝宝能有意识地较长时间注意感兴趣的事物，宝宝仍有分离焦虑的情绪。

宝宝智能开发与训练

粗大运动训练

1.独坐

让宝宝坐在硬床上，不给予支撑，让宝宝自己独坐，锻炼宝宝颈、背、腰的肌肉力量。

2.坐稳

让宝宝坐在床上，在他的旁边放几个小玩具，宝宝能用双手去摆弄玩具而不需要用手支撑身体。妈妈在宝宝身后跟宝宝说话，引导宝宝转动头和身体去看妈妈，爸爸在另一侧用玩具引逗，又使宝宝的头和身体转向另一侧。如果宝宝的头和身体向两侧转动之后仍能不失重心，则说明宝宝坐着的稳定性良好。

能坐稳的宝宝可以更方便地获取信息，从视听、手摸、嘴啃、脚踢等多方面去认识事物，所以认识事物的范围和深度比以前更大。所以7～12个月宝宝的认知、语言、与人交往能力都发展得很快。

3.练习爬行

爬行是代表宝宝智能发展的重要动作之一，通过爬行可以锻炼宝宝的全身肌肉，扩大其视野并提高宝宝脑的统合能力。让宝宝俯卧并将宝宝喜欢的玩具放在前方，鼓励宝宝用力向前爬行去取玩具。必要时家长可以用手轻推宝宝的脚掌给予协助。

4.翻身—连续翻滚

让宝宝平卧，用鲜艳带响声的玩具在宝宝的一侧摇响，逗引他去取，当宝宝试图取玩具时，家长可以将其胳膊轻轻推向有玩具的一方，帮助宝宝翻身抓住玩具。在此基础上还可以逐步训练宝宝连续翻滚。

精细运动训练

1.拿起放下

现在宝宝能准确抓握玩具，并将玩具倒手。为了让宝宝玩的东西更多，可以训练宝宝拿起一个玩具，放下一个。这一般有个过程，开始宝宝不会有意识地撒手放下东西，可能只是随便地张手将玩具扔掉。这时家长可以示范拿起、放下的动作，并反复强调“放下”，教宝宝模仿，训练宝宝把东西放在不同的位置上。如放在桌上、放在某某人手中、放进小筐里等等。

2.捏取

继续给宝宝一些小物品，让宝宝练习捏取。此时他会用拇指与其他指对在一起去捏，开始动作可能较笨拙，每天让他多练习几次，慢慢的他就会用拇指与食指相对准确地将小物品捏起。这个阶段一定要注意，不要让宝宝捏到一些硬物，特别要防止宝宝误食造成危险。

3.培养对敲、摇动能力

选用不同质地和形状的带响玩具，让宝宝一手拿一个。如左手拿块方木，右手拿带响的塑料玩具，家长示范和鼓励宝宝拿玩具对敲，然后更换不同质地和不同形状的玩具，鼓励他继续对敲，通过接触这些不同质地和形状的玩具培养宝宝手的灵活性，全面开发宝宝手的功能。

认知能力训练

1.寻找东西

宝宝会坐、会爬后，活动的范围更大了，好奇心和探索能力也增强了。此时家长可以和宝宝玩寻找东西的游戏。可以先将有趣的玩具让他玩一会儿，然后当着他的面将玩具藏在你的身后或遮盖起来，再引诱宝宝寻找，找到后要赞扬他，鼓励他再玩。这不仅使他对物体有了整体的认识，初步理解物体的永恒性，而且在玩的过程中培养了他的好奇心和乐于探索的精神。

2.听音找物

给宝宝看一些形象逼真的玩具和图片，告诉他名称并逗引他用眼睛去寻找，用手去指。反复练习，可促进宝宝听、视觉和动作的协调发展。

3.教宝宝认识手

教宝宝与人握手，告诉宝宝“伸手”，并引导宝宝伸出手来同人相握。如果宝宝知道在妈妈说“手”时伸手，就表示他已经认识手了。如果宝宝不知道，可以多练习几次，让宝宝认识手。

4.训练宝宝表示便意

宝宝如果有大小便时，没有经过训练的宝宝往往没有任何表示或发愣，停止活动后即拉出大小便。而如果妈妈在把大小便时，嘴发出声音，如小便时

“嘘”、大便时“嗯”，并反复练习，那一段时间后宝宝也会通过发声加上动作来表示便意。

这个训练主要是让宝宝学会自理，先要在便前作出表示，同时要自己控制，等待妈妈把持后才排泄。在训练的过程中要多表扬宝宝。

5.声音游戏

录制生活中常听见的各种声音，如汽车喇叭声、铃声、水声、钟声以及各种动物的叫声，播放的同时抱宝宝去观察、认识各种相应的实物或物品图片。还可以播放宝宝自己的哭声以及别的宝宝的哭声，观察宝宝的反应。

这个游戏可以发展宝宝听觉的灵敏度，即对声音精细的分辨力，同时也逐渐让宝宝在不同的声音与事物间建立联系。

6.认物和找物

将3～4种玩具放在宝宝能够得着的地方。家长说：“给我娃娃，给我小车”等，让宝宝找相应的玩具递给家长。如果宝宝还未听明白，或者不知道玩具的名称，家长可以把玩具拿给他，告知他名称，再让他拿给家长。以后游戏可以扩展为取物品、取食物等，使宝宝认物范围不断扩大。

语言能力训练

1.练习发音

经常训练宝宝发音，如让宝宝叫“爸爸”、“妈妈”，说“拿”、“打”、“娃娃”等。父母要多和宝宝说话，多引导他发音，尽量扩大宝宝的词汇量，在日常生活中训练宝宝理解语言的能力。

2.听音乐和儿歌

坚持每天给宝宝播放一些音乐，让宝宝听一些朗朗上口的儿歌，进一步开发宝宝的语言能力。

社会交往能力训练

1.用杯子喝水

宝宝吸吮是天生的本领，随着他的发育成长，牙齿也开始萌出。此时要逐渐减少用奶瓶吸吮的机会，训练他用杯子喝水。方法是拿一个透明的杯子，装水后可以看到液面。先由家长扶着喂宝宝喝水，同时教宝宝双手扶着杯子，家长在一旁协助，逐渐过渡到宝宝自己扶杯子喝水和喝奶。

2.学会与人交往

这阶段的宝宝还不会说话，但已经开始理解语言，要帮助他逐渐建立语言和动作的联系。这时要多跟宝宝交流，教宝宝学习与人交往。如爸爸要上班了，对宝宝说："再见"，同时，握住他的小手臂摆手表示再见。奶奶回家了，说："欢迎"，同时握住宝宝的两只小手拍拍。爷爷给宝宝拿来香蕉，要说："谢谢"，同时，握住宝宝的两手使其合在一起，上下摇动表示谢谢爷爷。

总之，在任何场合，都可以反复地教宝宝做这些经常交往的动作。慢慢的，宝宝会听懂妈妈的话，只要妈妈说："再见"，他会自动摆手；妈妈说"欢迎"，他会拍手；妈妈说"谢谢"，他也会做出相应的动作。每次做对时，家长要亲亲宝宝加以赞扬，以巩固这种语言与动作的联系。

3.理解"不"的含义

当宝宝把不该放在口中的东西如废电池、电器插头、火柴棍等拿到嘴边时，妈妈应用严肃的表情加上声音"不"，或者用手摆动叫宝宝不要放入。如果宝宝不明白，应该把他手里的东西拿过来，并说"不能吃，有毒"。有些宝宝听话，有些宝宝则会大哭，但无论如何，妈妈不能妥协，只要坚持，宝宝很快会明白"不"的含义，而且学会服从。这时应马上表扬，让宝宝懂得有些事可以做，有些事不能做。

妈妈要适当管教宝宝，不能让他随心所欲。如果不在宝宝能理会之前立一些规矩，宝宝就会发展成为不听话或者惯坏的宝宝。要宝宝学会抑制自己的行为，听从妈妈的意见对自己有益的。要在宝宝刚懂得"不"的含义时抓紧教育，否则等到宝宝养成一切都要我行我素的习惯再教育就有点迟了。

宝宝匍匐前进

8个月的宝宝能够自如翻滚，并开始学习爬行了，行动的自由使他的活动天地一下子变大了，从被动地坐着，发展到主动地扩展活动领地，这对宝宝的身心发展无疑是一个很大的飞跃。8个月的宝宝好奇心和模仿欲都很强，他常常会目不转睛地盯着身边的人和手中的物品，一心一意地模仿。

宝宝体格与智能发育

体格发育指标

男宝宝	女宝宝
身长：66.5～76.5厘米，平均71.5厘米	身长：65.4～74.6厘米，平均70.0厘米
体重：7.1～11.0千克，平均9.1千克	体重：6.7～10.4千克，平均8.6千克
头围：42.5～47.7厘米，平均45.1厘米	头围：42.3～46.4厘米，平均44.4厘米
胸围：41.0～49.4厘米，平均45.2厘米	胸围：40.1～48.1厘米，平均44.1厘米
囟门：前囟2×2厘米	囟门：前囟2×2厘米
牙齿：长出0～4颗	牙齿：长出0～4颗

运动能力发育

坐得很稳了 8个月的宝宝可以在没有支撑的情况下坐起，且坐得很稳，可以独坐几分钟，还可以一边坐一边玩，还会左右自如地转动上身，也不会使自己倾倒。尽管他仍然不时向前倾，但能用手臂支撑。随着躯干肌肉逐渐增强，最终他将学会如何翻身到俯卧位，并重新回到直立位。现在他已经可以随意翻身了，一不留神他就会翻动，可由俯卧位翻成仰卧位，或由仰卧位翻成俯卧位。所以在任何时候都不要让宝宝独处。

匍匐爬行 此时的宝宝已经达到新的发育里程碑——爬。刚开始的时候宝宝爬有三个阶段，有的宝宝向后倒着爬，有的宝宝原地打转，还有的是匍匐向前，这都是爬的一个过程。等宝宝的四肢协调的非常好以后，他就可以立起来，头颈抬起，胸腹部离开床面，用手和膝盖在床上爬来爬去。

身体技能发育

8个月的宝宝基本上已经可以很精确地用拇指和食指、中指捏东西了，他会对任何小物品使用这种捏持技能。如果你演示给他看，他甚至会做捏响指的动作。手眼已经能够协调并联合行动，无论看到什么都喜欢伸手去拿，能将小物体放在大盒子里去，再倒出来，并反复地放进、倒出。在摆弄物体的过程中，逐步提高了对事物的感知能力，如大小、长短、轻重。宝宝的手变得更加灵活了，会使劲用手拍打桌子，对拍击发出的响声感到新奇有趣，能够伸开手指，主动地放下或扔掉手中的物体，而不是被动地松手，即使大人帮他捡起来，他又会扔掉。

宝宝能够同时玩弄两个物体，如把小盒子放进大盒子里，用小棒敲击铃铛，两手对敲玩具等。会捏响玩具，也会把玩具给指定的人。用手指抓东西吃。将东西从一只手换到另一只手。不论什么东西在手中，都要摇一摇，或猛敲。此时的婴儿各种动作开始有意向性，会用一只手去拿东西。

认知能力发育

8个月的宝宝对看到的东西有了直观的思维能力，如看到奶瓶就会与吃奶联系起来，看到妈妈端着饭碗过来，就知道妈妈要喂他吃饭了。这是教宝宝认识物品名称并与物品的功能联系起来的好机会，妈妈要帮助宝宝不仅知道这个

叫什么，还要知道这个是干什么的，这对婴儿智力开发有很大的促进作用。

通过游戏活动，宝宝会逐渐理解一种物品被另一种物品挡住了，那种物品还存在，只是被挡住或蒙上了，这是认识能力的一次飞跃。

开始有兴趣、有选择地看东西，会记住某种他感兴趣的东西，如果看不到了，可能会用眼睛到处寻找。开始认识谁是陌生人，谁是熟人。陌生人不容易把宝宝抱走。

此时的宝宝对周围的一切都充满好奇，但注意力难以持续，很容易从一个活动转入另一个活动。对镜子中的自己有拍打、亲吻和微笑的举动，会移动身体拿自己感兴趣的玩具。

语言能力发育

宝宝从早期的发出咯咯声，或尖叫声，向可识别的音节转变。他会笨拙地发出“妈妈”或“拜拜”等声音。当你感到非常高兴时，他会觉得自己所说的具有某些意义，不久他就会利用“妈妈”的声音召唤你或者吸引你的注意。在本阶段，他每天说“妈妈”仅仅是为了实践说词汇，他还不明白这些词的含意，还不能和自己的爸爸、妈妈真正联系起来。有了这样的基础，不需要多长的时间，宝宝就能够真正地喊爸爸妈妈了，最终他会在想进行交流时才说。

这一阶段的婴儿，明显地变得活跃了，发音明显地增多。当他吃饱睡足情绪好时，常常会主动发音，发出的声音不再是简单的韵母声“a、e”了，而出现了声母音“pa、ba”等。还有一个特点是能够将声母和韵母音连续发出，出现了连续音节，如“a-ba-ba、a-da-da”等，所以也称这月龄阶段的宝宝的语言发育处在重复连续音节阶段。

宝宝还能模仿咳嗽声、舌头“喀喀”声或咂舌声。宝宝能对熟人以不同的方式发音，如对熟悉的人发出声音的多少和高兴情况与陌生人相比有明显的区别。他也会用1~2种动作表示语言。

除了发音外，宝宝在理解大人的语言上也有了明显的进步。他已能把妈妈说话的声音和其他人的声音区别开来，可以区别大人的不同语气，如大人在夸奖他时，他会很高兴，听到大人在责怪他时，他会很沮丧。还能“听懂”大人的一些话，并能作出相应的反应，如大人说“爸爸呢”，婴儿会将头转向爸爸，对婴儿说“再见”，他就会作出招手的动作，表明婴儿已能进行一些简单的语言交往。

情感和社交能力发育

如果对宝宝十分友善地说话，他会很高兴；如果你训斥他，他会哭。从这点来说，此时的宝宝已经开始能理解别人的感情了。喜欢让大人抱，当大人站在宝宝面前，伸开双手招呼宝宝时，宝宝会发出微笑，并伸手表示要抱。

宝宝智能开发与训练

粗大运动训练

1.连续翻滚

让宝宝躺在柔软、平整的垫子上玩，妈妈把小球或小车从宝宝身边推出一小段距离，让宝宝去够取。宝宝会将身体翻过去但仍够不着，妈妈指着小球或小车说：“滚过来”，宝宝就会再翻360°去够取。熟练练习后，宝宝就会非常灵活地连续翻滚。

宝宝用连续翻滚的办法来移动身体，够取远处的玩具，不必依靠妈妈帮忙，会感到兴奋和自豪，连续翻滚可以使宝宝动作更灵敏，全身活动更协调，又能为匍匐爬行作准备。

2.爬行

爬行是运动发展过程中的一个重要阶段，是一种极好的全身运动。爬行能使全身各个部位都参与活动，锻炼肌力，为站立和行走做准备。当宝宝爬行时，他需要昂首挺胸，上下肢支撑身体，动作要协调才能保持平衡。由于姿势的经常变换，还能促进小脑平衡功能的发展。爬行可以促进宝宝眼、手和脚协调运动，从而促进大脑的发育。

让宝宝俯卧，他会把头仰起，用手把身体支撑起来，此时，家长可以把宝宝的腿轻轻弄弯，放在他的肚子下面，再将宝宝喜欢的玩具放在前方，逗引和鼓励宝宝用力向前爬行去够取玩具。必要时家长可以用手轻推宝宝的脚掌或轻轻捅一下宝宝的臀部协助其爬行。

3.扶物站起

妈妈可以协助宝宝扶着小车上的栏杆“站”在小车里。还可以协助宝宝扶着椅子的扶手、沙发的扶手或者用床上被垛支撑自己努力站起来。

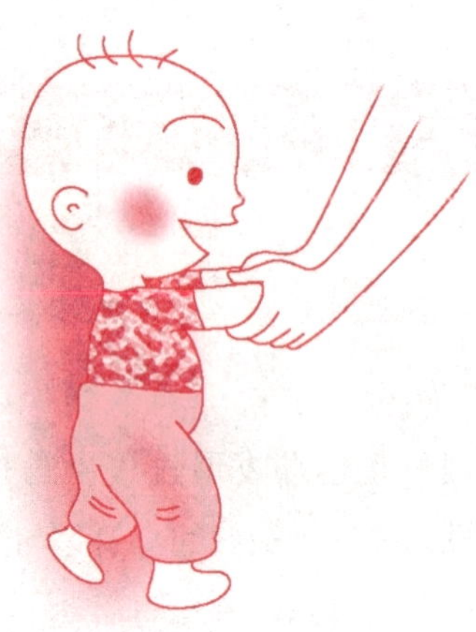

鼓励宝宝自己扶栏站起，用自己的力量改变体位，扩大视野。通过扶栏站起可以锻炼胳膊的力量，也可以锻炼腰和腹肌的力量。同时使宝宝产生自信，学会用自己的力量去改变自身的状况。

4.挪动脚步

在活动扶栏内挂些玩具，然后将宝宝放在扶栏内，让宝宝在扶栏下主动站立起来的基础上，跟随着栏内慢慢移动的玩具，练习挪动脚步。

5.藉物迈步

将家里的凳子排成一排，每张凳子相距30厘米，协助宝宝扶着凳子迈步，伸出胳膊扶着一张张凳子走过去。

宝宝能扶物站立，练习迈步，是学走的第一步。双脚练习，宝宝用单腿支撑体重，并且练习站立平衡，为独走作准备。这种练习比学步车更能锻炼宝宝的身体平衡能力，也更为安全，健康。

精细运动训练

1.指拨玩具，练习手指动作

让宝宝坐着，家长用手把住宝宝的食指，教他拨弄玩具，如小转盘、小按键、算盘珠子等，使玩具转动或发出声音，引起他拨弄的兴趣。也可以自己做一个练习抠洞的硬纸盒，纸盒上面贴上有趣的图画，在上面挖一个个小洞，让宝宝用手指抠洞玩。

2.培养拇、食指对捏能力

这一时期是宝宝探索事物的萌芽期，更是发展拇、食指对捏动作的关键时期。

训练拇、食指对捏首先从练习捏取小的物品如小糖豆、大米花等入手，每天可训练数次。训练拇、食指对捏时，家长一定要陪宝宝一起玩，以免他将这些小物品塞进口中、鼻中发生危险。

认知能力训练

1.欣赏大自然

父母抱着宝宝或推着童车，带着与宝宝共同欣赏大自然的舒畅心情，一起慢悠悠地散步。在这种良好的自然环境中散步，既有利于宝宝的健康，又可以提高宝宝的认知能力。

2.指鼻子，认识五官

家长抱着宝宝站在镜子前，把着他的小手指他的鼻子说："宝宝，这是鼻子"，然后再把着他的小手，指家长的鼻子，让宝宝模仿。如果指对了，就亲一下说："对！宝宝真聪明！"学会指鼻子后，再指眼睛和嘴巴，一样一样的学，一次学一种。

3.认图识物

宝宝情绪愉快时，可以给他出示一些色彩鲜艳，图像清晰的动物、水果、人物等图片。每次只给一张，不要一次给太多，经过多次的练习，在宝宝确实认识后，再给宝宝添加新的图片。

4.拉绳取物

用不同颜色的线分别绑住四五个彩色积木（红、黄、蓝、绿、紫），把积木放在远处，线放在宝宝身边。妈妈先用手拉红线，就能取到红积木。多次示范后，让宝宝自己拉取积木。

通过示范让宝宝认清不同的颜色，亲看清线与积木的关系，知道自己不必爬过去，就能牵线取物。

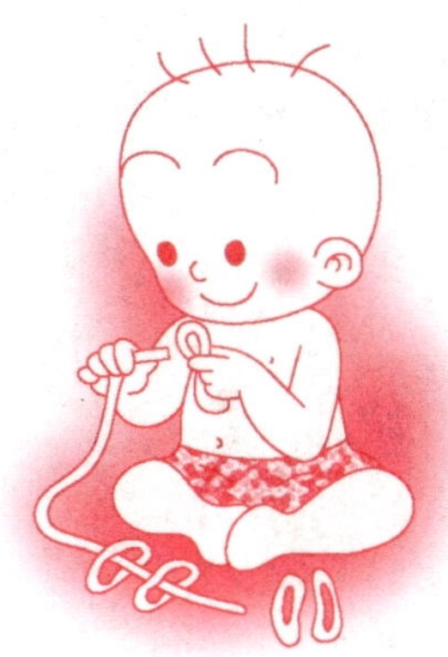

5.穿鞋认脚

给宝宝买了新鞋子，宝宝十分欢喜。当妈妈问："新鞋子呢？"宝宝会伸出一只脚去看新鞋。有时鞋子掉了，妈妈问："鞋子到哪去了？"宝宝会转头去找，因为新鞋是其心爱之物，宝宝会伸出脚让人再把新鞋穿上。

让宝宝认识鞋和脚，同时学会"伸出脚来"的动作。

语言能力训练

1.将音与人和物联系起来

家长每天跟宝宝聊天，发出“爸爸、妈妈、娃娃和拍拍”等音节，让宝宝看着你的口型模仿，发音的同时指相应的人和物，或同时做出动作。如玩娃娃时，说：“拍拍娃娃睡觉。”“拿拿”，伸手取东西。“咳咳”时，咳嗽几声。有的宝宝当听到“怎么咳嗽呀？”时，他会发出咳嗽声。

2.碰碰头

面对你的宝宝，扶着他的腋下，用自己的额部轻轻地触及宝宝的额部，并亲切愉快地呼唤他的名字说：“碰碰头”。重复几次后，当你说“碰碰头”时，他就会把头凑过来，并露出笑容。

3.模仿发音，理解语言

继续练习模仿发音，让宝宝掌握一些有意义的名词如“爸爸”、“妈妈”之类的称呼，和一些简单的动词如“坐”、“走”、“站”等。在指引他模仿发音后要诱导他主动地发出单字的辅音。并通过语言和示范的动作配合，教宝宝理解更多的词汇与语言。

4.给宝宝讲故事

买一些构图简单、色彩鲜艳、故事情节单一、内容有趣的宝宝画册，在宝宝有兴趣时，指点画册上的图像，一边翻看，一边用清晰、缓慢、准确的语调声情并茂地给他讲故事。

社会交往能力训练

1.禁止意识训练

喂宝宝吃东西时，可以握着宝宝的手靠近容器的外壁，让宝宝知道“烫”的感觉并告诫“烫，不能动”，从而懂得不能用手去摸烫的碗。新买来的积木用大蒜在上面擦几下，让宝宝闻一闻，告诉“辣，不能吃”，重复几次，宝宝就不会再把积木放到嘴里啃。让宝宝学会保护自己，抑制自己的行为。

2.观察模仿家长的行为

家长要经常有意地在宝宝面前做一些事情，引导宝宝去观察。如跟宝宝说："宝宝看，爸爸在干什么？""妈妈在擦桌子呢！"让他通过观察，了解和模仿家长的各种行为。

3.传物游戏

妈妈拿着一件宝宝最喜欢的玩具，然后告诉宝宝"把你手中的苹果给妈妈，妈妈把玩具给你好吗？"，这样宝宝会很乐意用苹果换回自己喜欢的玩具。或全家人围在一起，把小车推过去，让宝宝递给爸爸；把小球滚过去，让宝宝传给妈妈。依此类推。如果宝宝做对了，就抱起来亲亲，夸奖一下。

让宝宝练习把东西递给指定的人。同时让他知道，把自己的东西递给别人，自己还会得到另一样新东西，从而建立起交换的概念，让宝宝学会与人分享自己的东西。

4.手语示意

这个阶段的宝宝，已经能够用双手拱起，上下运动，表示"谢谢"；小手摇摇，表示"再见"。每个宝宝的模仿动作表达意思的方式有所不同，但不断练习、重复就能学会。如"鼓掌"、"握手"、"不"、"好"等。

让宝宝学会用肢体动作表示自己的意愿和情绪，可以激发起宝宝与人交往的兴趣。

5.听音乐，跳跳舞

在家里播放节奏明快的乐曲，妈妈抱着宝宝，爸爸跟着节奏跳动，宝宝会感到非常开心。过一会儿，宝宝也会随着节奏开始扭动。

让宝宝的身体随节拍跳动，使宝宝欣赏和喜欢节拍。经常听音乐按节拍跳舞除了可以增强宝宝的节奏感，让宝宝动作更加灵敏外，还能培养宝宝活泼开朗的性格，受到音乐的陶冶。

生活逐渐规律化

9个月的宝宝，学会的“本领”已经很多了。这个阶段宝宝的生活也很有规律了，每天定时大便，按时吃东西。宝宝的时间观念加强了，会促进宝宝养成良好的生活规律。经过七八个月的活动期，此时的宝宝已经基本能坐、爬了，而且开始学站立了。

宝宝体格与智能发育

体格发育指标

男宝宝	女宝宝
身长：67.9～77.5厘米，平均72.7厘米	身长：66.5～76.1厘米，平均71.3厘米
体重：7.3～11.4千克，平均9.4千克	体重：6.8～10.7千克，平均8.8千克
头围：43.0～48.0厘米，平均45.5厘米	头围：42.5～46.9厘米，平均44.7厘米
胸围：41.6～49.6厘米，平均45.6厘米	胸围：40.4～48.4厘米，平均44.4厘米
囟门：前囟2×2厘米	囟门：前囟2×2厘米
牙齿：平均0～4颗乳牙	牙齿：平均0～4颗乳牙

运动能力发育

坐卧自如 9个月的宝宝不需要倚靠任何物体，就能很稳地坐比较长的时间。坐着时会自己趴下或躺下，而不再被动地倒下。

开始向前爬 宝宝的四肢运动还不协调，肚子开始离开床面向前，但有时仍会用肚子匍匐前进。

扶物可站起 宝宝扶着床头的栏杆可以站起，但不会自己向前迈步。9个月末，有的宝宝可以不用手扶着物体，独自站几秒钟。

身体技能发育

拇指和食指能捏起细小的东西。此时的宝宝会出现一个非常重要的动作，就是喜欢用食指抠东西，例如抠桌面，抠墙壁。会模仿妈妈拍手，但没有响声。能把纸撕碎，并放在嘴里吃。把宝宝抱到饭桌旁，宝宝会用两手啪啪地拍桌子。会拿起饭勺送到嘴里，如果饭勺掉下去了，会低头去寻找。宝宝还能拉住窗帘或窗帘绳晃来晃去。

认知能力发育

宝宝能记住自己看到的食物，并能充分反映出来。不但能认识爸妈的长相，还能认识爸妈的身体和穿的衣服。

开始能认识颜色了，妈妈不断教宝宝："这是红气球，这是黄气球，这是绿气球。"尽管婴儿对颜色的变化还不理解，也不能分辨，但能够记住颜色了，把不同颜色的气球放在不同的地方，妈妈问："红气球呢？"宝宝会把头转向红气球。"黄气球呢？"宝宝又会把头转向黄气球。

宝宝会有选择地看自己喜欢看的东西，如在路上奔跑的汽车，玩耍中的儿童，小动物，能看到比较小的物体了。宝宝非常喜欢看会动的物体或运动着的物体，比如时钟的秒针、钟摆，滚动的扶梯，旋转的小摆设，飞翔的蝴蝶，移动的小昆虫等等，也喜欢看迅速变幻的电视广告画面。

宝宝对性别有了初步的认识。如果总是爸爸抱着宝宝玩，宝宝就喜欢让和爸爸年龄差不多的男人抱。如果妈妈抱得比较多，宝宝就喜欢让和妈妈年龄差不多的女人抱。

此时的宝宝已经会随着音乐有节奏地摇晃了；能够认识五官；能够认识一些图片上的物品，例如他可以从一大堆图片中找出他熟悉的几张；会有意识地模仿一些动作，如：喝水、拿勺子在水中搅等；会配合穿衣；会与大人一起做游戏，如大人将自己的脸藏在纸后面，然后露出脸让宝宝看见，宝宝会高兴，而且主动参与游戏，在大人上次露面的地方等待着大人再次露面。

好奇心是宝宝智力发展的动力。这个阶段的宝宝对新奇的东西很感兴趣。当新异的事物出现时，他会做出重复的动作去认识它，如用手摸摸，用嘴啃啃。对已经存在的，玩了很长时间的东西会产生习惯反应，不再去注意它。即使是很漂亮的玩具，已经玩过多次后，就不爱玩了。你再给他，他就会扔掉。

相反，他会对一根新买回的小塑料绳很感兴趣，反复玩弄，拉一拉，咬一咬，玩得很起劲。由于宝宝喜欢新异的东西，好奇心驱使着他，什么都想摸摸、动动。看别人吃饭，要抢勺，抓碗；看见别人写字，也要拿笔；凡是他够得到的东西就会去拿和扔掉。遇到这种情况，不要去阻止他。因为宝宝就是通过这些活动去认识更多的事物，逐渐了解到“动作”和“结果”的联系，从而发展宝宝的认知能力。

语言能力发育

现在宝宝已经能够理解更多的语言，你的交流具有了新的意义。在他不能说出很多词汇或者任何单词以前，他可以理解的单词可能比你想象的多。

所以，你要尽可能多的与宝宝说话，告诉他周围所发生的事情，要让你的语言简单而特别，这样可以增加宝宝的理解能力。

无论你给他翻阅还是与他交谈，都要给宝宝充足的参与时间。提问并等待宝宝的反应，或者让宝宝自己引导。

此时他也许已经能用简单的语言回答问题；会做3～4种表示语言的动作；对不同的声音会有不同的反应，当听到“不”或“不动”的声音时能暂时停止手中的活动；知道自己的名字，听到妈妈说自己名字时就停止活动；并能连续模仿发声；听到熟悉的声音时，能跟着哼唱；会说一个字并表示以动作，如说“不”时摆手，“这、那”时用手指着东西。

情感和社交能力发育

9个月前的宝宝是坦率、可爱的，而且和你相处的非常好；9个月后的宝宝也许会变得紧张执著，而且在不熟悉的环境和人面前容易害怕。他之所以有这样的变化，是因为他有生以来第一次学会了区别陌生人与熟悉的环境。

对陌生人感到焦虑是宝宝情感发育旅程中的一个里程碑。即使是以前和宝宝相处得很好的亲人或小朋友，现在也会表现为躲藏或者哭泣，特别是在他们草率地接近宝宝时。这种情况是正常反应，你不必感到忧虑。

同时，他会对妈妈更加依恋，这是分离焦虑的表现。正如他开始认识到每一个物体都是独特而永恒的，他也会发现只有一个妈妈。当妈妈走出他的视野时，他知道妈妈在另一个地方，但没有与他在一起，这样会导致他更加紧张。他几乎没有时间概念，因此不知道你什么时候会走，或会不会回来。

等宝宝稍大些时，过去与你一起相处的记忆将在你离开时安慰他，他会期望和你重新团聚。情感分离通常在10～18个月期间达到高峰，在一岁半以后慢慢消失。不要抱怨他的占有欲，尽你的努力给他最多的爱。你的行动可以教授他如何表达爱并得到爱，这是他在未来许多年赖以生存的感情基础。

宝宝智能开发与训练

粗大运动训练

1.扶站—独站

宝宝越来越不安分了，他已经不愿意总是一个姿势或总在一个小范围内活动。这时可以给宝宝准备一些活动场所，如带栏杆的小床、活动圈，或是沙发前、床前空出一块地方，让宝宝扶着或靠着物体练习站立。开始他可能像个不倒翁，摇摇摆摆，家长可以在他的两侧用些力扶着他站好，并鼓励他练习独自站立片刻。或者，开始时训练宝宝稍靠着物体站立，以后逐渐撤去作为依靠的物体，让宝宝练习独自站立，哪怕只是片刻。但注意一定要保护好宝宝，以免摔倒而影响下一次的练习。

2.扶着坐下

在宝宝处于扶站姿势时，可以有意识地把一些玩具放在他的下面，鼓励宝宝坐下去拿，这需要宝宝手与身体的稳定配合动作。开始宝宝可能是一下子摔坐下去，要注意保护好，逐渐地训练宝宝自己慢慢地坐下去取东西。

3.自由活动

给宝宝准备一块安全自由活动的地方，最好在地上靠床边或沙发边铺好垫子。先让宝宝仰卧，用玩具逗引。由仰卧变为俯卧，再由俯卧坐起，将玩具移开一段距离，让宝宝爬过去取玩具。以后锻炼使宝宝抓住床边站立起来。总之，在宝宝觉醒时鼓励宝宝自己活动，不要经常抱着，限制宝宝活动的机会。

4.拉起蹲下

家长站在宝宝的对面，握住宝宝的双手，拉起宝宝使他站立，再轻轻地让宝宝蹲下，这样来回运动。边做边说：“起立，蹲下”。

精细运动训练

1.训练拇、食指的对捏能力

本月继续训练宝宝拇、食指的对捏能力。从拇指食指抓取，发展至用拇指和食指相对捏起，每天可以训练数次。

2.捡小东西

在白色餐巾纸上放几片小馒头片，妈妈先捡起一片放进嘴里，说“真好吃”。宝宝也会用手去捡，如果用手掌不能拿到，宝宝会模仿妈妈的样子，用食指和拇指去捡。

这个游戏可以锻炼宝宝用食指和拇指捏取细小物体的能力。

3.投物进容器

在宝宝能有意识地将手中的玩具放下的基础上，训练宝宝将手中的一些小物品投入到一个大容器中，比如将彩球投入到小盆或小桶中，将木块放进小盆子里。也可以选择一些带孔的玩具，让宝宝将一些小东西从孔洞中投入，将小米花放进小瓶子里等。

4.放入和取出

在宝宝面前放一个广口瓶或杯子，另外，将一块小方木放在宝宝手中。家长先示范，将方木投入瓶或杯子内，然后鼓励宝宝将方木从瓶或杯子内取出。让宝宝连续练习几次放入和取出。

认知能力训练

1.认图、认物，命名要正确

为了使宝宝建立准确的词语概念，可以教宝宝认识各种玩具，如在玩具堆里挑出电话或小鸭子等。但是仅仅指认和说出自己生活中的物品是有限的。这时，可以通过教宝宝认图来认识事物，从而增加认识事物的品种。作为认图教材上的图像，要形象真实、准确、色彩鲜艳、图画单一清晰。

每天让宝宝只指认几种动物和物品，每天1～2次，每次时间不宜太长。让宝宝留下印象，反复练习，逐渐积累。也可以用多个小动物模型玩具和实物与图像对着辨认。宝宝认识几种图片后，家长翻开几张图片，教宝宝从中指出或取出家长所指的图片，譬如说“老虎在哪里”让宝宝在几张动物图片中，找出老虎来。

在家长准确词语指导下选出图片，是教宝宝认识事物的一种好方法，并为准确说出这些事物的名称打下基础。

要注意的是，家长一定要教宝宝准确的名称，如认识手表时，要教他“这是手表”，不要对着手表说：“几点钟了”。不要让宝宝误认为手表的名称是“几点了”。当然，你可以在教会他认识手表的名称后，再让他看看手表现在是“几点钟了？”，教会名称后，再教手表的用途。

教其他东西时也应该如此，首先教他认识东西的名称，再教东西的用途或特点等，避免宝宝将两者混淆。

2.认识身体部位

参照8个月所介绍的方法，让宝宝继续指认身体各个部位。学习和掌握这一行为模式，往往需要3～4个月时间。因此，家长要有思想准备，要有耐心，慢慢教，不能操之过急。

3.敲打手鼓

妈妈用手指敲打手鼓或者用棍子敲打空罐头盒发出响亮的声音，会引起宝宝的兴趣，并学着用手或棍子去敲打。这些声音是宝宝喜欢听的，宝宝会用不同的动作使不同的玩具发出声音，如果在玩小鼓时配上音乐，宝宝可以按节拍和妈妈一起敲打。

通过敲敲打打可以锻炼手的技巧，宝宝会知道要用手或小棍敲中鼓面才能发出声音。宝宝通过听音乐可以改进自己打鼓的技巧，使手、眼、耳互相协调而提升认知能力。

语言能力训练

1.学习听和说

9～10个月为宝宝学话萌芽阶段，这时语言能力的增长最快，是最善于模仿的时期，也是加紧进行语言训练的好时机。

父母要给宝宝提供最丰富的语言环境，也就是说要不断对宝宝说话，说话时要注意以下几点：

- 要面对面和宝宝说话。
- 要与宝宝说那些看得见的东西。
- 要说那些宝宝感兴趣的东西。
- 说某种东西时，要用手指给宝宝看。
- 要试图理解宝宝的话。
- 当宝宝说出1～2个词时，要抱抱或亲亲宝宝，表示赞扬，使他感到成功的乐趣。
- 要让宝宝经常保持愉快的心情。

2.模仿发音

父母可以每天多次用夸张的口形对宝宝说“爸爸”、“妈妈”，并每天在各种场景下让宝宝叫“爸爸”、“妈妈”。每个宝宝学会叫爸爸妈妈的时间并不相同，大多数宝宝懂话在先，开口在后。通过模仿父母的口型，练习咽喉肌肉的协调性，对宝宝发音和说话很有帮助。

3.讲故事，看反应

宝宝睡觉前，妈妈可以拿出一本有彩图、情节和一两句话的故事书给宝宝讲故事。开始时可以把着宝宝的小手边读边指图中的事物，你会发现宝宝的表情会随着书中的情节发生变化，时而着急，时而舒缓。一个故事可以反复地给宝宝讲，声音越来越小，直到宝宝完全入睡。

听故事是小儿发展语言和理解事物的好方法，宝宝听得越多就会懂得越多。以后边讲边问时，宝宝会用手指去指图中的事物，并回答问题。

社会交往能力训练

1.教宝宝懂礼貌

可以继续教宝宝一些与人交往的礼貌动作，如带宝宝出门玩时，就边把着宝宝的手挥动，边对宝宝说：”宝贝，我们出去玩了，快跟奶奶再见！”。用类似的方法教会宝宝一些与人交往的基本礼貌动作。

2.模仿家长动作

除了让宝宝主动模仿家长的动作外，还可以设计出一套包括拍手、摇头、身体扭动、挥手、踏步、踢腿等在内的动作，并配上儿歌给宝宝做示范，教宝宝学习。最后将这些动作串在一起，配上儿歌表演，培养宝宝观察和模仿的能力。

3.单独玩耍

让宝宝和自己的玩具单独玩，妈妈只在旁边做自己的事，如看书、玩电脑等。然后，妈妈可以离开宝宝的房间，去另一个房间呆会，让宝宝有一段时间看不见妈妈，仍能自己安心地玩。因为宝宝知道妈妈在家，只要有需要，妈妈就会出现，所以宝宝会把注意力集中在玩具上，安静地观察玩具，试着用不同的方法去摆弄玩具，或者将几种玩具摆在一起玩。妈妈可以记录下宝宝自己玩的时间，从两三分钟逐渐延长到20～30分钟。

让宝宝自己玩，把注意力转移到玩具上，学会用不同的摆法和方式使手的技巧得到进步，同时使宝宝的注意时间延长。学会独立玩的宝宝能通过自己的感官观察和感知外界事物，将兴趣从依恋妈妈转移到外界，为将来独立生活打好基础。

生活自理能力训练

1.学习用小勺吃饭

吃饭时宝宝很喜欢拿着小勺玩，这时，家长就要开始教宝宝自己用小勺吃东西。开始时，可以手把手地教他用小勺取些饭菜送进口中，宝宝都喜欢这样做，不要怕弄脏衣服或桌子。鼓励宝宝自己用勺吃一些东西，同时家长用另一个勺子帮助他吃饭，随后，再让他自己吃一些。

按这样的方式练习几个月，等宝宝长到1岁后就能自己吃饭了。如果完全依靠家长喂饭，有的宝宝到2岁时，还张嘴等着喂，不会自己动手吃饭。

2.大小便坐盆

宝宝这时能坐得很稳了，可以开始训练大小便坐盆。

将宝宝的便具放在一个易辨认的较固定的位置，定时带宝宝去坐盆。注意不要让宝宝坐盆的时间太长，如果这次坐盆没有解出大小便，可以过会儿再去坐盆。慢慢使他建立起这种行为模式。有了便意时，能主动表示，然后帮助他坐盆。应避免坐盆时喂食，也不要将便盆放在黑暗处。冬天便盆不要太凉，避免给宝宝带来不良的刺激。

3.主动配合穿衣

家长每天要给宝宝穿衣、脱衣和洗澡等，在宝宝有了一定活动能力并懂得一些语言的基础上，可以培养他的配合能力。

开始时，可以用游戏的形式，如穿袖子时家长说："宝宝把小手从洞里伸出来"，穿裤子时说："让小脚丫从山洞中钻出来"等等。教他穿上衣时主动伸手，穿裤子、袜子和鞋时，做到主动伸出脚来。洗澡时也能配合，高高兴兴地洗澡。

向直立行走迈进

第10个月是宝宝生命中的一个转折点，生理、心理和智力都会发生很大的变化。现在，他将从一个完全依赖他人的小婴儿，逐渐向幼儿发展。这个阶段的宝宝比其他任何时候，都更加需要父母的关爱和鼓励，因此，父母一定要有足够的耐心。

宝宝体格与智能发育

体格发育指标

男宝宝	女宝宝
身长：68.9～78.9厘米，平均73.9厘米	身长：67.7～77.3厘米，平均72.5厘米
体重：7.5～11.6千克，平均9.6千克	体重：7.0～10.9千克，平均9.0千克
头围：43.2～48.4厘米，平均45.8厘米	头围：42.7～47.2厘米，平均45.0厘米
胸围：41.9～49.9厘米，平均45.9厘米	胸围：40.7～48.7厘米，平均44.7厘米
囟门：前囟2×2厘米	囟门：前囟2×2厘米
牙齿：长出4～6颗乳牙	牙齿：长出4～6颗乳牙

运动能力发育

这个月龄的宝宝也是向直立过渡的时期，一旦宝宝会独坐后，他就不再老老实实地坐了，就想站起来了。刚开始时，只会扶着东西站着，双腿只能支撑大部分身体的重量。如果宝宝运动能力发育得好，还会扶着东西挪动脚步或者独站，不需要扶东西。宝宝可以拉着栏杆从卧位或者坐位站起来，双手拉着妈妈或者扶着东西可以蹒跚挪步。有的宝宝在这段时间已经学会一手扶物地蹲下捡东西。

身体技能发育

随着宝宝学会了随意打开自己的手指，他会开始喜欢扔东西。如果你将小玩具放在他椅子的托盘或床上，他会将东西扔下，并随后大声喊叫，让别人帮他拣回来，让他可以重新再扔掉。如果你向宝宝滚去一个大球，起初他只是随机乱拍，随后他就会拍打，并可以让球朝你的方向滚过去。

认知能力发育

10个月的宝宝开始会看镜子里的形象，有的宝宝通过看镜子里的自己，能意识到自己的存在，会对着镜子里的自己发笑。眼睛具有了观察物体不同形状和结构的能力，成为宝宝认识事物，观察事物，指导运动的有利工具。

宝宝可以通过看图画来认识物体，很喜欢看画册上的人物和动物。

宝宝学会了察颜观色，尤其是对父母和看护人的表情，有比较准确的把握了。如果妈妈笑，宝宝知道妈妈高兴，对他做的事情认可了，是在赞赏他，他可以这么做。如果妈妈面带怒色，宝宝知道妈妈不高兴了，是在责备他，他不能这么做。父母可以利用宝宝的这个能力，教育宝宝什么该做，什么不该做。但这时的宝宝还不具备辨别是非的能力，不能给宝宝讲大道理，否则会使宝宝感到无所适从。

如果宝宝打妈妈的脸，妈妈绝不能对宝宝笑，应该露出严肃的表情，以此告诉宝宝，打妈妈不好，打人不对。事情虽然简单，但宝宝会有深刻的印象。

此时的宝宝能够认识常见的人和物。他开始观察物体的属性，从观察中他会得到关于形状、构造和大小的概念。甚至他开始知道了哪些东西可以食用，哪些东西不能食用，尽管这时他仍然会将所有的东西放入口中，但只是为了尝试。遇到感兴趣的玩具，会试图拆开看里面的结构，体积较大的，知道要用两只手去拿，并能准确找到存放食物或玩具的地方。

此时宝宝的生活已经很规律了，每天会定时大便，心里也有一个小算盘，知道吃完早饭后就可以出去玩了。

语言能力发育

此时的宝宝可能已经会叫妈妈、爸爸了，能够主动地用动作表示语言。宝宝发出可识别词汇的年龄有很大的差异，有些宝宝周岁时已经学会了2～3个词汇，但可能性更大的是，宝宝周岁时的语言是一些快而不清楚的声音，这些声音具有可识别语言的音调和变化。只要宝宝的声音有音调、强度和性质改变，他就是在为说话作准备。

在他说话时，你反应越强烈，就越能刺激宝宝进行语言交流。开始能模仿别人的声音，并要求成人有应答，进入了说话萌芽阶段。在成人的语言和动作的引导下，能模仿成人拍手、挥手和摇头等动作。

情感和社交能力发育

随着宝宝的长大，宝宝的自我概念变得更加成熟了，他会见陌生人和与你分离时几乎没有障碍，他自己也将变得更加自信，喜欢被表扬。喜欢主动亲近小朋友。以前你可能在他舒服时指望他能听话，但是现在通常难以办到，他将以自己的方式表达需求。当他变得更加活跃时，你会发现你经常要说不，以警告他远离不应该接触的东西。但是即使他可以理解词汇以后，他也可能会根据自己的意愿行事，你必须认识到这仅仅是强力反抗将要来临的前奏。

在这个阶段，宝宝可能会表现出害怕他以前学步时曾经适应的物品或情况的现象。宝宝还会特别害怕黑暗，以及打雷和吸尘器的声音。

宝宝智能开发与训练

粗大运动训练

1.扶站和迈步

让宝宝扶着沙发或横排椅子站起，然后用小车或滚球，诱导他迈步去够取玩具。

2.蹲下捡物

让宝宝扶栏蹲下捡物，再次站立起来。进而要求宝宝单手扶栏站立，再蹲下捡物，再站立。有时玩具移动需要迈步才能捡起。家长可以先放一些不动的玩具，让宝宝蹲下捡到，成功后，再放一些滚动玩具，使他扶着迈步去取。

3.独站

用双手扶在宝宝腋下，帮助宝宝站稳后，家长双手慢慢收回，训练宝宝独站，也可以让宝宝靠着栏杆或者靠墙站立片刻，然后练习在没有栏杆的条件下独站。

4.站起—坐下—翻滚

把宝宝放在活动栏内，训练他从坐位扶栏杆到主动站起，再扶栏杆蹲下去捡拾玩具并坐下，最后从坐位躺下成俯卧位，接着训练宝宝翻身打滚。

5.做主动体操

训练宝宝做主动体操，锻炼全身肌肉，提高关节灵活性。

6.大手拉小手起步走

先看宝宝是否能一手扶家具向前走，如果能，表示宝宝身体能够平衡，可以开始牵着宝宝的双手向前走步。如果宝宝仍然双手扶着家具横跨，牵手走步要等到下个月才能开始练习。

双手牵着走有两种走法：一种是妈妈与宝宝方向一致，宝宝在妈妈前面，两人同时迈右腿再迈左腿；另一种方法是两人相对，妈妈牵着宝宝双手，宝宝向前，妈妈后退。宝宝喜欢面对妈妈，两人相对的走步会让宝宝学得更加放心。最好一边走一边数数：1、2、3、4，如同跳舞那样练习，宝宝既练了走步，又听熟了数数。

宝宝的双手被妈妈牵着走会举起，必须身体自身保持平衡才不会摔倒。这种练习可以让宝宝保持自身的平衡，学会稳步地行走。每天练习1～2次，每次练3～5分钟即可。

精细运动训练

1.翻书页看画册

在宝宝情绪好的时候，可以给他看简单的画册，如动物、人物、家具等画面。妈妈把宝宝抱在膝盖上，指着画面说：“这是狗，那是猫”，以引起宝宝的看画兴趣。当宝宝能自己翻书时，可让他自己去翻，如果有几张连在一起，也不要紧。可以让他一口气翻完一本画册。当他翻到一页停下来时，可以指给他看书上的画。这时他也会学妈妈的样子指着小动物，妈妈还可以教宝宝模仿动物的叫声。

2.打开瓶盖

将一个带盖的塑料瓶放在宝宝面前，家长先示范打开瓶盖再合上盖子，然后让宝宝练习只用拇指和食指将瓶盖打开再合上的动作。

3.拾物入瓶

把钙片倒在纸巾上，妈妈先示范一片片地把钙片捡入瓶中，然后让宝宝用食指和拇指将钙片逐片放入瓶中。妈妈和宝宝比赛，看谁捡得快。宝宝放一片妈妈数1，放两片妈妈数2，看看宝宝能放进去几片。

练习用食指和拇指捡细小的东西，放入口径较小的瓶中，以锻炼准确松开手指的能力。宝宝放一个妈妈数一个，有赞美宝宝真棒的意思，让宝宝在心中跟着数，顺便练习数1、2。

认知能力训练

1.学玩乐器，理解事物间的联系

教宝宝打击乐器玩，如小木鱼或小鼓，开始敲不准确，逐渐能敲出声音。也可以学吹小喇叭。宝宝通过自己的手或嘴，知道用力大，声音就大；用力小，声音就小。并能用手拨弄和探索玩具的构造。

2.用手指表示1岁

家长问宝宝：“你几岁了？”然后教他竖起食指表示1岁，通过这种方式让他建立最原始的数的概念。当宝宝明白怎样表示自己1岁后，可以变换对象，继续强化他关于1的概念，如让宝宝理解1个苹果、1块饼干、1个玩具的概念。

3.继续识图认物

参照9个月时所介绍的方法继续教宝宝识图认物。

4.吃蛋糕，识大小

将一块直径5～6厘米的完整蛋糕放在盘子上，旁边放一块切下1／4的蛋糕。给宝宝洗净小手，把盘子放在宝宝面前，让他“拿小的”，看看宝宝的反应。多数宝宝不听从命令而直接拿大蛋糕，有些宝宝会拿起小的给妈妈，自己仍然去拿大的。

说明宝宝能用眼睛估量出蛋糕大和小，而且更喜欢大的。

5.找到进口和出口

用一个方形的小盒子，上方正中开一个圆口，在下方一个角上再开一个出口。将小球从上方的圆口投入，摇动盒子使宝宝听到球在里面滚动的声音，宝宝伸手来拿时，将盒子倾斜，使球从角的开口处滚出来。宝宝拿起盒子听不到声音，也找不到小球。妈妈再次把球投入时，看宝宝能不能让球从角的开口处滚出。这个游戏可以锻炼宝宝的观察力。

语言能力训练

1.模仿动物叫，练习发音

妈妈选几张动物图片，教宝宝认识图片上的动物名称。然后告诉他不同动物的叫声，如小猫“喵喵”叫。小狗“汪汪”叫，小鸭“嘎嘎”叫等。每当宝宝拣出图片时，就让他学动物的叫声。让宝宝先学会1～2种动物的叫声，熟悉后再学其他的声音。平时不看图片时，也可以问宝宝公鸡怎么叫，青蛙怎么叫等。

让宝宝记住不同动物发出的不同叫声，用声音表达。可以增强宝宝的记忆力，练习宝宝发音。

2.听儿歌

儿歌简单易学，同时也包含了许多信息，可以让宝宝在听儿歌的过程中获得丰富的词语信息。妈妈可以多选那些带有各种动作的儿歌，这种动作性儿歌传递给宝宝的不仅是语言的韵律与节奏的信息，还让宝宝理解了像“飞”，“拍”等动作的意思，了解各种动物不同的运动、生活方式。并让宝宝在学儿歌的过程中学习动作与声音的对应关系，并逐渐领会数字、文字等的含义，让宝宝对语言产生更加浓厚的兴趣。

社会交往能力训练

1.会察言观色

心理学家的追踪研究表明，宝宝长到10个月左右时会看妈妈的脸色。懂得笑容等于“认可”，怒容等于“责备”。所以，从9~10个月开始，父母可以利用这种非语言的方式教育宝宝。譬如，在宝宝遇到困难时，父母亲切的微笑，会给他带来很大的鼓励。当宝宝做不应做的事情时，父母生气的表情，加上阻止的语气，能使宝宝停止活动。

至于对宝宝的态度，应以鼓励为主。但对于宝宝不好的行为，如打别人的脸，或摆弄有危险的物品，应严加制止。父母应该采取一致的态度，使宝宝从小就懂得哪些事可以做，哪些事不可以做，培养良好的习惯。

2.玩娃娃，学会关心他人

给宝宝一个玩具娃娃和一块小毛巾，告诉他：“娃娃困了，要睡觉”。让他把小毛巾当被子，盖在娃娃的身上，再拍拍。过一会儿，给宝宝小饭碗和小勺，告诉他：“娃娃该起床吃饭了。”让他把娃娃抱起来坐着，用小勺喂娃娃吃饭。玩娃娃的游戏可以让宝宝学会关心他人。

3.学指挥，训练节奏感

选择一首节奏鲜明的乐曲，让宝宝坐在你的腿上，背靠着你，从他背后握住他的前臂说：“指挥”，然后合着音乐的节奏打拍子，随着音乐的强弱，变化手臂动作的幅度大小。当乐曲停止时，动作同时停止。反复多次后，当他听到音乐时，你说指挥，他就会有节奏地挥动手臂。

迈出人生第一步

11个月是一个阶段性的时期，宝宝之间的个体差异更加明显。宝宝非常好动，努力在蹒跚学步，而且手的动作更加灵活，除了喜好模仿外，还特别希望和人交流、玩耍。已经有了初步的自我意识，记忆力逐渐发育成熟。

宝宝体格与智能发育

体格发育指标

男宝宝	女宝宝
身长：70.1～80.5厘米，平均75.3厘米	身长：68.8～79.2厘米，平均74.0厘米
体重：7.7～11.9千克，平均9.8千克	体重：7.2～11.2千克，平均9.2千克
头围：43.7～48.9厘米，平均46.3厘米	头围：42.9～47.8厘米，平均45.4厘米
胸围：42.2～50.2厘米，平均46.2厘米	胸围：41.4～49.1厘米，平均45.3厘米
囟门：前囟2×2厘米	囟门：前囟2×2厘米
牙齿：长出2～6颗乳牙	牙齿：长出2～6颗乳牙

运动能力发育

11个月的宝宝，大多数能很好地独坐，自由地爬行，有的宝宝能够爬到被垛等高处。扶着东西，能自己站起来，离开物体，很多宝宝也能独站片刻。有的宝宝还会颤微微地向前迈步，大人牵一只手就能走了。但大多是因为不协调的交叉步，自己绊倒自己。有的宝宝已经会单手扶着床沿走几步，会推着小车向前走。

身体技能发育

随着协调程度的改善，宝宝很容易被带有运动部件的玩具吸引——旋转的轮子、可以移动的杠杆和可以闭合的铰链，小孔也会让宝宝着迷，因为他可以将手指头伸进去。当他的技能更熟练时，他可以将小物品丢入其中。将玩具扔掉后，自己能拾起来，能按抓起桌面上的物体，抓起一块，放下一块。

手的动作灵活性明显提高，会使用拇指和食指捏起小东西，能玩弄各种玩具，能推开较轻的门，拉开抽屉，或把杯子里的水倒出来。能试着拿笔并在纸上乱涂，从只会画弯弯曲曲的线，慢慢地会画圆和直线，再后来就会表达出嘴、眼睛等物。

认知能力发育

宝宝看的能力已经很强了，这个月可以继续让宝宝在图画书上认图、认物、正确地叫出图物的名称。

此时的宝宝已经能指出身体的一些部位；不愿意妈妈抱别人，有了初步的自我意识。喜欢摆弄玩具，对感兴趣的事物长时间地观察，知道常见物品的名称，并且会表示。能仔细观察大人无意间做出的一些动作，头能直接转向声源，也是词语到动作条件反射形成的快速期。这个时期的宝宝懂得选择玩具，逐步建立了时间、空间、因果关系。

语言能力发育

11个月的宝宝，能准确理解简单词语的意思。在大人的提醒下会喊爸爸、妈妈。会叫奶奶、姑、姨等；会一些表示词义的动作，如竖起手指表示自己1岁；能模仿大人的声音说话，说一些简单的词。可以正确模仿音调的变化，并开始发出单词。能很好地说出一些难懂的话，对简单的问题能用眼睛看、用手指的方法做出回答，如问他“小猫在哪里”，宝宝能用眼睛看着或用手指着猫。喜欢发出咯咯、嘶嘶等有趣的声音，笑声也更响亮，并反复重复会说的字。能听懂3～4个字组成的一句话。

情感和社交能力发育

此时的宝宝已经能执行大人提出的简单要求了。会用面部表情、简单的语言和动作与大人交往。

这个时期的宝宝能试着给别人玩具。心情也开始受妈妈的情绪影响。喜欢和大人交往，并模仿大人的举动。在不断的实践中，他会有成功的愉悦感；当受到限制（尤其是大人总说不要、不能……）、遇到“困难”时，仍然会用发脾气、哭闹的形式发泄因受挫而产生的不满和痛苦。在这个阶段，宝宝与人交往的能力会不断增强。

宝宝智能开发与训练

粗大运动训练

1.学站和走

独立行走是宝宝发育的又一重要里程碑。宝宝能站立和行走后，对周围环境的探索能力和活动范围会大大增加。不同的宝宝能独立行走的时间不尽相同，从11个月到1岁半，都属于正常。

为了促进宝宝独行能力的成熟，可以给他一个安全的活动空间。开始时，安排一些可以扶或可以靠的家具，让他练习扶行。家长在不同位置呼唤他，或用有趣的玩具逗引他，鼓励他扶着向前行走。也可以让宝宝推着椅子练习走，或在宝宝身上系一条带子保护练习走，或拿一根小棍子，让宝宝牵着小棍子的一头，家长牵着另一头慢慢走。独站的练习可以先让宝宝靠墙独站或在扶站时逐渐离开支撑物，独站片刻。

独立行走的练习最好在宝宝能够独自站立、蹲下、站起来，并能保持身体平衡时开始。独立行走的练习，可以在草地上、铺有垫子的地板上或硬床上进行。注意两边都要有人保护，不要因为开始时不安全，给宝宝造成恶性刺激。而要在安全愉快的气氛中鼓励宝宝积极地练习独立行走。

2.踢踢球

试着在距宝宝的脚3.5厘米处放一个球，让他踢着玩。这个游戏既可以训练脑的平衡功能，还可以促进眼、足、脑的协调发展，同时还可以帮助宝宝理解球形物体能滚动的事实。

3.上台阶

带着宝宝从外面回家时，可以牵着宝宝上台阶。初学时，宝宝会先迈上一级台阶，双脚站稳后再迈第二级。爸爸或妈妈可以在宝宝上台阶的时候替宝宝数数，一级、二级、三级地一直数上去，这样既能鼓励宝宝，又能让宝宝一边学上台阶一边学数数。

同时，上台阶还能让宝宝练习高空平衡。每上一级台阶身体要适应一种新的高度，在上台阶时身体的重心先落在下面的单足上，然后重心再移动到高台阶的单足上，这样重心不断转移就能使身体不断适应并保持新的平衡。

精细运动训练

1.画画，学习握笔试画

拿一张白纸铺在桌子上，家长用彩笔在纸上画一道或一个圈，然后将笔递给宝宝，家长握住宝宝的手一起画，然后放手让宝宝自己画。当宝宝在纸上点点时，家长说："这是星星。"当宝宝画出道道时，家长说："这是面条"。以鼓励宝宝继续画画。

2.捡豆豆

在宝宝面前放三个小碗，将蚕豆、黄豆和绿豆混合在一起放在旁边。家长示范着将三种豆子分别捡出来，放在不同的盘子里，然后鼓励宝宝用拇指食指对捏的方法，将蚕豆、黄豆和绿豆分别放在不同的容器里。

3.寻宝物

当着宝宝的面用一张纸把小玩具包起来，鼓励宝宝想办法把“不见了”的玩具找出来，让宝宝学会手持纸包，将纸一层一层打开，找到被纸包住的玩具。

4.自取小馒头

取两袋小馒头，一袋给宝宝摸摸看看，宝宝知道里面有好吃的东西就会很想打开，但又打不开。这时妈妈拿出另一只袋，告诉宝宝用手指撕开包装就可以取出小馒头。妈妈先撕开一个小口，然后交给宝宝自己打开。宝宝学会打开包装比能吃到东西还要高兴，因为自己学会了一种新的本领。第2个小袋可以让宝宝自己学着撕开，学会后，宝宝会很喜欢打开其他纸包和塑料包，也会很快学会剥开糖果的纸包。

此游戏可以练习拇指和食指的精细技巧，同时让宝宝学会观察，并且去寻找纸袋上最容易打开的地方。

认知能力训练

1.学会观察

经常带宝宝到动物园或者户外观察动物的特点，如小白兔的耳朵长长的，小猴子的尾巴长长的，小山羊的角尖尖的等。需要注意的是，家长一定要以宝宝为主体，从他感兴趣的事物入手，选择他情绪比较好的时候鼓励宝宝学会观察，而且每次时间不宜太长，1～2分钟就足够了。

2.学会比较

给宝宝两个苹果（也可以用其他物体代替），一大一小，让宝宝学习分辨大小。也可以尝试让宝宝分辨前后、左右等概念。

3.听名称识图

继续采用之前识图认物的方法，教宝宝认识更多的物体。将一些新的印有动物、日常用品、食物等图片的认知卡放在桌上，妈妈说出名称，让宝宝找出相应的图片，重复学习多次。这一阶段的婴儿，认图的兴趣更高了，比较容易学会捡出新的图片。

这个游戏使宝宝手脑并用，学会听声辨图，还能动手去捡出来。通过视、听、手的协作，增强宝宝的记忆力。宝宝学的新图要经常复习，并及时鼓励，培养锻炼学习兴趣。

4.辨认颜色

妈妈拿起一个红色的积木，对宝宝说“红色”，宝宝能很快记住。但宝宝往往只将一种颜色与一种物体联系起来。因此，为避免宝宝混淆，妈妈最好把一堆红色的物体放在一起，告诉宝宝“这些都是红色”，让宝宝接受：许多东西都可以是红色的。从而将红色变成一个共性概念。这个概念可以延迟到宝宝1岁时才能真正懂得。

让宝宝接受第一个共性概念，即一个词不单指一个物体，而是指许多颜色相同的物体。学习辨认颜色，要在宝宝已经知道许多的用品词汇之后才比较有效。如果宝宝认识的词汇不多，颜色认识可以在1岁后才开始学习。

5.感知圆形的游戏

让宝宝自己盖上喝水用的塑料杯盖，这是宝宝喜欢做的事。但盖要准确放在圆口上，不是随便歪着放。然后告诉宝宝，这是圆形。

在硬纸板上画圆形、方形和三角形，把中间的形状剪去，留出平整的洞穴。用另一张硬纸板再剪出与洞穴相配的圆形、方形和三角形。让宝宝试着将圆的形状放入圆洞穴中，在放的过程中可以让宝宝认识圆形。

6.宝宝几岁了

妈妈问宝宝“几岁了？”同时伸出一只手指，宝宝会模仿妈妈的动作，马上也将食指伸出来。宝宝吃饼干、取积木、玩玩具时，都用一只手指告诉他：“这是一块饼干（一块积木或一辆车）”，使宝宝对食指表示1渐渐熟悉。

这个游戏让宝宝通过竖起食指认识“1”，懂得用食指表示1，这可以回答自己的年龄，也可以表示要一个玩具和一个能吃的东西。

7.指认动物

在家里挂一些动物图片，或摆放一些小动物玩具，告诉宝宝每种动物的名称和叫声，然后问“小狗在哪里？”让宝宝用眼睛寻找，用手指，并模仿“汪汪”的叫声。小鸡、小鸭、小猫、小羊等依此类推。

语言能力训练

1.听音乐、念儿歌、讲故事

每天花一些时间给宝宝放一些儿童乐曲，提供一个优美、温和、宁静的音乐环境，提高他对音乐的理解力。儿歌朗朗上口，是宝宝非常感兴趣的东西。多给宝宝念一些儿歌，可以激发他对语言的兴趣，提高他对语言的理解能力。在此基础上，还可以试着讲一些有趣的生活故事（最好结合周围环境，自编一些短小、动听的小故事讲给宝宝听）。

2.说再见

每天爸爸妈妈上班去，或者家里来了客人要走的时候，都是训练宝宝说再见的好时机。家长也可以互相配合，一人假装出去，另一人带着宝宝跟他玩“说再见”的游戏。

3.向宝宝解释一切

无论做什么，父母都可以随时向宝宝做些解说，帮助他认识各种日常用品，认识各种动作，让宝宝将实物、动作和语言联系起来。

社会交往能力训练

1.与人分享

1岁左右的宝宝已经有了一定的语言理解能力，开始产生一定的自我控制能力。这时候可以培养他与人分享的行为模式。如吃苹果时，教他将苹果分给爷爷、奶奶、爸爸和妈妈，宝宝会乐意去做，边做边说：“大的给爷爷，小的留给自己”。家庭中，每次吃东西时，尤其吃一些平时不易得到的东西，或宝宝爱吃的东西，都要教育宝宝和大家分享。如果宝宝做到了，要给予表扬。从小培养宝宝养成与人分享的好习惯。

2.平行游戏

多邀请家里有宝宝的朋友来做客，找出一些相同的玩具，让宝宝和小朋友一起玩，给宝宝提供互相模仿、互不侵犯的平行游戏机会。

3.照料娃娃

为宝宝选择可以穿脱衣物的玩具娃娃，使宝宝在学习照料娃娃时，能同时学习穿脱衣服。要让宝宝感到玩具和人一样，也要妈妈照顾。

用盒子给娃娃做一个小床，拿一块毛巾当被子，和宝宝一起哄娃娃睡觉，喂它吃奶、喂它吃饭，让宝宝给娃娃把大小便，尽量让宝宝模仿妈妈照顾自己的方法去照顾娃娃，也可以给娃娃洗澡、换衣。

当宝宝生气虐待娃娃时，妈妈要及时制止，并且告诉宝宝："娃娃会痛的，不能用脚踢娃娃"，"娃娃摔坏了，让妈妈看看"。尽量按照自己照顾宝宝的正面态度去影响宝宝，使宝宝学会照顾他人。

这个游戏可以让宝宝学会照顾别人，重视别人，在处理事情时，能更多地替别人着想。

对自由无限向往

父母也许不会发现宝宝的行为在第11个月与第12个月有什么区别，但事实上却有着很大的变化。这个月内，越来越多的宝宝想要挣脱父母的双手，独自行走。宝宝不断增强的自我满足感和肢体灵活能力，促使他去探索新鲜的世界，宝宝对自由的渴望也越来越强烈。

宝宝体格与智能发育

体格发育指标

男宝宝	女宝宝
身长：71.9～82.7厘米，平均77.3厘米	身长：70.3～81.5厘米，平均75.9厘米
体重：8.0～12.2千克，平均10.1千克	体重：7.4～11.6千克，平均9.5千克
头围：43.9～49.1厘米，平均46.5厘米	头围：43.0～48.0厘米，平均45.5厘米
胸围：42.5～50.5厘米，平均46.5厘米	胸围：41.4～49.4厘米，平均45.4厘米
囟门：0.5～1.0厘米	囟门：0.5～1.0厘米
牙齿：长出2～6颗乳牙	牙齿：长出2～6颗乳牙

运动能力发育

12个月的宝宝能够站起、坐下，绕着家具走的动作更加敏捷。不需要人扶，自己可以站稳并独走几步。站着时，能弯下腰去捡东西，也会试着爬到一些矮的家具上去。有的宝宝已经可以自己走路了，尽管还不太稳，但对走路的兴趣很浓，这一变化使宝宝的眼界豁然开阔。

身体技能发育

此时的宝宝喜欢将东西摆好后再推倒，喜欢将抽屉或垃圾箱倒空。开始厌烦妈妈喂饭了，虽然自己能拿着食物吃得很好，但还用不好勺子。他对别人的帮助很不满意，有时还会大哭大闹以示反抗。他要试着自己穿衣服，拿起袜子知道往脚上穿，拿起手表往自己手上戴，给他个香蕉他也要拿着自己剥皮。这些都说明宝宝的独立意识和动手能力在增强。到本阶段末期，宝宝可能会学会自己用积木搭木塔。

认知能力发育

随着月龄的增长，宝宝能够有意识地注意某一件事情，而小婴儿则主要是非意识注意。有意识地集中注意力，使宝宝学习能力大大提高。注意力是宝宝认识世界的第一道大门，是感知、记忆、学习和思维不可缺少的先决条件。宝宝的注意力也需要父母后天的培养。

此时宝宝仍然很爱动，不要期望他会有所不同。在宝宝周岁时，将逐渐知道所有的东西不仅有名字，而且也有不同的功能。你会观察到他将这种新的认知行为与游戏融合，产生一种新的迷恋。例如，不再将一个玩具电话作为一个用来咀嚼、敲打的有趣玩具，当看见你打电话时，他会模仿你的动作。你可以通过给他提供建设性的玩具——鞋刷、牙刷、水杯或汤勺来鼓励这种重要的发育活动。

此时他也许已经会随儿歌做表演动作；能完成大人提出的简单要求；不做大人不喜欢或禁止的事；隐约知道物品的位置，当物体不在原来的位置时，他会到处寻找；已经具备了看书的能力，他们可以认识图画、颜色、指出图中所要找的动物、人物。当然，这需要妈妈的指导和协助。

语言能力发育

此时宝宝对说话的注意力日益增加。能够对简单的语言要求作出反应。对“不”有反应，会用简单的姿势例如摇头代替“不”，会利用惊叹词，例如“oh-oh”。会尝试着模仿词汇。

这时虽然宝宝说话较少，但能用单词表达自己的愿望和要求，并开始用语言与人交流。已经能够模仿和说出一些词语，所发出的一定的“音”开始有一定的具体意义，这是这个阶段宝宝语言发音的特点。

宝宝常常会用一个单词表达自己的意思，如“外外”，根据情况，可能是表示“我要出去”或“妈妈出去了”；“饭饭”可能是指“我要吃东西或吃饭”。为了促进宝宝的语言发育，可以结合具体事物训练宝宝发音。在正确的教育下12个月的宝宝可以说出“爸爸、妈妈、阿姨、帽帽、拿、抱”等5～10个简单的词。

情感和社交能力发育

12个月的宝宝开始对小朋友感兴趣，愿意与小朋友接近、游戏。自我意识增强，开始要自己吃饭，自己拿着杯子喝水。可以识别许多熟悉的人、地点和物体的名字，有的宝宝可以用招手表示“再见”，用作揖表示“谢谢”。会摇头，但往往还不会点头。现在的宝宝一般很听话，想讨人喜欢，愿意听大人指令帮你拿东西，以求得到赞许，对亲人特别是对妈妈的依恋也增强了。

宝宝智能开发与训练

粗大运动训练

1.独立走

从双手牵着宝宝走逐渐变成单手牵着走，偶而松手陪着宝宝，让宝宝自己独立走；或者让宝宝在父母之间来回走，逐渐加大父母间距离，让宝宝越走越远；或者用一根布带系在宝宝腰部，牵着宝宝走并逐渐放松布带，牵着宝宝的衣领走，力度越来越轻，直至放手陪着宝宝走。

2.捡东西

家长故意把东西放在地上，然后鼓励宝宝把地上的东西捡起来交给家长。当宝宝捡起地上的东西送过来时，家长应该一边说“谢谢”，一边教宝宝点头表示谢意。

3.拿玩具

在地上放一根颜色鲜艳的彩条，牵成直线和弯线，然后在宝宝的前方摆着他喜欢的玩具，家长牵着宝宝的一只手，让他慢慢沿着彩条直、弯线行走，最后拿到他喜欢的玩具。

精细运动训练

1.训练手的动作

在桌面上放上小丸、积木、小瓶、盖子、小勺、小碗、水瓶等东西，陪宝宝玩耍。让他看到积木就知道用来搭高，见到盖子扣在瓶子上，知道用水瓶喝水，用拇食指捏起小丸，将小勺放在小碗里准备吃饭等。经过多方面的训练，锻炼宝宝手的灵活性，提高手的精细动作技能。

2.翻书

给宝宝一本大开本图画书，边讲边帮助他自己翻着看，然后让他自己练习独立翻书，训练他按顺序每次翻一页看。如果宝宝不能按顺序翻看，可以通过宝宝认识简单图形，提高他的空间知觉能力逐渐加以纠正。

3.搭积木

给宝宝一堆积木，然后家长手把手地教他将积木一块一块向上搭，练习多次后，让他自己学着搭，这时，他可能能向上搭两块积木。

4.空中划圈

用一根粗线吊住一个带环的棉绒小玩具，妈妈拿着粗线一头将玩具顺时针或逆时针旋转，在空中划圈，宝宝在一旁好奇地看。然后将线递给宝宝，看宝宝怎样玩。有些宝宝会拿着粗线前后晃动，甩不出圆形，妈妈可以再次示范，用手做出环形划圈的动作，手快就会成圆，然后再让宝宝做。

让宝宝练习手腕的快速圆形运动，先模仿妈妈，经过多次练习才能学会。手腕的运动可以锻炼手的精细技巧，为以后书写、绘画、弹奏等动作作准备。

5.蜡笔涂写

准备几张纸和一些蜡笔，让宝宝右手握住蜡笔，在纸上乱涂。当宝宝发现手的运动可以在纸上留下痕迹时，会十分兴奋，会使劲在纸上涂。

让宝宝学握笔乱涂，先体会笔画在纸上的感觉，乱涂中会出现小点和长线，然后画直线和圆，渐渐学会拿笔画画和写字。

认知能力训练

1.六面画盒

用长45厘米的纸箱，在六个面上贴上不同的图画。让宝宝扶着纸箱站立，家长问他："小猫在哪里？"宝宝会扶着纸箱来回转动，直到找到小猫为止。如果找不到，家长便告诉他爬过去寻找。可以培养宝宝的观察和认知能力。

2.认"红色"，学习辨认颜色

在不同颜色的玩具中，取出一件红色的玩具，如红色小球，反复告诉他这是红色小球。然后把小球混在不同颜色的玩具中，让宝宝从中拣出红色小球。宝宝会了以后，就认红色的小盖或红色的小布块。认识以后，将红色的东西全部混到玩具中，让宝宝将红色的东西都拣出来。在任何时候，只要见到红色的东西，都可以让宝宝认。学会认红色以后，再让宝宝认绿色和蓝色。

3.找到不在眼前的物品

家长拿出一个小玩具，如一个塑料小白兔，准备两个完全相同的盒子。先当着宝宝的面将小白兔放进一个盒子中，然后将两个盒子在宝宝的面前调换位置。问宝宝："小白兔藏在哪里？把它找出来！"看看宝宝能否直接找到小白兔，如果找到了，要搂抱宝宝，亲亲宝宝，说："真棒。"还可以当着宝宝的面，把玩具藏在枕头下，让他去找。1岁左右的宝宝甚至能找出不在眼前的已知物体，如不给宝宝看到的情况下，将小白兔放在枕头下，他也能找出来。

4.趣识身体部位

经过一段时间的练习，这时的宝宝应该可以认识自己身上的各个部位了，如手、脚、嘴巴、眼睛、耳朵、肚子、屁股等。尤其是在给宝宝洗澡的时候，可以不断地教宝宝认识身体部位。

训练宝宝的记忆能力，宝宝最先认识眼、耳、口、鼻、手、脚等，然后会认识脖子、肩膀、膝盖等。

语言能力训练

1.听故事，发展语言理解能力

家长可以买一些儿童故事书，每天给宝宝讲故事。儿童故事书应以画为主，每页上只有2~3句简单的话。开始可以反复讲同一个故事，让宝宝听熟。有时，可以一边讲，一边问："谁来了？带来什么？他们要去哪里？"等，宝宝会指图回答，说明他听懂了。如果不能回答，家长就再讲给他听。逐渐引导宝宝理解故事的内容，激发宝宝的兴趣。

2.听音乐起舞

家长弹奏或播放一些带有舞蹈节拍的乐曲，训练宝宝听到乐曲后，手舞足蹈，做些相应动作，如拍手、招手、点头、摇手等简单动作。

3.学童谣

《哪里来》

春雨来，哪里来？摇着银铛天上来。
燕子来，哪里来？带着剪刀南方来。
小草来，哪里来？拱破土皮钻出来。
春风妈妈来坐客，带来这帮好乖乖。

《我家的阳台》

玫瑰艳，茉莉香，菊花有紫也有黄；
小葱青青蒜苗嫩，串串葡萄水汪汪。
一盆盆，一缸缸，整整齐齐阳台放；
爸爸成了园艺师，有时还要我帮忙。

4.表演儿歌

用动作来表演儿歌：妈妈一边唱歌，一边同宝宝一起做动作，然后过渡到妈妈唱歌，宝宝动作表演。如：

找呀找呀，找朋友，（招招手）
找到一个好朋友。（对人点头）
敬个礼，（做敬礼动作）
握握手，（伸手与人相握）
你是我的好朋友。（先指对方，再指自己，再握手）
再见！（挥手）

社会交往能力训练

1.最初的交友

研究证明，1岁的宝宝出现了简单交往，他们常常用微笑和大笑、发声和说话、给或拿玩具、身体接触(如抚摸、轻拍同伴身体，推和拉等)或走到同伴身旁，玩与同伴相同或类似的玩具等方式交往。做这些的目的在于引起同伴的注意，与同伴取得联系，并对同伴的行为做出反应，这就是最初交友的开始。

这一阶段家长应该创造条件，让宝宝有机会接触其他同龄或稍大的宝宝，学习交友。宝宝时期的交友经验必将对宝宝入托甚至入学后良好伙伴关系的建立有重要的影响。

2.禁止做不该做的事

这一年龄段的宝宝，有时会向家长提出一些不合理的要求或想做一些不应该做的事，如进厨房和玩尖刀等。当要求得不到满足时，就会大哭大闹。遇到这种情况，家长首先要耐心劝阻，说明危险。如果宝宝仍然不听，家长要设法转移他的注意力，如拿宝宝平时喜欢的玩具逗引他，或带他去看画报等，多数宝宝用这种“转移法”都会有效。也有少数宝宝仍然坚持无理要求，继续哭闹，则应采取“冷处理”的方式：谁也不理他，让他自已哭一阵子。等他发泄完后，再和他讲理。

3.用动作表示配合或表达愿望

在日常生活中，要积极训练宝宝学习配合家长的要求，养成良好的生活习惯。如进餐前，知道伸出双手让家长给他洗手。吃完饭后，能配合家长给他擦脸、洗手和收拾用具等。除此之外，还要训练宝宝掌握一些向家长表达愿望的动作，如将玩具或食品放在他的面前，如果想要，训练他点头表示同意；如果不想要，教会他用摇头表示不同意。

小手越来越灵活

过了1周岁的宝宝从生理、心理、智力方面都有着显著的发展。在这个阶段，随着活动范围的扩大，现在的宝宝对什么都感到好奇，所有能够拿到的东西都要试图拿到。手眼配合能力及操作能力也提高了，会把一块块积木放进大口的容器里，会紧紧地握住一把勺子放进嘴里。

宝宝体格与智能发育

体格发育指标

男宝宝	女宝宝
身长：73.4～85.0厘米，平均79.2厘米	身长：71.9～83.9厘米，平均77.9厘米
体重：8.1～12.6千克，平均10.4千克	体重：7.7～11.9千克，平均9.8千克
头围：44.2～49.4厘米，平均46.8厘米	头围：43.2～48.4厘米，平均45.8厘米
胸围：43.1～51.1厘米，平均47.1厘米	胸围：42.1～49.7厘米，平均45.9厘米
囟门：大部分宝宝的囟门已经完全闭合	囟门：大部分宝宝的囟门已经完全闭合
牙齿：大多数宝宝已经长出8颗牙齿，即上、下切牙各4颗，少数小儿开始长出左右两颗下前磨牙。	牙齿：大多数宝宝已经长出8颗牙齿，即上、下切牙各4颗，少数小儿开始长出左右两颗下前磨牙。

运动能力发育

刚刚学会走路的宝宝，两只胳膊总是张着，不能自然地垂放在身体两侧，这是因为宝宝要用自己的两条胳膊来调整身体的平衡，就像飞机的两个机翼，蝴蝶的两只翅膀一样。等到宝宝走稳了，平衡找好了，宝宝的两只胳膊就自然会放下来了。

这个月龄的宝宝，会扶着栏杆或其他物体，抬起一只小脚丫，把脚下的皮球踢跑。爸爸妈妈可别小瞧宝宝的这“一抬足”，难度可是不小的。

宝宝肢体运动能力逐渐增强，会借助小凳子、桌子、沙发等物体往高处爬。宝宝可能会独自爬上6~10个台阶，如果妈妈牵着宝宝的手，宝宝可能站立着走上好几级台阶。

身体技能发育

宝宝的一双小手越来越灵活了，会把两块积木摞起来了。动手能力强的宝宝，可能会把三四块积木摞在一起。宝宝会把小桶中的玩具拿出来，并放回小桶中。会自己拿勺吃饭，能用两手端起自己的小饭碗。妈妈可能会惊讶地发现，宝宝还能用食指和拇指捏起线绳一样粗细的小草棍。

这个月龄段的宝宝大多会握笔了，让宝宝握笔涂鸦是训练宝宝手的灵活性和准确性的好方法。

宝宝已经完全能用杯子喝水了，滴水不漏做不到，但能把大部分的水喝到肚子里。把水洒到衣服上、脖子里、地上都是正常的，你不但不能批评，还要夸奖宝宝。

宝宝会把一只手指插到瓶口中，这个能力让宝宝很欢喜，像着了魔似的，只要看到有孔，有眼儿的地方，宝宝都会把自己的手指插进去。这是宝宝锻炼手部精细动作能力的方法之一，妈妈可以给宝宝买这样的玩具。但不要把瓶口过小的瓶子和孔小的玩具给宝宝玩，以免宝宝把手指插进瓶口中拿不出来。

认知能力发育

和宝宝一起看书时你可以边看边问，你会发现宝宝有心领神会的能力，能用声音和表情回答。看书时要让宝宝自己翻书。宝宝已经懂得什么是好，什么是不好了，还会记住故事情节。

因此在每天空闲的时候，在宝宝睡觉前都可以通过给他讲故事来共度这些美好的时间，同时通过给宝宝讲故事还可以刺激宝宝的好奇心、想象力和说话的欲望。

语言能力发育

说话早的宝宝可能会说出一两句三个字组成的语句了，大多数宝宝能够有意识地叫爸爸、妈妈，甚至会叫爷爷、奶奶、姥姥、姥爷、叔叔、姑姑了。

这个年龄段的宝宝开始喜欢和周围的亲人说话，用极少的字表达丰富的意思。半数以上的宝宝都能够使用8～19个词或类似词，或代表这些词意思的动作，来表达自己的意愿。还能理解100～150个具有代表性词语的含义，以及20多个短语的含义。尽管宝宝掌握的字词有限，但宝宝可以通过种种非语言的手段、借用的方式，表达自己的想法和要求。在宝宝看来，一个词和一个声音、一个手势、一个姿势、一个表情完全一样，仅仅是语言的一小部分。

宝宝并非完全复述父母的话，会重新整合他听到的语言，因此常常说出父母从来没说过的话。这说明宝宝已经会独立思考并表达自己的看法和意愿了。

社会交往能力发育

在3岁以前，宝宝都不会是一个很好的游戏伙伴。和小朋友们在一起的时候总是各玩各的，彼此之间缺乏交流，这并不是意味着他们对彼此不感兴趣，而是因为在这个年龄段，宝宝还没有学会分享、合作。和其他的小朋友在一起玩耍和彼此之间的好感仍然是宝宝社会化的重要途径。

情感发育

这个月龄的宝宝，一方面有了独立意愿和探索冒险精神，一方面又容易产生恐惧和孤独感。幼儿的理解能力是有限的，当一件他不能理解的事情发生时；当他不知道眼前发生的事情是否对他有威胁时；当他看到他从未看到的东西，而这个东西又非常奇怪时，幼儿就会自然地产生一种恐惧心理。婴儿虽然理解能力有限，但对未知世界的认识更有限，所以婴儿的恐惧感没有幼儿强。

父母应该尽量避免宝宝产生过强的恐惧感。如果父母不切实际，让宝宝接受他还不能理解的事物，不但不会使宝宝进步，还会因为导致宝宝过度恐惧而退缩不前。

宝宝智能开发与训练

粗大运动训练

1.独立行走

这个阶段是宝宝学会走路进展迅速的时期，开始他可能仅是蹒跚地行走几步，他会很愿意的经常走起来。家长要多给宝宝一些锻炼的机会，可以逐渐拉长距离练习。可以和宝宝一起玩扔球、捡球、找东西的游戏，训练宝宝独自在地上玩，独自蹲下捡东西，独自站起，并平稳地独自行走的能力。可以让宝宝拉着小拖车类的玩具练习走路，并使宝宝有机会学习拉着玩具侧着走和倒退走几步。

2.拉手上下楼梯

在宝宝能够独立行走后，可以拉着他的手练习上楼梯，开始宝宝可能抬脚比较费力、身体不容易平衡。家长可以用较多的助力帮他迈上楼梯，以后逐渐减少家长的助力，锻炼宝宝用自己的力量迈上楼梯，下楼梯也是如此。这个月龄段的宝宝还掌握不好身体的平衡，只是拉着他体会高和低的感觉。

3.取放皮球

把皮球放在筐里，让宝宝站在距离筐2米左右的地方，大人发出指令后，让宝宝自己到筐里拿皮球，然后再让宝宝把皮球放进筐里。如此反复几次，训练宝宝朝着指定的方向走。

4.抱玩具，练走步

宝宝抱着玩具，让宝宝把玩具交给妈妈，练习多走几步。妈妈看到宝宝过来，可以后退几步，让宝宝再走几步，如果宝宝走得不稳，妈妈就上前接住玩具。宝宝刚学习走路，胆子很小，总想拉住妈妈的手或抓住什么东西。宝宝摔倒时，妈妈要抱起宝宝，安慰两句，不要去责怪使宝宝绊倒的凳子、石头或地板，应以鼓励为主。

精细运动训练

1.自发涂画

继续鼓励宝宝自己拿笔涂画，此时可以先教宝宝学会拿笔，主要是指教他会掌握住笔，笔尖向下画，同时教他学画，使宝宝能够自己主动地画出笔画。这个年龄段的宝宝主要是随便乱画，不要生硬地制止他，而是鼓励他模仿着画出一些笔画，告诉他这些像什么。此时并不要求宝宝画出什么，主要是培养宝宝手控制笔的能力，培养他们的“创作欲望”。

2.捡豆豆

给宝宝5～10粒莲子（蚕豆、花生都可以），一个小碗，然后让宝宝用拇食指对捏把莲子捡到碗里，以训练宝宝手指的肌肉。玩捡豆豆的游戏要根据宝宝的年龄和特点调整豆豆的数量，每次不宜给过多的豆豆，以免宝宝对游戏失去兴趣。

3.学翻书

把撕不破的小书递给宝宝，看宝宝是否会把书正过来看，练习翻开合上，并一页页地翻书，一边看一边认书中的图画。经常翻书的宝宝不会把书倒过来看，开始时只要求宝宝能正着看书，再学习翻开、合上书本，并能够认识书中的一两种东西，等以后手指灵活了再慢慢一页页翻。

4.玩套塔积木

给宝宝买一套套塔积木，这种积木下面大，上面小，要依大小次序套上，才能把5～7个圆圈从下到上地套好。初学时只给宝宝3个大圈，只要求宝宝将圈塞进柱上，等宝宝能顺利将3个圈套进柱内，然后再教宝宝按顺序将圈塞进柱子里。宝宝能完成这个游戏后，再把所有的圈给宝宝，让宝宝全部套上。

套塔的游戏可练习两种本领，一是辨别大小次序，二是学会将环套入柱子。

5.动手游戏

这个年龄阶段的宝宝开始有了主动性，可以自己动手进行一些操作。这时可以和他玩多种动手游戏，如搭积木等。家长可以先给他做示范，说“我们来搭一座高楼”，然后让他模仿做，以后让他自己搭着玩，从搭两块积木开始，逐渐增加。该年龄段的宝宝一般可以搭起3～4块积木。

还可以教他把铅笔插入笔筒内，开始用大口的笔筒，慢慢地改用小口的笔筒，或是仅可插一支笔的笔座。也可以教他玩插插片，把小的东西装入小口径的容器等。这些都可训练他手的灵活性和准确性。

6.钥匙开锁

宝宝平时经常观察妈妈用钥匙打开家门，对此很感兴趣。妈妈不妨把钥匙交给宝宝，让他试着开锁玩。或者把家里常用的小锁和钥匙给宝宝摆弄，教宝宝把钥匙伸进锁孔内，并到达一定的深度，然后顺时针扭动钥匙。宝宝可以不断地玩耍，偶而打开一两次，自己就会特别开心，这时妈妈也应该夸奖。

这个游戏是进一步锻炼宝宝手的精细动作，使手的动作越来越熟练。

认知能力训练

1.摸一摸，说一说

准备一些宝宝熟悉的餐具，如小碗、小勺、茶杯、小盘、奶瓶等，以及一个布口袋，然后让宝宝边说上述物品的名称，边将物品放入布袋中。

让宝宝将手伸到布袋中摸到一件物品，说出物品的名称，再拿出来看一看说的对不对。如果宝宝说对了，就让宝宝继续摸；若宝宝说得不对，就由妈妈来摸，然后妈妈说出是什么物品。宝宝再听妈妈的指令，妈妈让摸出茶杯，宝宝就在布袋中摸出茶杯；反过来可以让宝宝发出指令，让妈妈来摸。

2.挑珠子

准备一盒杂色弹珠，两个盘子，让宝宝先将红色的珠子挑出放入一个盘子内，再找出黑色的放入另一个盘子内。看看宝宝是否能够顺利地分别挑出所有红色和黑色的弹珠。如果错了就要纠正，使宝宝正确认识红色和黑色。

3.分清1、2和很多

宝宝现在已经分清了1、2，妈妈可把一颗糖果和两块饼干放在桌子上，另一边再放一堆花生米，然后指着糖果问宝宝“桌上有几颗糖？”宝宝会伸出一只小手指说“1”；指着饼干问“桌上有几块饼干呢？”宝宝会伸出两只手指说“2”，但问宝宝有多少花生米时，宝宝就不知道了。这时妈妈可以告诉他“有很多很多花生米”。平时洗米时，妈妈告诉宝宝“1粒米、2粒米”，然后抓起一把米告诉宝宝这是“很多很多米”。多次训练后，宝宝就会知道数不清的东西就是“很多很多”。

4.图卡配对

买两盒相同的识图卡，让宝宝把相同的图卡找出来配对。这个游戏可以增强宝宝的记忆力，提高宝宝认图认字的本领。宝宝都喜欢认卡片，几个宝宝一起玩，会使宝宝更加有兴趣。认得又快又好的宝宝应该得到妈妈及时而热烈的鼓励。

5.玩棍子

把一些玩具扔到较远的地方，准备一根细长、轻巧的棍子，教宝宝利用棍子做工具，取回扔出去的玩具，或从桌子底、床底下拨弄出玩具。刚开始时，宝宝把棍子对着玩具捅，可能把玩具捅得更远，这时，你要教会宝宝向自己的方向回拨玩具。

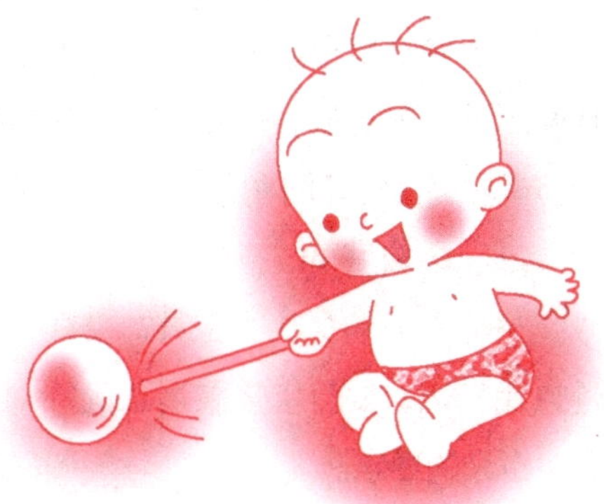

学习有效地利用工具。使宝宝明白：不需要爬进床下或桌子底下，而是用工具帮忙，就可以更轻松地把玩具取出来。

语言能力训练

1.命名物体

这个月龄段的宝宝已经开口说话了，家长要经常给宝宝看些画片、幼儿图书等，教他正确认识各种物体的名称及简单的用途。要经常带宝宝出去玩，使宝宝认识外界更多的东西，在教宝宝认识的过程中，要多引导和鼓励他自己说出这些物体的名称，主动地称呼周围的人，即正确的命名物体。

对各种东西家长都要问："这是什么？"启发宝宝说出名称，宝宝说不出时要清楚地告诉他，反复强化，使宝宝能够说出更多物体的名称。

2.学会自我表达

语言是人们交往的工具，交往首先是自我表达，要教宝宝能用正确的词语表达自己的要求。

开始宝宝可能多用手势、动作表示自己的意愿，比如拉着家长的手去干某些事情，这时家长要坚持教宝宝用语言来表达，如"要、拿、喝"等。这时宝宝多是说一个单字，但这个单字往往是代表一句话，而且可能是多种意义的表达。如"拿"可能是"把东西拿给自己"，也可能是"拿给你"等，家长要善于理解宝宝的语言，正确满足他的需求，并教会宝宝用更明确的词语来表达。

3.看电视，学词语

爸爸妈妈们会发现：宝宝很喜欢看电视，尤其是看广告，特别是那些有小朋友出现的广告。宝宝会跟着宝宝说出最后一个字甚至两三个字。有些宝宝喜欢看天气预报，有些宝宝能记住一些乐段。宝宝只喜欢经常重复的，能跟着学的段落。要尊重宝宝的选择，鼓励宝宝跟着学词汇和学记乐段，父母也可以和电视上一起念，让宝宝跟着学，并适时地称赞宝宝，这对宝宝学习语言和音乐都很有用。

社会交往能力训练

1.让宝宝和小伙伴一起玩

随着宝宝活动范围的增大，他的交往机会会越来越多，要有意识地让宝宝和一些小伙伴及家长一起玩，也可以教他将娃娃当作伙伴玩。此时宝宝虽然不能你来我往地合作玩，但要使他建立最初的伙伴概念，培养宝宝与别人一起玩的愉快情绪。

2.逛超市，长见识

平时带宝宝上超市，面对琳琅满目的商品，妈妈可以抓住机会，循循善诱地教宝宝认识各种物品，并让宝宝自己从货架上取物，同时提示："这是宝宝喜欢吃的饼干，拿一包"，"这是西红柿，拿两个"等。购物结束后，让宝宝从妈妈的钱包里拿出钱去付款，让宝宝养成购买、交换的概念。回家的路上，妈妈也可以给宝宝一些东西，请宝宝帮妈妈拿回家。

回家后，妈妈再和宝宝一起，把买回的东西拿出来清点一遍，一边点，一边重复各种商品的名称和数量。

通过这种购买体验，宝宝会迅速认识各种物品，复习数字知识，并学会用货币购物。还可以增加生活体验。

3.观察和分辨各种表情

大人要在日常生活中多用自己表情的变化来启发宝宝分辨他人情绪的能力，让他在和大人的接触中，逐渐分清大人喜怒哀乐的各种表情。

4.培养独立生活能力

在培养宝宝定时睡觉、定时进餐、定时大小便等生活习惯后，还要进一步培养宝宝主动控制大小便、主动坐盆、自己脱鞋、脱帽等能力，让他学会自己摆放鞋子，将鞋子放在固定的地方等，养成一些良好的生活习惯。

喜欢探索和挑战

1岁之后，可爱的宝宝已经脱离了婴儿时“任人摆布”的生活，他变得机敏、好动，语言也变得越来越丰富了。在宝宝1岁半的时候，他已经掌握了很多技巧，学会了很多动作。他每天都会遇到新的挑战，这些挑战对于宝宝来说，会让他非常兴奋，并乐于去尝试。

宝宝体格与智能发育

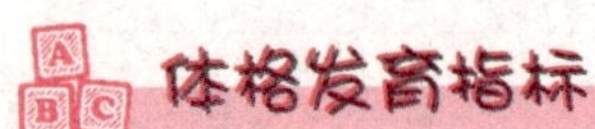

男宝宝	女宝宝
身长：75.2～88.0厘米，平均81.6厘米	身长：74.4～86.4厘米，平均80.4厘米
体重：8.6～13.2千克，平均10.9千克	体重：8.2～12.5千克，平均10.3千克
头围：44.8～50.0厘米，平均47.4厘米	头围：43.8～48.6厘米，平均46.2厘米
胸围：43.8～51.8厘米，平均47.8厘米	胸围：42.7～50.7厘米，平均46.7厘米
囟门：囟门已经闭合	囟门：囟门已经闭合
牙齿：10～16颗	牙齿：10～16颗

运动能力发育

1岁半的宝宝，大多数都已经能够下蹲、行走自如了。有的宝宝还可能会眼睛盯着地面，动作不很协调地向前“冲”着跑几步。或许你的宝宝早在1岁时就开始尝试着向后退着走了，但大多数宝宝要到了这个月龄，才能掌握向后退着走的技巧。

身体技能发育

宝宝学会了自己脱衣服，但还不能很好地穿衣服，拉链衣服还不能自己拉上，会使用粘贴式的鞋带，但可能会粘得歪七扭八。宝宝会借助工具取够不到的东西，这不但是宝宝运动能力的进步，也是宝宝协调能力的进步。从某种角度上来说，也表现了宝宝分析、解决问题的能力。

认知能力发育

分辨能力 宝宝能够分辨出什么能吃，什么不能吃。能够分辨出物体的形状，所以宝宝能够把不同形状的积木插到不同的插孔中。宝宝喜欢玩橡皮泥，这不但能锻炼宝宝手的运用能力，还能够开发宝宝的想象能力。教宝宝从最简单的物体捏起，如圆形、方形等，逐步发展到复杂的形状。

模仿能力超强 宝宝会学妈妈的咳嗽声，如果宝宝曾经看过妈妈某种特殊的动作，如捂着疼痛的胃部，宝宝会学着妈妈的样子，同时还能模仿妈妈说话的内容、声音和妈妈的表情。

喜欢观看动画片 宝宝能够集中注意力观看动画片或书本上的图画，并能够记住动画片中的部分内容。记得最清楚的是人物（尤其是小动物）的名字，对故事中的情节有了初步的理解能力，如果动画片中的人物哭了，宝宝可能会跟着哭；如果动画片有让宝宝兴奋的场面，宝宝会用自己的方式表示，如蹦跳、鼓掌、欢叫、原地转圈、大笑等。

语言能力发育

这个月龄的宝宝，开始使用语言和周围的人打招呼。如果客人要走了，宝宝会向客人说“再见”。基本上能掌握50～100个词，50%的宝宝能够掌握60～80个口语词汇。半岁以后，宝宝的词汇量会猛增，此后半年，宝宝会掌握大量的词汇量。

宝宝能够发出20多个不同的音节，这些音节能够组成50多种不同的词或类似词。宝宝说出的句子通常包括一个名词和一个动词，开始向儿童语调发展。

宝宝能够说出身体所有部位的名称，不但能指出自己身体部位的名称，还能指出其他人的，理解各部位的功能和作用。当妈妈问，用什么吃饭呀？宝宝会指着嘴巴，同时用语言表述出来。宝宝玩耍时，周围并没有人和他说话，但宝宝会自己和自己说话，这时妈妈没有必要打扰宝宝，可以让他自己玩，宝宝是在锻炼自己的语言能力。

宝宝现在最喜欢说的字是“不”。使用“不”的频率也最高，无论该不该说“不”，宝宝都喜欢用“不”来表明他的态度，以表现出他的独立性。

社会交往能力发育

宝宝和别的小朋友在一起玩耍的时候，让父母比较头疼的一件事就是宝宝总是表现的很自私，玩具、吃的东西都不和别人分享。

其实宝宝在1岁半的时候并没有分享的概念，他始终相信自己是这个世界的中心，他应该得到所有的关注，所有的玩具和所有的好吃的。他同样认为自己的想法也是别人的想法，所以和其他小朋友在一起的时候，他很自然的不论做什么都会首先考虑自己的利益。

例如，当别的小朋友对他的玩具感兴趣时，宝宝就会马上把玩具拿开，甚至会做出有攻击性的行为。父母这时应该及时的阻止宝宝并正确引导他，但是这个年纪不要奢望他会与别的小朋友分享，对他来说，自己的就是自己的，把别人的东西据为己有和独占自己的东西，也是宝宝有独立意识，保护自己权利的另一种表现。

情感发育

宝宝开始向着执拗期迈进，一般在2岁时会出现典型的执拗期（有的专家称为反抗期）。你会发现宝宝已经有了主见和个性，自我意识和思考的独立性增强了，对妈妈极度依恋的状态，一去不复返了。

宝宝懂得越来越多的词汇，自己却难以用语言表达；有了更多的自我意识，在一些问题上想自行其是，但他不能左右；宝宝内心的需求，超过了与人沟通和解释自己行为的能力。

在宝宝看来，周围的人和事物不理解他，不懂得他，由此导致宝宝出现沮丧的心情，无法忍受了，于是他就会反抗，对这个世界说“不”。父母要理解宝宝这种感受。

宝宝天生不认输。当宝宝搭建的积木发生突然倒塌时，他绝对不会就此罢手，而是会一遍遍地去搭。这时的宝宝靠的不是耐心，而是兴趣和不服输的精神。如果这时爸爸妈妈站出来帮助宝宝，宝宝并不会领情，可能还会被宝宝拒绝。

宝宝智能开发与训练

粗大运动训练

1.行走自如

此时期宝宝的活动场所主要是地上了，父母可以和宝宝在地上玩多种游戏。此阶段球是宝宝最好的玩具，可以与宝宝相互扔球、接球、滚球、踢球等，这样可以锻炼宝宝在独立行走中学会自如地做各种动作。还可以让宝宝推着儿童车玩，教他学会推车前进、后退、转弯等，使宝宝行走更加熟练、稳定。

2.捉蝴蝶

家长将系在绳子上的彩色蝴蝶晃动着落在某处，当宝宝去捉时，家长立刻提醒他，让他去追，快追到时，再提起蝴蝶，可以反复玩。通过游戏让宝宝练习走步，小步跑，也可以在墙上贴上用彩色的纸做成的蝴蝶，让宝宝靠墙坐着，当听到家长“看墙上有蝴蝶，快去捉”的口令时，宝宝跑过去碰一下蝴蝶然后再回来坐下，也可以反复玩。

3.追赶影子

有太阳的日子，让宝宝留意太阳下爸爸或妈妈与宝宝的身影。让宝宝来追逐爸爸的影子，踩在影子上，然后变换身体位置，继续游戏；或晚上在家中打暗灯光，用小电筒制造光点，让宝宝去抓光点，等宝宝抓到一个光点时再移开，去追逐另一个点。

这个游戏可以让宝宝练习跑步。宝宝多做练习，熟练掌握身体平衡的技巧后就不会再摔跤了。

精细运动训练

1.看书、翻书

书是我们生活中的好老师，在重视人才培养的今天，有很多书可以供宝宝们来学习，从小就可以培养宝宝养成爱看书的好习惯。要多给宝宝看图画书，用宝宝能理解的语言讲一些简单的道理，此时他不一定都能听懂，但可以培养他注意听，并反复向他提问，增强宝宝的记忆力。看书时让宝宝学会自己翻书，教他灵巧的、一页一页地翻书，让他找自己喜欢看的图画。

2.套环

给宝宝一些彩环，家长示范套环后，让他学习将彩环套在垂直的塑料柱上。通过游戏训练宝宝手指的准确性和灵活性。

3.穿珠子

找一根粗的鞋带或较硬的绳子，让宝宝左手拿珠子，右手拿鞋带，将硬的一端放入珠子中央的小洞内，尽量多塞进去一些，然后从珠子的另一端开口处将鞋带拉出来。穿珠子是手眼协调的重要锻炼方法，可以培养宝宝手眼精确的协调技巧。

4.用碗倒米

拿两个小碗，其中一个装上小半碗米，让宝宝把碗中的大米慢慢倒进另一个碗中，小心不让大米撒在桌子上。反复练习，直到大米完全倒出而不撒在桌子上为止。

如果宝宝掌握了倒米的技巧，就可

以改做端水练习了。通过游戏，练习宝宝手眼协调能力和双手协调能力。

认知能力训练

1.生活模仿游戏

宝宝渐渐长大些了，玩的花样也多起来，这时家长可以与宝宝玩一些生活模仿游戏，如“让娃娃睡觉了”，“我们来做饭”等等。在玩的时候，家长要边玩边讲，教宝宝学会理解事物之间的关系，并教会他和家长合作玩，玩完后和家长一起把玩具收拾好，这样既锻炼了宝宝的动手能力，又培养了宝宝的社会适应能力，并从小养成良好的习惯。

2.排位置

用大纸画一张脸，再用小的片块画上脸部器官（眉、眼、鼻、口、耳），让宝宝将脸部器官摆在正确的位置上，然后再帮助宝宝将画好的身躯、四肢、手足、衣服等摆正。

3.认识自然现象

父母可以教宝宝认识自然界里的现象，白天出太阳时，可以告诉宝宝天上有太阳，会发光。晚上月亮出来时，可以告诉宝宝天上还有星星和月亮。下雨、下雪、刮风的时候，还可以告诉宝宝，这都是自然界里的现象，等等。通过家长的讲述，使宝宝认识大自然的各种现象。

4.认形状

给宝宝准备各种形状的纸板，让宝宝认识圆形、方形、三角形、半圆形、椭圆形等，循序渐进地教宝宝认识各种各样的形状。

这个游戏可以教宝宝认识形状的名称，同时练习眼的辨认能力。

5.数手指

妈妈教宝宝数手指，用右手食指点数左手手指，点一个，数一个数，从1数到5，慢慢数。

宝宝已经听熟了妈妈数各种数字，比如数台阶、数零钱、数步子等，这时让宝宝自己来数数，先数1～5，为以后数1～10做准备。

6.玩拼图板

准备两块泡沫拼图板，先让宝宝观察、认识图板内容，然后让宝宝把拼图拆开，打乱，再引导宝宝重新拼好。

锻炼宝宝手眼协调能力，使宝宝动作更加灵巧快捷。

7.区分动物特征

宝宝认识了许多动物，但还不知道每种动物的特征是什么。这时妈妈可以告诉宝宝了，长颈鹿有长长的脖子，大象有长长的鼻子，兔子有长长的耳朵，斑马身上有许多条纹等。

让宝宝学会初步区分动物，掌握初步的识别能力。

8.照镜子，指身体部位

宝宝现在已经能够认识一些身体部位了，可以让宝宝对着镜子指出自己身体各部位的名称，或者根据妈妈的口令来指出对应的部位。

通过镜子来指认身体部位，可以使宝宝的手、眼能力迅速协调。

9.分类

把积木、弹珠等两种不同类的东西混放在一起，然后让宝宝把同一种类的东西挑出来放在一起，剩下的就是另一类了。使宝宝具备区分物品类别的能力。

语言能力训练

1.懂语言命令

此年龄段的宝宝已能听懂许多话了，这时家长要有意识地多用语言的指示调动他的活动。如让宝宝“把杯子拿来”、“给爸爸拿拖鞋”、“我们到外面去”等等，使宝宝建立起这种按指示做事的概念。

同时也要注意一些否定性语言的学习和使用，要让宝宝真正懂得“有、没有、要、不要、是、不是”等概念，并学会用语言正确地表达。

2.接背儿歌

为了促进宝宝语言的发育，可以经常给宝宝念一些儿歌，儿歌里既有一些可供宝宝理解的句子，又可以以押韵的形式教宝宝学习发音，特别是有些儿歌配有一些图画，更能引起宝宝的兴趣。

在多次念同一首儿歌后，宝宝会留下很深的记忆，此时他虽然还不能背出完整的儿歌，但他会记住其中一些重要的字音，当你念到这些音时，他会和上你的音继续念，这时家长可以有意识地不念完整，启发宝宝接着背，如大马路，宽又……警察叔叔站……等。这样既教宝宝学习了语言，又锻炼和检验了宝宝的记忆能力。

社会交往能力训练

1.戴帽、脱袜

宝宝又长大了一些，他开始学会自我服务了。可以先锻炼他自己戴帽子，开始可能戴不好，家长可以让他在镜子里看自己戴的效果，逐渐教他自己戴正帽子。上床时教他自己脱袜子，也可以把鞋带解开后教他自己脱鞋。幼儿这种自我服务的愿望是很强的，因为这是他学习本领的过程，他非常乐意这样去做。即使他做得不好，家长也一定不要挫伤他的积极性，那样他就会不愿再尝试了。

2.形成生活规律

宝宝的饮食和睡眠较之前均有很大改变，他可以吃一些加工细致的普通食物，每日睡眠时间和次数也明显减少。这时可以按宝宝的生活节奏安排好他一天的作息时间，培养宝宝晨起高兴洗脸，按时吃饭、睡觉，睡前洗脚、洗脸等好习惯，使宝宝的生活形成规律。

3.充当小帮手

平时让宝宝多帮家长做家务，比如准备吃饭了，让宝宝准备筷子；要出门了，让宝宝把爸爸妈妈的鞋拿出来；收衣服时，请宝宝帮忙拿一些干衣服等。

通过让宝宝充当小帮手，培养宝宝劳动技能，激发宝宝的劳动热情，使他们养成热爱劳动和乐于助人的品格。

4.手拉手，围成圈

在家里播放节奏鲜明、愉快的音乐，爸爸、妈妈和宝宝三人手拉手围成一个大圈，跟着音乐向同方向移动，练习步子与节拍相一致。也可以全家一起到公园或草地上玩这个游戏，由妈妈哼着节拍伴奏，可以吸引其他的小朋友一起来玩。这个游戏可以激发宝宝进行集体游戏的乐趣。

5.整理玩具

宝宝有很多的玩具，每天都要拿出来玩，但往往玩过之后就不会去收拾。现在妈妈要求宝宝在吃饭前、离家出门前、睡觉前都应该先把玩具整理好，放进固定的收藏玩具的大盒子里或放回固定的位置。

培养宝宝按序放东西的习惯和自主意识：自己的东西自己收拾。

宝宝会原地起跳了

1岁半以后，宝宝逐渐学会做各种动作。宝宝渐渐能根据物体的特点和功用，灵活熟练地运用物体，并且开始知道把物体作为“工具”来使用，比如勺子用来吃饭，蜡笔可以涂鸦。肢体运动智能不仅是宝宝最先得到发展的能力，而且将为宝宝的其他智能发展奠定基础。

宝宝体格与智能发育

体格发育指标

男宝宝	女宝宝
身长：78.0～90.8厘米，平均84.4厘米	身长：76.9～89.3厘米，平均83.1厘米
体重：9.0～13.9千克，平均11.1千克	体重：8.6～13.2千克，平均10.9千克
头围：45.2～50.4厘米，平均47.8厘米	头围：44.3～49.1厘米，平均46.7厘米
胸围：44.4～52.4厘米，平均48.4厘米	胸围：43.3～51.3厘米，平均47.3厘米
牙齿：长出16～20颗	牙齿：长出16～20颗
牙齿：10～16颗	牙齿：10～16颗

运动能力发育

大多数宝宝到了这个月龄都能自由地行走了，有的宝宝不但能由走变成跑，由跑变成走，或由静止变成跑，而且还能够在跑步中停止立定。如果宝宝跑得比较快，突然停下来，可能会站立不稳，甚至向前摔倒。

宝宝早在几个月前就已经能够蹲下了，并能够保持短暂的半下蹲状态。到了这个月龄，宝宝能够保持半下蹲状态近10秒钟了。

大多数宝宝会双足并拢起跳。如果你的宝宝能够跳出30～50厘米远，甚至能够跳得更远，说明宝宝的体能发育已经非常好了。

宝宝已经不用扶着栏杆，甚至不用牵着妈妈的手，自己就能够独自爬至少三个台阶的楼梯了，但可能还不会两脚交替着连续上台阶。宝宝扶着栏杆或牵着妈妈的手，能够下楼梯，但神情还是会比较紧张。

身体技能发育

如果妈妈还想通过把门关上，来阻止宝宝走出房门，恐怕就没那么容易了。宝宝不但会关门，还会开门；即使是有旋钮的门，宝宝也会把旋钮打开，有的宝宝还能把门闩打开呢。

这个月龄的宝宝，几乎可以随心所欲地使用双手，干自己想干的事情。宝宝能双手配合，把不同形状的积木插到相应的位置。宝宝喜欢往容器中放东西，不管什么都愿意把它们装进某个容器中，会把小娃娃、手表等放到水壶里，把沙子放到奶瓶中。

宝宝会自己脱鞋了，宝宝不但会脱鞋，还特别愿意脱鞋，最喜欢光着脚丫满地跑。宝宝喜欢模仿爸爸妈妈的样子学做家务，如用扫帚扫地板，用墩布墩地，帮妈妈择菜、洗菜，爸爸妈妈做的事，宝宝都想试一试。

认知能力发育

宝宝能分辨一些颜色了。如果还不能分出红色和绿色，可能会是红绿色盲。宝宝能够分辨出不同的物体，并且喜欢把相同的物体匹配在一起。宝宝已经知道镜子中和自己一样的小朋友就是自己了，并且还开始注视镜子中自己的“形象”。

宝宝能够区分物品的大小，比较出不同物品的差别。妈妈说“把大皮球拿来”，宝宝就不会拿小皮球；妈妈说“把布娃娃拿来”，宝宝就不会拿塑料娃娃。

宝宝已经能画出近似的水平线、垂直线和弧形线了，喜欢画小动物等自然界中的实物。宝宝画的几乎都是“象形画”，但我们几乎猜不出宝宝杰作的内容。如果宝宝告诉你他画的是什么，我们就会恍然大悟，越看越觉得像，并会由衷赞叹宝宝的想象力。

语言能力发育

妈妈会惊奇地发现，1岁半以后的宝宝词汇不但在数量上迅速增加，还有了质的突破。以往宝宝所掌握的新词多是他熟悉的人和物品名称——名词，现在宝宝开始掌握名词以外的词了，如热、冷、脏、怕、走、拿、打等。有至少50%的宝宝会说出120～180个词。到21个月时，很多宝宝会说出200个词了。

到了这个月龄，有30%以上的宝宝，会说出一个完整的句子。会表达很多日常的需要，告诉妈妈他要吃饭、要喝水、要小便、要睡觉。还喜欢跟在妈妈的身后，问这问那，妈妈可不要烦。宝宝想知道所有他能看到的事物，这是宝宝强烈的求知欲和探索精神。

如果宝宝能够从1数到10，就很不错了。如果你的宝宝能连续数到几十，甚至几百，那就很棒了。如果宝宝只会告诉你他1岁或2岁了，还不会从1数到10，甚至还不会从1数到3，没关系，现在宝宝还不会数数，也算正常，不能说明宝宝的智商有问题。

宝宝已经能够背诵一首完整的儿歌了。如果你的宝宝只能背诵几句，甚至一句也背不出来，并不能因此而认为宝宝有什么智力问题。有的宝宝很善于思考，不喜欢背儿歌；有的宝宝很喜欢朗朗上口的儿歌，教几遍就能倒背如流。

社会交往能力发育

宝宝最亲近的人是妈妈，1～2岁的宝宝特别依恋妈妈。但快到2岁时，除了继续依恋妈妈外，也开始亲近其他人。经常照顾宝宝生活起居的看护人、爸爸、爷爷、奶奶、姥姥、姥爷，家里的兄弟姐妹和周围的小朋友，如果对他表示友好，他会很高兴地和他们玩耍。如果对他不表示亲近，或者不经常和他一起玩耍，他也不会主动发展密切关系。在人际交往上，宝宝还处于被动状态。

随着宝宝自我意识的完善，不再把所有的东西都看成是自己的了，如果告诉他，那是小朋友的东西，宝宝很有可能会主动把手中的东西递给小朋友。这也是宝宝学会与人分享快乐的开端。

情感发育

宝宝看电视时，如果电视画面中出现了令人悲伤的场景，宝宝也会收敛笑容，甚至会和电视里的人物一起哭起来。宝宝不是被吓哭的，而是通过自己的感官，感受到了悲伤。宝宝的情感世界开始丰富起来，视、听、闻都是宝宝探究事物的感官工具。

宝宝智能开发与训练

粗大运动训练

1.学跑

宝宝在刚学会走路时会踉踉跄跄，步伐显得比一般人走路要快，但那并不是跑，而是还不能很好地控制自己的身体。在他能够较好地控制住身体，能平稳走路后即会开始学跑。

起初他可能动作较僵硬，速度可能慢一些，经常鼓励宝宝练习，逐渐地使宝宝能较稳定地、协调地跑，速度可逐渐加快。还可以教宝宝学习转弯，绕过障碍物跑等。

2.倒退走

宝宝能倒退走也是运动稳定、协调的表现，可以经常与宝宝一起玩拖拉玩具或做一些游戏，让宝宝练习倒退走。

3.走脚印

用纸剪出10个左右的脚印，与宝宝脚的大小相当，按左右脚分别排列，中间隔开15厘米，每步相距12厘米左右。让宝宝走时眼睛注意看脚印，准确地踩在脚印上走。这个游戏可以培养宝宝正确的步态。

精细运动训练

1.笔、纸活动

为了锻炼宝宝手的活动，除了一般的玩具外，纸、笔也可以成为宝宝的活动工具。在让宝宝学画中教会他正确的握笔姿势，教他模仿在纸上画出笔道。当然这时宝宝控制笔的能力还较差，画图的意识也不成熟，尚不能画出一定的图形，但可以教宝宝画各种笔画，培养宝宝的模仿能力及控制手的能力。此时还可以和宝宝一起玩折纸游戏，不要折得太复杂，只折出横线、竖线、斜线即可。家长可多次示范，让宝宝来模仿。

2.玩套盒

给宝宝准备大小不同的两层套盒，大人先示范，然后让宝宝将小盒拿出来，再放进去。也可以在一个盒内放几个球，让宝宝一个一个拿出来，再放进去，训练宝宝手指肌肉的动作。

3.穿扣子

给宝宝一个扣子和一条塑料绳，让宝宝用塑料绳练习穿扣眼，穿过扣眼后再教他从另一面将塑料绳拉出来，训练宝宝的手眼协调能力。一般这个年龄段的宝宝可以穿过3个以上的扣子。

认知能力训练

1.自我认识

教宝宝准确地说出自己的名字、性别和年龄，培养宝宝自我认知的能力。

2.认色

收集黄、蓝两种颜色的多种物品，如黄色的丝带、黄色的笔记本、黄上衣、黄鞋、黄扣子、黄盒子等，让宝宝通过识记这些黄色物品，认识黄色的共同特性，再用相同的方法训练宝宝认识蓝色。

3.识别“我”、“你”、“他”

宝宝喜欢认和自己相关的东西，比如衣服、鞋子等。妈妈可以拿着宝宝的鞋子问：“这是谁的？”“宝宝的”，或者用宝宝的名字代指“××的”。如果会说话的宝宝会指着妈妈的鞋子问同样问题，宝宝可能会指着妈妈或说“妈妈的”，妈妈应该告诉宝宝说“你的”；妈妈还可以指着爸爸的鞋子，告诉宝宝是“爸爸的”，也是“他的”。这样，宝宝将学会用“我、你、他”来区分、称呼不同的人。

让宝宝学会用“我”称呼自己，用“你”称呼对方，用“他”称呼第三者。

4.巧学认字

宝宝具有一定的认知能力后，会有意识地记忆一些汉字，如经常看到的字，家里订阅报纸的名字，食品包装上的字等，看多了自然而然就认识了。妈妈可以把这些字剪下来，让宝宝重新组合，看是否正确。如果正确就把字给宝宝，作为奖励。宝宝拿到的字越多就会越高兴，从而会对认字产生兴趣。

通过游戏引导宝宝对汉字的兴趣，为以后的学习打下良好的基础，留下愉快的记忆。

5.玩沙

给宝宝准备一堆干净的细沙和一个小桶、一个小铲，让宝宝玩耍，看细沙从指间流出。然后用水壶把干沙打湿，用塑料小碗制作出小沙饼，宝宝会非常兴奋，会找出不同形状的塑料容器来制作不同形状的沙坯；也可以教宝宝用小铲子铲出河流，架上积木做的小桥，陪宝宝玩一阵后，妈妈可以去做自己的事情，宝宝可以自己独自玩沙。

玩沙的经验将给宝宝创造很多独特而难忘的体验，并将宝宝生活中的一些见识体现在游戏中。

6.了解身体部位功能

宝宝已经认识了很多的身体部位，现在要让宝宝知道每个部位的作用了。

妈妈和宝宝坐在一起，一边对宝宝说话：“我用眼睛来看东西，用耳朵来听声音，用嘴巴说话和吃饭，用鼻子闻香味和臭味，用手做事，用脚走路……”一边用手指着自己的相关部位，然后让宝宝来重复，眼睛是干什么的？耳朵是干什么的？

宝宝会不断地提问，妈妈要耐心地回答，增长宝宝的见识。

语言能力训练

1.双字词

宝宝经过了较长一段单字词语练习后很快向双字词语发展。这个双字词不是指两字的重复，如“抱抱”、“拜拜”等，而是一些既有名词，又有动词，能较完整表达一定意思的词，如“妈妈抱”、“拿来”等，要多教宝宝学会这类词句，多鼓励宝宝自己表达，使他能够较准确地使用一些词语。

2.强化语言能力

结合生活中的各种事物，经常给宝宝讲解，扩大宝宝的词汇量，让宝宝有机会模仿，并反复强化和训练。

3.小动物的本领

宝宝已经知道动物怎么叫了，但每个动物都有什么本领呢？妈妈可以和宝宝一起复习小动物们的叫声，然后告诉宝宝：小狗“汪汪”叫，会看家；小猫“喵喵”叫，会抓老鼠；母鸡“咯咯”叫，会下鸡蛋等。还可以告诉宝宝小动物们要吃什么，用什么喂它们。

用可爱的小动物，培养宝宝说话和发音的兴趣与技能。

4.听音辨人

全家人在一起时，妈妈把宝宝带到另一个房间，确保能听见家人的声音。然后让宝宝辨认是谁在说话。宝宝能很轻易地辨认出爸爸、爷爷和奶奶的声音，如果宝宝全部猜对了，妈妈应该及时表扬鼓励，增加宝宝对游戏的兴趣，宝宝会乐于仔细倾听别人的声音。家里来了客人，可以和宝宝再次玩这个游戏：先把宝宝介绍给客人们，然后把客人介绍给宝宝，再和宝宝一起躲起来，听客人们讲话，辨认是谁在说话。猜完后让宝宝出来，告诉宝宝刚才哪些人猜对了，哪些人猜错了。

社会交往能力训练

1.主动交往

宝宝既能走路，又会用语言表达了，这时他会对周围的事物更好奇，而怯生的程度已大大减轻，他会对一些新的面孔产生兴趣，此时可以鼓励和创造机会让他学习主动和别人交往，特别是与他年龄相仿的宝宝交往。他们可能会相互接触，或交换玩具，他会从这些简单的活动中得到很多的乐趣。家长不要强迫宝宝用某种方式与别人交往，而是让他用自己的方式去接近别人。

2.建立统筹观念

妈妈可以让宝宝多帮忙拿东西。比如洗澡前要准备肥皂、毛巾、拖鞋、梳子、衣服等，宝宝往往一次只会拿一种。妈妈需提醒宝宝还要拿什么，并告诉宝宝可以一次性把肥皂和毛巾都拿来。下次拿拖鞋和衣服时，妈妈和宝宝一问一答："拖鞋在哪？""在房间。""衣服在哪？""在房间。""那你可以一次把拖鞋和衣服都拿过来。"经过几次之后，妈妈只需说一遍所需要的东西，宝宝就会主动分配、安排每次取物的数量。

这种练习可以帮助宝宝建立起最初的统筹观念，学会做事前先思考判断，计划好行动的步骤，对宝宝来说将受益终生。

3.和小朋友玩协同游戏

这个年龄段的宝宝一起玩有一个非常有意思的特点，即当一个宝宝做出一种动作或发出一种叫声时，别的宝宝会立刻模仿。父母要利用宝宝这一特点，尽可能地创造机会鼓励宝宝和同年龄段的小朋友一起玩。需要注意的是，由于这个年龄段的宝宝还不懂得分享。因此，最好给他们相同的玩具，以避免小朋友之间相互争夺，吵闹。

4.安静"的游戏

将宝宝的玩具娃娃放在床上，盖好被子，妈妈轻声对宝宝说"妹妹睡着了，我们轻轻地出去，不要吵醒她"，然后领着宝宝用脚尖轻轻地走出去，轻轻地关上房门，去客厅里玩不发出声音的游戏，如穿珠子等。

这个游戏能让宝宝学会关心别人，在别人休息和睡眠时不要吵闹。

观察能力日渐敏锐

快2岁的宝宝虽然体格的发育相对慢了下来，但其在动作发育、智力发育及语言表达能力方面迅速发展，各器官逐渐成熟。这时期的宝宝观察能力特别敏感，大量的信息都是通过眼睛捕获的，而且手脚的活动伴随着眼睛的转动会变得更加灵活。

宝宝体格与智能发育

体格发育指标

男宝宝	女宝宝
身高：80.9～94.9厘米，平均87.9厘米	身高：79.6～93.6厘米，平均86.6厘米
体重：9.7～14.8千克，平均12.2千克	体重：9.2～14.1千克，平均11.7千克
头围：45.6～50.8厘米，平均48.2厘米	头围：44.8～49.6厘米，平均47.2厘米
胸围：45.4～53.4厘米，平均49.4厘米	胸围：44.2～52.2厘米，平均48.2厘米
牙齿：大多数宝宝已经长出16～20颗牙齿	牙齿：大多数宝宝已经长出16～20颗牙齿

运动能力发育

有的宝宝已经会一脚上一个台阶了，但如果你的宝宝还是一个脚迈上一个台阶，另一个脚也迈上同一个台阶，也不算落后，有的宝宝要到2岁半才能一脚上一个台阶。

宝宝已经能够稳稳当当地走路了，不再哈巴哈巴的了，也不再用脚尖踮着走（如果宝宝偶尔脚尖踮着走，那是在玩耍）。宝宝走路时两条腿之间的缝隙变小了，两只胳膊可以垂在身体两边规律地摆动了。宝宝站在那里，两条腿直溜溜的，真的长大了。

身体技能发育

宝宝手眼配合越来越好了，会很耐心地把带小眼儿的珠子一个一个穿成串珠。只要是宝宝想做的事情，几乎都要尝试着去做，尽管有时还是显得比较笨拙，但宝宝不会气馁，会坚持把事情做完。宝宝开始凭借自己的想法，画一些有意义的图画，如月亮、太阳、苹果、香蕉等。

2岁的宝宝，能打开门插销，能搭更多层积木，能玩拼插图，会在大人的指导下折纸，还会创造性地折一个小动物，尽管不像，但这是宝宝的创造，妈妈要加以赞扬。现在，宝宝还会给玩具娃娃穿衣服，为将来宝宝自己穿衣服打好基础。

认知能力发育

2岁的宝宝有极强的模仿能力，也有极强的模仿欲望，妈妈要干什么，他就要干什么。2岁前的模仿大多是后滞的，或许几个小时后，或许几天后才开始模仿妈妈的动作。现在不是这样了，马上就要行动。如果妈妈拿着墩布拖地，宝宝马上就要抢过来干，成了“小捣乱鬼”。

2岁的宝宝已经会数数了，但妈妈需要给宝宝加强数的概念，如果在宝宝数1时就在宝宝面前放1块积木，数2时就放2块积木。宝宝还能分清2比1多，1比2少。2岁的宝宝还能分清一堆物品中，哪些是可以吃的，哪些是不可以吃的。

语言能力发育

2岁的宝宝语言发展再上新台阶，词汇量又一次爆炸式增长，宝宝用语言表达需求的能力更强了，有能力与父母进行交互式对话了。与此同时，宝宝对语言表现出浓厚的兴趣，愿意使用新词和妈妈对话。

宝宝喜欢自己嘟嘟囔囔，说谁也听不懂的话，常常自言自语，连父母都听不出宝宝在说些什么。或许宝宝是回放着曾经让他听不懂的语音呢；或许宝宝要模仿成人说话的语调和节奏，但苦于没有丰富的词汇，只好嘟嘟囔囔说些谁也听不懂的语音了。

如果宝宝从这个月开始出现口吃，这并不意味着宝宝语言发育异常或智力迟滞。这个时期的宝宝，词汇量急剧增长起来，几乎能听懂父母所有的话，甚至还能听懂电视里的语言。宝宝对字词的使用能力提高了，想更好地通过语言表达思想，可是宝宝的思想总是先于语言，所以，出现口吃也是正常的。

社会交往能力发育

宝宝开始喜欢和小朋友一起玩耍，但还是缺乏合作精神，还不懂得和小朋友分享快乐。这是正常的，不能因此认为宝宝不合群。父母没有必要煞费苦心地教育宝宝，如何与小朋友分享游戏；也没有必要劝导宝宝慷慨解囊，把自己喜爱的玩具或食物送给小朋友。这会让宝宝有“劣势”的感觉，对哭着喊着要东西的小朋友也没有好处，倒是会怂恿那位小朋友抢占别人的东西。

情感发育

2岁的宝宝独立性不断增强，开始有了自律能力，并且特别在意自己的感受。宝宝开始尝试着做自己喜欢的事情，开始感受父母对他的情感。但由于宝宝的认知能力还是非常有限的，当妈妈为了避免危险而制止宝宝做某件事时，宝宝感受到的可能是妈妈“不爱他了”。宝宝看到的是妈妈外在的表现，感受到的是妈妈“不友好的态度”。所以，当妈妈要严肃而坚决地制止宝宝做某件事时，首先要告知宝宝“妈妈是爱你的”，这样就会让宝宝的情感发展保持在良性轨道上。

宝宝智能开发与训练

粗大运动训练

1.双脚跳

宝宝经过了走、跑的阶段后该学跳了，可以通过玩青蛙跳跳、小兔蹦蹦等游戏来鼓励宝宝练习双脚跳起。开始宝宝可能双脚不能同时跳起，家长可以经常给宝宝做示范，特别是有意让他跳起够一些东西，逐渐训练宝宝双脚同时抬起跳离地面。

2.独自上楼梯

现在，宝宝的本领更大了，他已经可以很自由地活动了，只是有时动作还不够灵巧，身体的平衡性还不够强。

为了使他的本领更强，这时可以训练宝宝独自上楼梯。开始宝宝可能有些胆怯，家长要鼓励他，让他看到自己的能力，或者有意地往宝宝手中放些东西，使他无意中不能扶，经过几次这样的锻炼，宝宝就有了信心与把握，可以稳定地独自上楼梯了。在初期训练时可从少数几阶楼梯开始，以后逐渐增多，这也是宝宝锻炼身体的好机会。

3.学兔子跳

双手放在头的两侧，伸出中指和食指装扮成耳朵，双脚离地向前跳，比比谁跳得远。可以一边跳，一边念童谣：“小白兔，白又白，两只耳朵竖起来！”以增加游戏的趣味性，同时还可以锻炼宝宝足部活动的能力。

4.变高和变矮

爸爸说“变高”，就和宝宝一起踮起脚尖，伸直身体，举起双手，人变高了许多。爸爸再喊“变矮”，蹲下双脚，弯腰低头，双手抱住膝盖，身体变成一个球状。由快到慢，或由宝宝喊口令，爸爸和宝宝一起表演，或由宝宝单独表演。

练习伸展和屈曲身体，使关节和韧带得到锻炼，全身肌肉活动协调。这种身体活动最好穿插在一些静态的游戏中间，使宝宝动静结合，有利于健康。

精细运动训练

1.翻书，训练手的灵活性

给宝宝准备几本书，让他随意地翻看。开始时，由于手指还不太灵活，宝宝可能会一下子翻好几页，经过一段时间的锻炼，宝宝控制小手肌肉的能力越来越强，逐渐就能一页一页地翻书了。

2.盖盖子

准备一个带盖子的塑料杯，妈妈先给宝宝做个示范，教他把盖子打开、再合上，可以让宝宝慢慢练习。这个活动需要同时使用双手，对培养宝宝两只手的协调能力很有好处，还能增强宝宝手腕的力量。

3.敲打乐器

准备好小鼓、木琴等可供宝宝双手演奏的乐器玩具，播放宝宝熟悉的童谣或歌曲，让他随着节奏用双手敲击乐器。可以使宝宝更加熟练地使用双手，还能培养宝宝的乐感。

4.倒水入瓶

找两个酸奶瓶，让宝宝把其中一个装满水然后倒入另一个瓶内，尽量不让水漏出来。熟练之后，再让宝宝将小碗中的水倒入瓶内，而不洒到外面。

通过这个游戏，可以锻炼宝宝的手眼协调能力，做精细的操作。

5.学用筷子吃饭

宝宝现在一般都能用勺子吃饭了，因此可以让宝宝自己用筷子吃饭。每天锻炼3次，使宝宝尽早习惯用筷子吃饭。

用筷子可以锻炼宝宝手的精细技巧，促进宝宝的身心健康发育。

认知能力训练

1.识别颜色

宝宝虽然很小就能分辨颜色，但他并不认识它，随着语言能力的发展，他知道了颜色的名称，这时可以真正开始教宝宝识别颜色。开始要与实物结合，在玩玩具时注意教他认识不同颜色的玩具，如这是红皮球、这是小黄狗等等。使宝宝逐渐建立这些颜色的概念，能够把它抽象出来，即不管看到什么物体都能正确地说出它的颜色。当然，对这个年龄的宝宝，只要求他能识别红、黄、绿等几种鲜艳的颜色即可。

2.手的操作

手是宝宝的重要认识器官，动手操作是宝宝的主要学习方法，这时还是要每天有一定的时间与宝宝玩动手游戏，如搭积木、插插片均可。有时家长要给宝宝做些示范，由宝宝来模仿，并启发他有创造性地玩。

此阶段他可以小心翼翼地搭起多块积木不让它倒下；他可以把很多拼插玩具插在一起，甚至可以说出他插的是什么东西，比如火车、大象等等。对宝宝创造性的行为家长一定要多鼓励，并帮助丰富他的想象力。

3.尝味道

吃饭前告诉宝宝，“今天我们吃饭前先来做一个游戏，叫做尝味道”。妈妈给宝宝蒙上眼睛，戴上围裙，用筷子夹一种食物让宝宝说出吃的是什么菜，是什么味道，如果宝宝猜对了，给宝宝多吃一些自己喜欢的食物作为奖励。

让宝宝学会用词去形容品尝出的味道，以后宝宝会故意闭起眼睛去尝试各种食物的味道，并学会用词形容它。

4.上下、大小的概念

把积木全部倒出来，让宝宝把它们分成大小两堆，大的放在柜子的上面，小的放在柜子的下面；搭积木的时候，大的放在下面，小的放在上面，以保证积木的稳定。

通过动手摆放积木，让宝宝知道大小、上下的概念。

5.什么会飞

找一本画有很多种动物的书，让宝宝讲述，哪些动物会飞；找一本画有各种交通工具的书，让宝宝说出哪些会飞。然后让宝宝联想还有什么会飞，如风中的纸片、汽球等。

经常和宝宝一起看图与想像，使宝宝学会从看到的一种物体想到另一种物体的能力，启发宝宝的联想能力。

6.植物小百科

吃饭时，告诉宝宝哪些是白菜的叶、哪些是白菜的茎，豌豆吃的是种子，番茄吃的是果实；出去玩耍时，认识不同的花、草；花是不能随便采摘的，因为要给人们欣赏；草也不要踩上去，会影响小草的生长；有些植物的茎叶可以用来吃，如菜叶；有些植物只吃根等等，这样随时跟宝宝讲，可以增长宝宝的知识，了解每种植物与人的关系与作用。

语言能力训练

1.简单句

学会了用单字、双字词，再把多个字词连在一起就是句子了。此时可以教宝宝用一些简单的句子来表达自己的意思，如“我上街”“妈妈上班”“我要吃饭”等。开始宝宝可能只是用单字或双字词来接你的话，家长可以有意地、清楚地说些简单句教宝宝模仿，使他逐渐学会运用完整的简单句来表达。

2.看书、理解简单故事

教宝宝学语言的一个好方法就是看书。这个年龄段可以看些有简单情节的书，家长利用书给宝宝讲些简单的故事。内容可以包括事物关系、生活常识、简单道理等，从而增强宝宝的语言理解能力，并教宝宝自己叙述书中所表达的意思。

3.记住家人名字

告诉宝宝家里每个人的名字，然后在游戏中复习。比如打电话或有人敲门来访，妈妈先问爸爸的名字：“×××在吗？”宝宝会说在，然后去叫爸爸；如果问爷爷奶奶的名字，宝宝会说不在，他们要星期天才在。之后妈妈与宝宝互换，宝宝问，妈妈答，看宝宝是否能顺利念出家里人的名字。熟悉这个游戏后，还可以把家里的电话、地址及爷爷奶奶等经常联系的亲人的电话让宝宝背诵出来。

用游戏促使宝宝说话，同时记住家人的姓名、地址，可以促进宝宝语言、记忆力和交往能力的发展。

4.唱歌

教宝宝唱一些易学、易唱的儿歌。可以跟着音乐一起唱，也可以和父母一起唱，还可以一边唱一边做动作，使唱歌更有趣。按节拍跟着旋律学唱歌，使宝宝丰富的听觉想像和视觉想像融会在节拍和音符中，保持心情愉悦。

社会交往能力训练

1.生活自理

为了从小培养宝宝独立生活的能力，现在就可以锻炼宝宝自己做简单的事。如自己吃饭、喝水，在主动配合穿衣、穿鞋袜的基础上，可以试着教宝宝学习穿脱简单的衣服，如解开扣子，由宝宝自己脱下外衣，自己脱袜子等。不要嫌宝宝笨，做不好，什么都自己做。而是要创造机会让宝宝自己尝试着做，做不好时家长再给予帮助。

2.是与非

在日常生活与人交往中教宝宝一些简单的是非观念，如“打人不好”，“脏东西不能动”等，使宝宝初步懂得一些正确与不正确的事情。注意一定要用宝宝能理解的方式教他分辨，并用行动来表明家长的态度。对正确的事要给予鼓励，对不正确的事要制止，或转移注意力，切记不要简单粗暴，防止不自觉地对宝宝不正确的事起到强化作用。

3.“满载”而归

如果小区内有小商店，可以让宝宝去帮妈妈买一袋盐或其他的小东西。开始时，爸爸妈妈可以先带宝宝一起去，在路上碰到熟识的邻居会打招呼，向宝宝介绍店里的阿姨或奶奶，让宝宝了解整个交易的过程。然后可以让宝宝自己去，但爸爸妈妈可以悄悄地跟在后面观察，看宝宝自己是怎样购物的。

平时可以让宝宝去取牛奶等，培养和锻炼宝宝办事和与人交往的能力。

4.造幢大房子

用大的包装箱置于地上，在宝宝头眼高的位置挖一个窗透气，给宝宝造一幢简单的房子。宝宝会把自己的玩具、娃娃等东西都搬进房子里，自己跟自己说话玩耍。宝宝渐渐长大了，需要一个完全属于自己的小空间，使之能重新温习自己经历的、印象深刻的片段，总结生活经验。并利用娃娃或拟人动作把情感表露出来，这些只有避开成人的视线才能自由发挥。

聪明活泼的宝宝

现在，宝宝已经满2岁了，进入了大脑的最活跃期。宝宝已经行走自如了，这时家长应该多让宝宝进行跳一些小台阶、平地跳远、自由追逐、攀登及平衡等运动，这样可以进一步发展宝宝全身肢体动作的协调性，促进宝宝体格健康发育。

宝宝体格与智能发育

体格发育指标

男宝宝	女宝宝
身长：89.7～91.2厘米，平均90.4厘米	身长：87.2～89.9厘米，平均88.5厘米
体重：12.7～13.2千克，平均12.9千克	体重：11.8～12.1千克，平均11.9千克
头围：48.3～48.7厘米，平均48.5厘米	头围：47.8～48.5厘米，平均48.1厘米
胸围：49.4～49.8厘米，平均49.6厘米	胸围：48.2～48.7厘米，平均48.4厘米
牙齿：大多数宝宝已经长出16～20颗牙齿	牙齿：大多数宝宝已经长出16～20颗牙齿

运动能力发育

宝宝会自如地蹲在地上玩，如果宝宝蹲的时间不长，可以不用借助手的力量，直接站起身来。宝宝行走自如了，开始玩起花样来，或横着走，或倒退着走，或一脚踩在一根方木上，一脚踩在地上，一高一低地往前走。

宝宝站着能把球扔出100厘米以外，这不新奇，因为宝宝腿部肌肉已经有些力量，臂力也不算小了。宝宝的平衡感觉已经相当良好，站在离地100厘米的高凳上，能保持平衡向前走上几步。

现在宝宝不满足于正常速度的跑步，他要快速奔跑了。宝宝跑得太快，自己突然想停下来，但宝宝还没有控制惯性的技巧，脚收住了，身体却收不住，常常会摔个大前趴。摔倒是宝宝成长道路上必然经历的事，妈妈不用因为怕摔倒而限制宝宝的行动。

身体技能发育

宝宝已经可以穿脱简单的开领衣服，可以解开衣服上的按扣，还会开合末端封闭的拉锁。宝宝还会把自己的鞋和袜子都脱下来，光着脚在屋里走来走去，无论妈妈怎样反对，宝宝都不会理会，妈妈穿几次，宝宝就可能脱几次。

宝宝偏爱爸妈使用的东西，喜欢穿爸妈的大鞋在屋里走来走去，还会站在镜子前面欣赏，看着自己穿着爸爸的大鞋，戴着爸爸的帽子，冲着镜子咯咯地笑。女孩子会拿着梳子在镜子面前给自己梳头，会拿着妈妈的口红往自己的口唇和脸上涂。

认知能力发育

宝宝喜欢反复听一个故事，读一本书，这么大的宝宝都有这个阅读特点。其实这跟故事多有趣没有太大的关系，宝宝只是喜欢依偎在妈妈怀里听妈妈讲故事的感觉。

宝宝有了联想能力，会把不同形状的石子、树枝和一些物品联系起来。如果宝宝看到一个鹅卵石，会告诉妈妈这是鸡蛋；如果宝宝看到一个小树枝像数字八，宝宝就会举着树枝告诉妈妈这是“八”，还会用小手比划着。联想力是创造力的源泉，有了联想力，才能创造出很多的新事物。

宝宝不但认识身体上的器官，还能说出一部分器官的功能，而且还能够举一反三。

语言能力发育

2岁半的宝宝可能会说“妈妈给我一块饼干”，“给我两个苹果”，那么它所反映的不仅仅是宝宝对数的理解，还有对物品“单位”的理解。但是宝宝还不会使用量词，“送妈妈一朵花”会说成“送妈妈一张花”。但宝宝还会一直努力地学习。

宝宝开始用语言表达自己的心情，描述自己的感受。不高兴时，会对妈妈说：我生气了。宝宝还会通过间接的陈述表达自己的要求，或向妈妈传递信息。比如说“我饿了”，这样妈妈就会给宝宝拿东西吃。

妈妈在开发宝宝语言能力时，要遵从宝宝的生理年龄，也就是生理成熟期。如果妈妈忽视宝宝是否达到生理成熟期超前开发宝宝的语言能力，会造成宝宝“语言休克”，实际上扼杀了宝宝语言能力的正常发育。

社会交往能力发育

宝宝的活动范围不断扩大，认知能力也会相应地提高，他特别需要朋友，从其他小朋友那里，宝宝可以得到许多的生活经验，这是从父母那里学不来的。所以宝宝特别喜欢与小朋友一起做游戏，妈妈应该带宝宝走出家门，多为宝宝找几个好伙伴。

2岁半的宝宝最喜欢玩过家家的游戏，愿意和小朋友一起玩这类游戏，扮演各种角色，医生、护士、爸爸、妈妈，老虎、狮子等。有时宝宝不但不愿意和小朋友一起分享游戏的快乐，还会对小朋友产生“敌意”。父母不能就此认为宝宝的性格不好，或人际交往能力差。2岁半的宝宝正处于独立性与依赖性的交叉路口，还不能体会分享带来的快乐，需要父母正确的引导和培养。

情感发育

2岁半的宝宝，对父母有强烈的依赖感，也逐渐发展出对父母的情感。宝宝希望得到父母的喜欢，开始在意自己在父母心目中的样子和位置。宝宝很喜欢妈妈讲关于自己的故事，通过讲他自己的故事，宝宝能感受到父母对他的爱，同时也体会到他自我存在的价值。

宝宝智能开发与训练

粗大运动训练

1.独自下楼梯

在宝宝能够比较稳地独自上楼梯后，可以训练宝宝独自下楼梯。因为下楼梯较难把握，可以先让宝宝从较矮的楼梯开始试。让他体会下阶梯的感觉，学会保持身体平稳，这样从几阶矮楼梯开始，逐渐独自迈下一阶梯。此时宝宝上、下楼梯可能都是一脚迈上，另一脚跟着迈上同一阶梯，即一步一踏。

2.骑小三轮车

为了培养宝宝手足配合的协调能力，从现在开始可以教宝宝学习骑小三轮车。开始可以扶着宝宝教他双足用力蹬，如果力量不够可以稍加用力推他前行，使他感到通过自己的努力可以前进的喜悦，以后逐渐练习宝宝独自骑三轮车玩。这样不仅可以使宝宝全身的肌肉得到锻炼，同时也能培养宝宝眼、手及全身动作的协调能力。

3.两脚交替走上楼梯

当宝宝身体比较灵活后，可以教宝宝两脚交替地走上楼梯，即一只脚迈上一个台阶，另一只脚再迈上另一个台阶，这需要宝宝有一定的肌肉力量，所以要给宝宝一些机会，鼓励他自己锻炼。先从很少几阶楼梯开始，以后逐渐增加运动量。

4.从台阶上跳下

在宝宝能较稳地双脚跳离地面的基础上，可以教宝宝从一个台阶上往下跳，开始要从很矮的台阶开始，在宝宝有了一定的胆量，并且能够跳下站得稳后，再逐渐增加台阶的高度，使宝宝能够从一节楼梯上跳下。当然，我们只是和宝宝玩时创造一些机会，使宝宝有所锻炼，不要总和宝宝做这样的活动，防止宝宝自己去尝试，会有危险性。

5.吹肥皂泡

带宝宝到户外去活动时，教宝宝吹出七彩的肥皂泡。泡泡越飞越远，越来越大，在阳光的照射下显出五颜六色。宝宝会不由自主地去追逐、大笑，这样既可以锻炼宝宝的行走能力，还可以让宝宝很开心，给宝宝留下深刻的印象。这是所有宝宝都喜欢的游戏。

精细运动训练

1.手的灵活操作

这个年龄阶段，玩玩具仍然是宝宝主要的学习活动，只是这时宝宝的手更加灵活了，并有了一些有目的的操作。为了培养宝宝的操作能力，可以有意识地让宝宝将一些小豆豆装进小口径的瓶子中，或者教宝宝学会用细绳穿进珠孔内，培养宝宝精细动作的能力。在玩积木、拼插玩具时，教宝宝更加灵活及有目的地拼、搭成某一物，如拼插成一个大车、搭个高房子等等，培养宝宝用自己的手去创造的能力。

2.学包糖

用面粉捏一些“糖果”晾干，然后给宝宝准备一些色彩鲜艳的彩纸，家长先示范如何用彩纸将糖包起来，然后让宝宝自己学着包糖。

3.用筷子夹枣

取大枣10颗，碗、盘各一个，让宝宝右手拿筷子，把枣从碗里夹进盘里。这时的宝宝用筷子还不太熟练，只会把筷子并拢来使用。妈妈要教宝宝正确用筷子的姿势，手指分工合作操作。爸爸可以和宝宝一起比，提高宝宝游戏的兴趣，从而更快更好地练习使用筷子，提高手眼协调能力。

4.捏橡皮泥

给宝宝买一盒橡皮泥，让宝宝认识其中的主要颜色，并会用橡皮泥捏出不同的形状，如搓成长条，像条蛇；搓成小粒，像米粒或绿豆等。也可以让宝宝把不同的形状拼接在一起，做成小动物。家里包饺子时，也可以给宝宝一个小面团，让宝宝学着包出自己的饺子。这些活动可以练习宝宝手的技巧，发展宝宝的创造力与想象力。

认知能力训练

1.识别简单的图形

随着宝宝年龄的增长，他们已经具备了一定的分辨能力，此时可以教宝宝识别一些简单的图形，如圆形、方形、三角形等，对这些图形宝宝可能很早就看出了它们的不同，但却不认识它们。

首先可以教宝宝识别这些形状，即家长说出每个图形的名称后，由宝宝来挑选，“给我找一个圆形”，“找一个三角形”等，以后逐渐地教宝宝自己命名这些图形，即家长指着某一图形问宝宝“这是什么形”。对这些形状家长也可以在日常生活中结合实物来教宝宝辨别，或用一些镶嵌及投空的玩具来学习。此时宝宝只能掌握一些简单的图形，对一些较复杂的图形还不能很好地掌握，家长注意不要一下子要求太高。

2.分辨大小

2岁半的宝宝开始逐步掌握了一些对应的概念。首先要教宝宝学会分辨大小，可以用一些实物，特别是日常生活中宝宝经常接触的物品来教宝宝。比如吃苹果时可以用两个不同的苹果作比较，教宝宝认识哪个是大的，哪个是小的。以后教宝宝能够分辨不同大小的图形，如大圆、小圆，大汽车、小汽车等等，逐渐使宝宝建立起大与小这一对相反的概念。

3.分清左右

教宝宝分清左右。吃饭时让宝宝知道用哪只手吃饭，记住左手、右手、左眼、右眼等。游戏时让宝宝摸自己的左耳、右耳，摸对了就要及时表扬。

4.分清早晚

早晨起床时让宝宝看到窗帘打开，天亮了，太阳出来了，要穿衣起床了，见到家人要说“早上好”。天黑了，要把灯打开，窗帘关上，温度也比白天更低，妈妈要带宝宝去洗澡、更衣准备睡觉。睡觉前要向家人说“晚安”。也可以找一些表现白天和黑夜的图片让宝宝辨认，早是一天的开始，晚是一天的结束。让宝宝从最具体的现象开始学会辨认时间，获得第一个时间概念。

5.辨认钟表

这个年龄段的宝宝很难用时针、分针、秒针来判断具体的时间，只要让宝宝能认识早上起床的6：00和中午吃饭的12：00即可，建立起最初的时间观念。如早上起床时，指着钟表告诉宝宝说："你看现在是早上6点了，宝宝应该起床了！"中午吃饭时再让宝宝看表："现在是中午12：00，我们正在吃午饭。"

6.了解物品的用途

在桌上放上家里常用的物品，如杯子、碗、钥匙、刀、蜡笔、指甲刀、胶水等。让宝宝说出吃饭用什么？喝水用什么？开门用什么？掌握这些知识后，再让宝宝记住下雨了要带伞，上班要带包等。让宝宝了解物品的用途，宝宝通过观察知道日常用品的用途，每样东西应该放在哪儿。

7.识别气候变化

让宝宝知道各种气候表现，如下雨、刮风、下雪、出太阳等，并用各种相应的图片来表示各种气候。平时可以让宝宝多听天气预报，配合天气预报来理解和记忆各种天气现象。

语言能力训练

1.背儿歌

儿歌是教宝宝学习语言、学习认识事物及道理的好方法。为了宝宝的成长，家长可以把很多东西编写成好听、易懂、易学的儿歌供宝宝们学习，所以现在儿童读物很多。

宝宝在2岁以后，不仅能认识一些图画，而且能够使用一些语言了。此时教宝宝背一些健康、活泼的儿歌对宝宝语言的掌握及认识事物都有好处。每天可以用一些时间来教宝宝背儿歌，反复强化，一首首掌握，真正学会一首后再背另一首。

有的家长喜欢教宝宝背诵唐诗，这当然也很好，但唐诗多不容易理解，宝宝只是机械地背。如果教宝宝一些实际、易懂的儿歌，像"大公鸡"、"小手绢"等儿歌。宝宝就不仅是在机械地记忆词句，同时也学习了认识事物。

2.用形容词

宝宝在学会了用双字词后语言的进步会非常快，接着可以说出多个字的词句。宝宝模仿语言的范围更加大了，此时可以教宝宝用一些形容词来表达。比如说"这是一个大红球"，"这个玩具真好”。可以在语调上强调这些形容词，让宝宝模仿，使宝宝的语言更加丰富。

3.说出物品的用途

随着宝宝语言的进步，他可以命名许多物品了。在他正确的掌握了这些名称后，可以教宝宝学会说出这些物品的用途。如教宝宝杯子是干什么用的、梳子是干什么用的，等等。教宝宝学会用正确的语言来表达一些物品的用途，注意一定要按正确的名称来说出它的用途，不要将用途和名称混淆。

4.叙述简单事件

平时要多给宝宝一些语言表达的机会。有些事要让宝宝主动来表达，特别是已经发生过的事，甚至是1~2天前的事，教宝宝用语言来简单叙述，同时也加强了宝宝的记忆力。

在宝宝能准确表达时，教宝宝学会用一些关键的词，使宝宝尽快学会用语言进行交流。

5.对歌

宝宝已经学会用声音模仿动物叫，妈妈可以和宝宝一起对歌，模仿动物的叫声。

小猫叫——喵喵喵！小羊叫——咩咩咩！小鸭叫——嘎嘎嘎！小狗叫——汪汪汪！小鸡叫——叽叽叽！老牛叫——哞哞哞！老虎叫——呜呜呜！下雨啦——哗啦啦！刮风啦——呼呼呼！天打雷——轰隆隆！摁喇叭——嘀嘀嘀！

6.转述悄悄话

全家人坐在一起，让宝宝挨着妈妈。妈妈在宝宝耳边轻声说一句话，然后让宝宝在爸爸的耳边轻轻地复述，爸爸再告诉爷爷，爷爷告诉奶奶，奶奶告诉妈妈，妈妈再告诉宝宝，宝宝对全家人宣布，看看这句话最后变成了什么？

引起宝宝对传话的兴趣，宝宝可能会发现，最后这句话变样了，宝宝就会明白如果口齿不清楚，别人就会误解。

7.接电话

家里电话响起后，让宝宝去接，让宝宝问“您好，请问您找谁”，并回答来电人的问题，学会把电话转给相应的家人。宝宝能够接电话会感到很骄傲，但刚开始时可能会比较慢，口齿也不太清楚，要慢慢来。家人不要表现出不耐烦，要多给宝宝自己尝试的机会。

社会交往能力训练

1.诉说大小便

宝宝在能够用语言表达事物后，要教宝宝用语言来表示大小便。白天不仅要能表达，而且要能够自己及时去蹲便盆或上厕所。在中午和晚上睡觉前要让宝宝养成先上厕所的习惯，这样宝宝就会更早地控制夜间不尿床。

2.帮别人一起做事

宝宝在有了一定的本领后很愿意帮着家长做一些事，这时家长千万不要嫌乱而打击宝宝的积极性，要有意识地教宝宝和家长一起做一些事，比如帮助妈妈收拾家务或打扫卫生等。目的是让宝宝从小就养成良好的习惯，学会热心为自己和他人服务。

3.和同伴合作玩

宝宝虽然很小就会和别的小朋友一起玩，但那只不过是平行的，各玩各的。在这个年龄段即可以教宝宝学习与同伴合作玩，比如两个人一起搭一个东西，或把我的东西放在你的盒里等等，培养宝宝这种相互合作的意识。

4.自我介绍

和宝宝一起玩"上幼儿园"的游戏，让宝宝和妈妈一起做自我介绍。妈妈当阿姨，宝宝从门口进来，先弯腰鞠个躬，然后进行对话。

宝宝 阿姨好！

阿姨 你叫什么?

宝宝 我叫×××(声音大而清楚)。

阿姨 你几岁了?

宝宝 我2岁。

阿姨 你爸爸(妈妈)叫什么名字?你家住哪里?你家的电话号码是多少?

回答完毕后，妈妈要纠正宝宝回答不正确的地方，并及时表扬"你回答得很好"，最后与阿姨告别。

阿姨 再见！

宝宝 再见！

如果宝宝有些记不清楚的地方，可以每天重复做一次，使宝宝最终讲述清楚，并帮助宝宝养成见人打招呼，告别时说"再见"的好习惯。同时宝宝能清楚地自我介绍，也是重要的安全教育。

5.“请”、“谢谢”

妈妈每次让宝宝帮忙做事时，都要说“请”，做好后说“谢谢”，让宝宝学习人际交往中基本的礼貌用语。家里人睡觉前都互道“晚安”，起床后要互相招呼“早上好”。

习惯了说话有礼貌，会使宝宝在与人交往时给人留下良好的印象。

6.遵守秩序

去游乐园玩，买票要排队；玩滑滑梯时，如果小朋友多也要排队。要让宝宝学会等待，等待是让人集中意志去做一件事，要有耐心，心平气和才能解决问题。父母也要尽量缩短等待的时间，不让宝宝过于烦恼，因为超过合理的限度会让宝宝太疲劳，如果确实需要等待，也应安排一些游戏来转移注意力。

让宝宝从小懂得遵守秩序，从而知道坚持、等待，锻炼宝宝处事的能力。

7.唱歌表演

宝宝学会唱一首新歌后，可以请宝宝在茶余饭后给大家表演一下。爸爸妈妈可以用手或乐器轻打节拍伴奏，如果宝宝能顺利表演，应及时给予鼓励。有时也可以由爸爸或妈妈先来一段，然后再请宝宝出场，营造出一种其乐融融的氛围。如果宝宝不愿意唱或唱不好，也不要强求，可以找合适的机会再试一两次。不要说宝宝“害羞”，因为这个年龄的宝宝还不知道“害羞”的意思。

鼓励宝宝敢于说话，敢于唱歌，敢于表达自己的意见。培养宝宝开朗大方的性格。

宝宝身心大飞跃

现在，宝宝已经进入了大脑的最活跃期。宝宝的思维进入了一个快速发展的时期。他对周围各种各样的事情都会产生非常强烈的兴趣，什么事他都想探一个究竟。那么在这个阶段，你首先要善于给宝宝提问题，激发宝宝对了解周围世界的一种欲望，启发他的思维。

宝宝体格与智能发育

体格发育指标

男宝宝	女宝宝
身长：93.0～96.8厘米，平均94.9厘米	身长：91.0～95.9厘米，平均93.5厘米
体重：13.4～14.4千克，平均13.9千克	体重：12.8～14.0千克，平均13.4千克
头围：48.9～49.4厘米，平均49.1厘米	头围：47.2～48.4厘米，平均47.8厘米
胸围：49.8～50.9厘米，平均50.3厘米	胸围：49.3～50.4厘米，平均49.8厘米
牙齿：大多数宝宝已经长出18～20颗牙齿	牙齿：大多数宝宝已经长出18～20颗牙齿

运动能力发育

走、跑、跳、站、蹲、坐、摸、爬、滚、越过障碍物，3岁幼儿的运动能力，应有尽有，无所不能，无所不会，真正成为了全能型“运动员”。

宝宝应该已经会拍球、抓球和滚球了，并且能够接住2米远抛来的球。经常玩秋千、翘翘板和滑梯可以提高宝宝对自己身体的信心。让宝宝玩跳房子的游戏，父母牵着宝宝的手让宝宝单脚换着跳，可以练习宝宝的跳跃能力。

身体技能发育

这个时候的宝宝是破坏东西的高手，看到什么就想摆弄什么。锤子、剪刀都要用一用，拖把、扫帚都要试一试，捏橡皮泥、折小飞机、拼七巧板、玩电动玩具等等，都难不倒他。

宝宝的空间感提高很快，能成功地把水和米从一个杯中倒入另一个杯中，而且很少撒出来。宝宝可以用积木搭成复杂的结构。会给娃娃穿脱衣服，喜欢玩过家家的游戏。

认知能力发育

宝宝会说10个左右的英语单词。背诵儿歌、唐诗、广告词及简单的故事。能数数到几十甚至100，会做数字汉字的配对。宝宝能认识4～6种几何图形，切分圆形1/2或1/4。拼上4～8块的拼图。从图中找出缺漏部分。从地图中找出自己居住的城市。也能画一些简单的图形，可以让宝宝凭印象画圆形、正方形、三角形。有的宝宝可以完整地画出人的身体结构，虽然比例不协调，但是可以找准基本的位置。

宝宝的记忆力很好，会讲述过去发生的事情。你可以用做过的事情提醒她，锻炼她的记忆力。比如提醒他“昨天我们去超市了，你还记得吗？”

语言能力发育

3岁以前的宝宝，语言主要是情景性的，只有结合此时此刻的情景，并辅以手势、表情，甚至是带有表演性的动作，才能够表达出比较完整的意思，才可能让成人理解幼儿的思想。3岁以后的儿童，开始逐渐向连续性语言发展，能够离开具体情景表述一些意思了。

3岁左右的幼儿开始沉浸在自言自语的语言快乐中，这是宝宝语言发展的一个阶段。我们成人在思考问题时是不需要说出来的，而3岁以前宝宝的思考是直接用嘴说出来的。这个阶段宝宝喜欢自言自语，就是处于这个过渡期。3岁以后，宝宝的思考就渐渐不直接说出来了，宝宝会静静地思考，再作出某种决定和采取行动。

社会交往能力发育

宝宝的个性深受家庭的影响，如果你怕自己的宝宝吃亏，过分保护，就会使宝宝胆小怕事，遇事畏缩躲避，只会哭不敢与人接触。如果允许宝宝在家充当“小皇帝”，他就会在外面表现得很霸道，欺负别人，不善于与人共处，不合群，要独占玩具和用品，稍不如意就会发脾气。到上幼儿园时这种个性就更加突出了。在3岁时应及时引导和纠正，培养宝宝活泼开朗，善于与人相处的良好性格。宝宝的社会行为和人际关系对宝宝今后的学习和事业都有影响。

情感发育

父母或看护人影响着宝宝的人格，父母和看护人性格怎样，人品怎样，怎样对待宝宝……这一切都深深地在宝宝人格发展的道路上留下了印记，甚至影响着宝宝一生的发展轨迹。

如果父母总是对宝宝发脾气，宝宝就会把“发脾气”看成是一种敌视，宝宝相应地会养成用“敌视”的眼光看待世界的习惯。

如果父母总是否定宝宝，批评不断，宝宝在这样的环境中长大，就会对自己产生怀疑，总觉得自己不对，缺乏自信。一个没有自信的人，就不会拥有自尊，也不会爱戴自己和他人。

宝宝智能开发与训练

粗大运动训练

1.学会控制重心

宝宝在有了跑跳的能力后，活动更加稳定了，这时可以教宝宝一些活动动作，锻炼他很好地控制身体。比如教宝宝用足尖走路或单足站立，观察宝宝是否此时仍然能够保持身体平衡。做这些动作时要用游戏的方法进行，单纯让宝宝模仿时他会没有兴趣，可以对他说“看！我们来学个小燕飞（抬起足跟、伸出双臂向前跑）”或者说“我们学大公鸡抬起一只脚（单足站立）”等。

2.小鸡吃米

妈妈先表演小鸡吃米的样子：双手在背后合拢举起，头一点一点地弯腰向下做吃的动作。然后由宝宝模仿，模仿几次后妈妈可以说：“小鸡赶快回家，黄鼠狼来了！”让宝宝快步跑回妈妈身边。做这个游戏时宝宝的身体要支撑头向前垂的重量，可以锻炼腰部的肌肉。

3.跳远

宝宝在能双足跳离地面，又能从台阶上跳下后，可以教宝宝在原地往前跳，鼓励宝宝用力向前跳，和他比赛看谁跳得远。尽管此时宝宝可能跳不了很远，但这只是让宝宝学会有意识地向前跳，主要是为了锻炼宝宝掌握身体平衡的能力。

4.跳高

在宝宝能够有意识地向前跳后，也可以教宝宝向上跳，即跳出一定的高度。这种练习可以在一些小门槛或拴上一个小绳子来练习，但绳子一定要拴得松或用橡皮筋。一般这么大的宝宝可以跳出5～10公分的高度。

5.两脚交替走下楼梯

在宝宝上楼梯比较灵活后，可以教宝宝两脚交替地走下楼梯，即一脚下一级台阶，另一脚再下一级台阶。这种学习要较慢地进行，视宝宝的身体情况而定，而且要是坡度不太大的楼梯，以免发生危险。

精细运动训练

1.开始学会用筷子夹菜

因为用筷子夹取食物时，会牵动肩、胳膊、手腕、手指等部位的30多个关节。用筷子进餐可以促使宝宝心灵手巧，起到健脑益智的作用。

2.学习折纸

可以教宝宝折纸飞机、千纸鹤、纸青蛙等。如果宝宝还不会，可以先从最简单的三角形、长方形开始折，逐渐加大难度，以锻炼宝宝手眼协调能力和按步骤操作的记忆能力。折纸是一种良好的益智游戏。

3.剥毛豆、摘豇豆

妈妈教宝宝学习剥毛豆，用大手指和食指掐住毛豆壳，壳破了，毛豆就出来了。宝宝很喜欢这种重复的工作，如果一边剥毛豆一边听故事就更好了。

摘豇豆，把豇豆两头的角掐掉，然后把豇豆折成一段一段的。让宝宝在简易的家务劳动中，锻炼动手能力，认识不同的豆类及吃法，既能增长见识，又能锻炼劳动能力。

4.补好撕破的书

宝宝长大了，不像小时候那样爱撕书了，但也会有不小心把书撕坏的时候。这时，妈妈不要把书扔了，而应该和宝宝一起，用胶水、透明胶、剪刀等工具，把书修补好。宝宝学会修书后会更加爱惜书本。和宝宝一起补书，可以锻炼宝宝手部的精细动作。

认知能力训练

1.掌握长短的概念

长和短是一对简单的对比概念，这一概念可以在实际生活中用一些实物来教宝宝掌握。比如玩具中的两根小棒、家中的两根小棍，或者是两支笔都可以教宝宝学会分辨长短，以后也可以教宝宝分辨画出的线条的长短以及衣服的长短等等。

2.懂得基本方位

在日常生活中经常会碰到一些方位的用途，此时可以有意识地教宝宝掌握一些基本的方位概念，如上、下、里、外等。在和宝宝玩的过程中，可以有意识地叫宝宝把某一玩具放在桌子上面或者桌子下面，把某样东西放在盒子里面或者拿到盒子的外面，使宝宝初步理解这些位置的意义。

3.学数数

数字概念的掌握受年龄限制较大，只有到了一定的阶段才能达到数量的守恒，否则不易教宝宝掌握。当然这也有个体差异问题，有的宝宝掌握得早一些，有的宝宝则晚一些。宝宝在会说话后很快就能背出1、2、3……10，但这不是对数字概念的理解，而在接近3岁时，宝宝才开始学习识数。首先教宝宝1的概念，即经常拿出一样东西给宝宝，告诉他这是1个，并和多个进行比较。以后教宝宝点数1、2、3，即手口一致的点着某样东西来数，使宝宝真正理解这几个数字的意义。

4.认识职业

教宝宝识别工人、农民、解放军、学生、干部、医生、警察等不同的职业，理解他们都是干什么工作的。给宝宝看家庭成员的照片，看看亲友们是从事什么职业，在什么地方工作，有什么特殊业绩等。

5.闻味识物

把切碎的大蒜、生姜、葱及醋等，分别装在几个瓶子里，让宝宝闭上眼睛闻，然后说出每种气味的名字。可以锻炼宝宝的嗅觉分辨能力，嗅觉和其他感觉一样，都是一种辨别能力。

6.分清吃、穿、用

爸爸和宝宝玩耍时，可以说出一些吃穿用的食品、物品的名称，让宝宝说出哪一样不能吃，如“苹果、桌子、橘子、葡萄”里，让宝宝找出哪一样不能吃？说“鞋子、衣服、肥皂、衬衫”里，哪一样不能穿？让宝宝学会有意识地区分各种食品、物品的功能。爸爸说话的速度要先慢再快，让宝宝听清楚，记明白。

语言能力训练

1.说出自己和别人的姓名

姓名作为一个人的代号使之与别人区别开，宝宝在认识了很多人以后也要学会用姓名来区分。首先，宝宝已经知道了自我，那么就要学会用自己的代号来表示，即学会说出自己的姓名，此时是教宝宝说出完整的姓和名（不是小名），而且要教他学会说出周围一些熟悉的人的姓名，以后他会逐渐地懂得用姓名来称呼同伴。

2.说较复杂的句子

宝宝掌握的词句更丰富了，表达需要更清楚了。这时就要教宝宝说一些较复杂的句子，比如："今天我妈妈去上班了。"，"我爸爸天黑才回来。"等等。这就需要和宝宝有更多的交谈，给他更多的表达机会，使他的语言发展更加迅速。

3.猜谜语

父母和宝宝一起编简单的谜语，互相猜。例如："谁的鼻子最长？谁的脖子最长？""谁爱吃老鼠？"等等。从而锻炼宝宝说较长的句子，从简单句过渡到复合句，提升宝宝的语言能力。

4.宝宝讲故事

拿出平时妈妈常给宝宝讲的故事书，然后这次让宝宝来讲，妈妈听。看宝宝会选择哪个故事来讲，能讲出多少重点，妈妈可以多问问，诱导宝宝找出要讲的内容。这个游戏可以锻炼宝宝的口头表达能力。

5.对反义词

妈妈和宝宝互相对反义词，如妈妈说"我说高"，宝宝对"我说低"；妈妈说"我说大"，宝宝对"我说小"，胖瘦、香臭、快慢等都可以组成反义词组，使宝宝对词义更加明确。

社会交往能力训练

1.讲礼貌

带宝宝外出做客时，要要求宝宝有礼貌，见人问声"好"。接受食品或玩具时说"谢谢"，不乱翻乱动别人的东西，离开时说"再见"等。

2.懂得分享

家里吃水果、蛋糕等好吃的东西时，让宝宝作主来分。看宝宝先分给谁，会把大的、好的分给谁。要让宝宝学会平分，每人至少一份；如果某个家人暂时不在，要让宝宝给家人留着。让宝宝养成心中有别人的良好习惯，学会关心别人，以免从小养成惟我独尊的坏习惯。

3.参观幼儿园

在宝宝正式上幼儿园前，先带宝宝去参观幼儿园，看看幼儿园里的小朋友们做游戏、唱歌、高高兴兴地来上学，排成队伍出游等等，让宝宝对幼儿园的集体生活产生向往。最大限度地减少宝宝正式入园后的负面反应。

刚上幼儿园的宝宝，不可避免会对与家人的分离产生恐惧和依恋。可以采取先上半天的办法，或在园内呆几天，回家再呆几天。逐渐过渡，让宝宝习惯、适应幼儿园的生活。

4.收拾书包

给宝宝准备一个小书包，里面有宝宝的小故事书、蜡笔、小铅笔、卷笔刀等，为宝宝上幼儿园做好准备。

把书包挂在宝宝拿得到的地方，然后和宝宝做上幼儿园的游戏。妈妈给宝宝上课，然后由宝宝复述故事，数数字，画画，玩一会后，妈妈说“小朋友们，现在下课了”，然后让宝宝收拾东西回家。看宝宝是不是可以有条不紊地把拿出来的东西全部放回书包里。然后背上书包，在家里走一圈，结束游戏。

5.一个“成人”仪式

宝宝3周岁了，这是一个重要的转折期，它标志着宝宝长大了，将要上幼儿园了，这是宝宝正式踏入社会的第一步。家长们都希望宝宝更懂事，更聪明，所以有必要给宝宝准备一个隆重的生日成人仪式，邀请一些重要的亲人来见证这个时刻。

家长要把对宝宝的期望郑重宣布：宝宝已经长大了，今后要自己多动脑筋，独立去处理许多事情。家长郑重其事地对待宝宝的3岁生日，会让宝宝觉得自己与以往不一样了，从而增强了宝宝的信心，提高了宝宝的自我要求。

第三部 喂养

幸福的基石

爱默生说："健康是人生的第一财富。"

毫无疑问，身体是智能的载体，越健壮越聪明！所以，把宝宝喂养好，是为人父母的首要职责。有健康才有未来，祝您与宝宝健康、成功！

01 母乳是宝宝最好的食物

母乳喂养是世界上最古老、最有效的喂养方法，母乳是宝宝最天然的营养品，喂母乳的妈妈是最美的。想象一下，你的宝宝吸吮着你的母乳，一天天长大，越来越可爱，是多么美好的一件事。通过母乳喂养你也可以和宝宝建立起最亲密的母子关系，这将是人世间最动人的画面。

母乳喂养的好处

母乳含有丰富的营养

出生后的前6个月是婴儿生长发育最快的时期。6个月的时间内，婴儿的体重会增加一倍多，脑的重量也会增加约一倍。婴儿迅速的生长发育需要摄取大量的营养物质，特别是蛋白质、脂肪、钙、铁和B族维生素、维生素C、维生素A、维生素D、维生素E等。而母乳几乎含有婴儿出生后4～6个月内所需的全部营养物质。

1.母乳含有满足婴儿成长所需的适量的蛋白质和脂肪。

2.与其他乳品相比，母乳含有较多的人体所需要的乳糖。

3.母乳含有足量的B族维生素和维生素C，母乳喂养的婴儿不需要额外补充B族维生素和维生素C或水果汁。

4.母乳含有少量的铁，母乳所含铁的50%能被吸收，母乳喂养的婴儿不会发生缺铁性贫血。

5.母乳含有足够的水分，即使在天气炎热时，只要坚持勤哺乳，也能满足婴儿水分的需要。

6.母乳含有适量的盐分及钙、磷。

母乳不仅营养丰富，含有多种消化酶，易于消化吸收，而且母乳的生产量也会随着婴儿的需要而调整。产后第1周，母乳量不多，但婴儿在胎宝宝期贮存在机体内的营养可以帮助他度过这个困难的时期；产后第2周，母乳量每日即可增加到500毫升左右，这足以满足3千克左右婴儿的需要。

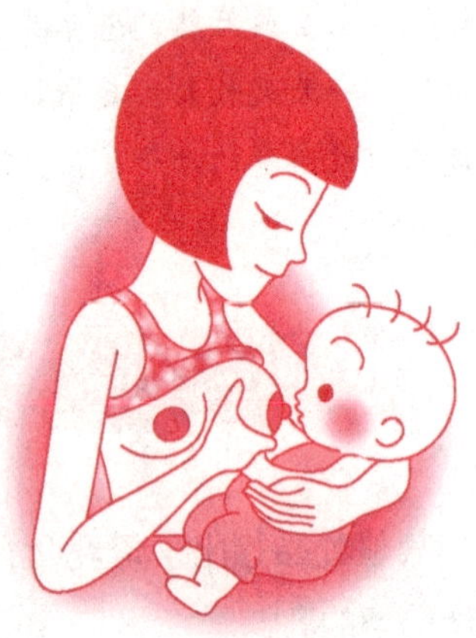

以后，随着婴儿长大，母乳量也会相应增加，一天可达1000毫升，这足以满足4～6个月婴儿的需要。

哺乳有助于恢复体形

母乳喂养是不会影响产妇的体形的，相反，坚持母乳喂养，还有助于产后尽早恢复体形。

母乳喂养时，母亲要分泌乳汁，哺育婴儿，所消耗的热能及各种营养素便会增加，尤其因为脂肪能提供较多热能，所以哺乳也会消耗一部分的脂肪。只要产妇在“月子”期间不暴饮暴食，坚持母乳喂养，产后就会逐渐恢复到怀孕前的样子。

哺乳是相互给予的过程

母乳喂养不仅对宝宝好，对妈妈也是最好的。虽然母乳喂养会持续一段很长的时间，但在这个期间，宝宝每天都要不断地吃奶，你要不断地喂奶，耗尽你所有的力气和耐心，或许你会觉得需要付出很多。但事实上，母乳喂养并不只是你单方面的付出，你得到的回报也是不可估量的。

在你为宝宝付出的同时，宝宝也在回报你。当宝宝吮吸的时候，你给了他乳汁，而宝宝的吮吸会刺激你乳头上的神经，把信息传递给你的脑垂体——大脑控制中心，分泌泌乳素。泌乳素会周游于妈妈的体内，刺激妈妈的母性本能，告诉她怎样正确照顾好宝宝。

另外，宝宝一天天长大、每一个动作，每一个笑脸，都会让你感到无比的幸福。不仅仅是这些，在一生中你都能够感受到他所带来的回报。

哺乳可降低乳腺癌几率

母乳喂养宝宝时间的长短是影响妇女患乳腺癌发病几率的重要因素，甚至超过了遗传因素。

有调查发现，妇女如果对自己的宝宝母乳喂养超过6个月以上，就可以降低患乳腺癌几率5%，即使她们有乳腺癌的家族病史。

初乳一定要珍惜

初乳：人生第一次免疫

宝宝出生后，妈妈最初几天分泌的乳汁颜色较黄，量比较少，较稀薄。有的妈妈认为这些乳汁很脏，于是会挤出来扔掉，其实这样做法是错误的。

产妇在产后最初5天内分泌的乳汁叫初乳，颜色类似黄油。虽然不多但浓度很高，与成熟乳相比，初乳中富含分泌型IgA的免疫物质、蛋白质、各种酶类、碳水化合物及较低的脂肪。初乳可以促进脂类排泄，减少新生儿黄疸的发生。初乳对宝宝一生的健康都将产生极其重要的影响。

英国剑桥科研人员发现：如果新生儿及时吃到妈妈的初乳，那么他们长到8岁的时候，智商水平及健康明显超过只吃常乳的同龄儿童。而且不吃初乳的宝宝免疫系统发育不完善，易患各种疾病，如：反复呼吸道感染、哮喘、肺炎以及各种过敏性疾病。在中老年期还容易患Ⅱ型糖尿病、老年痴呆等疾病。

初乳是人生的第一次免疫，尽可能不要错过给宝宝喂哺初乳的机会。

初乳富含免疫因子

对于人类来说，当怀孕7～9个月时，母体血液中的某些免疫因子可以透过胎盘屏障传给胎宝宝，使胎宝宝获得一定的免疫能力。婴儿出生后，如果用母乳喂养，则可以继续从乳汁中获得免疫物质。

人乳分初乳、过渡乳和成熟乳。初乳一般是指产后5天内的乳汁，产后6～10天内的乳汁称为过渡乳，产后11天及以后的乳汁称为成熟乳。一般所说的人乳是指成熟乳。

初乳是婴儿最好的食物。初乳含有成熟乳的各种营养成分，能使婴儿获取生长发育所需要的全部营养素。初乳含有比成熟乳较少的脂肪和乳糖，适合新生儿消化吸收。更为重要的是初乳含有比成熟乳高得多的免疫因子，能够增强人体的免疫力，保证新生儿免受病原菌的侵袭。初乳是母乳中的“精品”，所以应让新生儿及时吃到初乳。

初乳还含有双歧增殖因子，摄入后能促进肠道内双歧乳杆菌等有益菌群的生长，调节肠道功能，促进营养素更好地吸收，并阻碍某些致癌物质形成。

此外，研究还表明，初乳含有特殊的糖蛋白，能保护活性因子免受胃肠道消化酶的破坏，使其能被人体吸收而发挥作用。

掌握开始喂奶的时间

母亲第一次给新生儿喂奶叫“开奶”。过去人们大多强调母亲产后非常疲劳，需要休息一段时间，所以一般应在婴儿出生后6～12个小时才开始喂奶，觉得这样才对妈妈的身体有利。

其实早开奶更有利于母婴健康。新生儿出生后第1个小时是敏感期，而且婴儿出生后20～30分钟内，吸吮反射最强，因此母乳喂养的新观点是提倡产后1小时内即开奶，最晚也不要超过6个小时。早开奶的好处有以下几点。

（1）母亲产后泌乳必须依靠婴儿对乳头的吸吮刺激。婴儿尽早吮吸乳头，能促使母亲早下奶，下奶快。

（2）加快母亲子宫复位，早止出血。婴儿吸吮引起催产素分泌，可以促使产后子宫收缩，加快复位，有助于产后尽早止住出血。

（3）早开奶，婴儿可以获得初乳中大量的免疫物质，加强抵抗疾病的能力。

（4）新生儿敏感期正是建立母婴间感情联系的最佳时期，新生儿出生后母婴接触的时间越早，母婴间感情越深，婴儿的身心发育就越好。

（5）能够及时补充婴儿从母腹到人间的生理断层，能够尽快获得生理需要，特别是水分、营养的及时补充，有利于婴儿成长的连续性。

母乳喂养的方法

4类乳头哺乳技巧

在哺喂母乳的过程中，乳头的形状远比乳房的形状重要，而且无论是多么难吸吮的乳头都一定可以哺喂母乳，只是妈妈和宝宝都需要花一些时间才能让哺乳变得更顺利。随着社会大力倡导母乳喂养，有许多的孕妈妈在怀孕期间就开始为将来哺乳做准备了。在哺喂母乳前，可以先了解一下自己乳头的类型，对于将来顺利哺乳会有很大的帮助。

1.扁平乳头

自测 乳头直径虽然在标准范围内，但是却不够突出，也就是乳头长度较短，约在0.5厘米以下。

技巧 对宝宝而言，扁平乳头比较不容易吸到口腔深处，不过只要多让宝宝吸吮，转变成正常乳头的几率很高，宝宝也就能吸得更轻松、更顺利了。

2.小乳头

自测 乳头直径与长度都在0.5厘米以下。

技巧 和扁平乳头一样，宝宝比较不容易含住乳头吸吮。只要让宝宝连乳晕一起含住，还是可以吸得到奶水，而且只要坚持哺喂母乳，乳头形状将会变得更加容易吸吮。

3.巨大乳头

自测 乳头直径在2.5厘米以上。

技巧 宝宝刚开始吸奶时会很困难，不知道该如何吸吮，但是经过一番努力之后，宝宝就会习惯妈妈的巨大乳头。即使妈妈的乳头比一般乳头大许多，只要妈妈与宝宝一起用心，一样可以顺利、成功地哺喂母乳。

4.凹陷乳头

自测 乳头凹陷在乳晕中无法突出于外部。

技巧 这类型乳头要及早做好护理工作，用手指头刺激或乳头吸引器等方式都可以使乳头突出。这类凹陷乳头，可以利用霍夫曼运动来改善凹陷的情况，让哺乳变得更顺利。一旦哺乳步上轨道，乳头只要接收到宝宝吸吮的刺激，就会自动突出，不再需要刻意拉引，所以此类乳头的妈妈可千万不要轻易放弃母乳喂养。

3种方法轻松牵引凹陷乳头

霍夫曼运动 乳头凹陷的妈妈，在怀孕6个月后即可开始进行此种乳房护理运动，进行的方式很简单，只要将食指轻压乳晕两侧，将乳头牵引出来即可。

乳头吸引器 目前市面上有乳头吸引器销售，轻松一吸即可让乳头突出，相当方便实用。

冰敷 利用冰敷让乳头自然直挺出来，是一种顺应自然的身体反应的方法。

宝宝需要按需喂养

新生儿每次吃到的奶量不尽相同，因此有时宝宝吃奶后1个小时就饿了，有时间隔达3小时似乎还不那么想吃，这都是正常的。正是由于这种生理现象的存在，所以，我们大力提倡按需哺乳。具体地说就是当宝宝哭闹，妈妈感觉他要吃奶或者妈妈奶胀，想给宝宝喂奶时就可以哺乳。刚刚出生不久的新生儿胃容量只有30毫升，每次能吸吮到的奶量也只有20毫升左右。奶量少加上在胃中停留的时间短，宝宝自然很快就又饿了。所以，2小时左右喂一次奶很正常。

出生头两周每天喂奶次数应为8～12次。大致要到第2个月才会延长至2.5～3小时喂一次奶，这时胃容量已经达到100毫升以上，吸入的乳汁可以在胃中存留更长的时间了。

按需哺乳的好处是新生儿频繁地吸吮可以促进母乳的分泌。吸吮刺激母亲乳晕下丰富的神经末梢，当这些刺激所产生的兴奋传导到中枢神经系统时，就可以促进泌乳激素和排乳激素的分泌，促进泌乳反射和排乳反射的形成，自然有利于宝宝获得更多的乳汁。

给宝宝喂奶的频率

睡眠的变化与胃口的变化是息息相关的。刚出生后的头几天，宝宝睡的时间长，大概每天要睡16～18个小时，只有饿的时候才会醒。

如果给宝宝哺乳，要严格遵守按需哺乳，也就是说，要在宝宝想要吃奶自觉地醒来时就给他哺乳，你会注意到你的宝宝倾向于在白天的两个时段吃奶，在两个同样长的时段内睡觉，但这两个时段与你的睡眠时间是不相符的。

这个节奏可以用图表示出来：宝宝在早上3：00～4：00和8：00～9：00这两段时间中吃2～3次奶；从9：00到15：00睡觉；在15：00到20：00～21：00吃3次奶；然后又睡很长的一段时间，直到凌晨2：00～3：00再醒来，如此循环。

宝宝夜醒吃奶的习惯

在新生儿出生的头几天和头几周里，新生儿通常会在夜里醒来，一般是在凌晨2～3点钟的时候，并且还会哭，因为他饿了。这时候，给他喝点奶，有些父母也会给宝宝喝糖水，说是为了改变宝宝夜间吃奶的习惯，但这是不对的。因为新生儿夜醒吃奶是很正常的，对于所有正常成长的宝宝，如果他们睡得好，他们会逐渐醒得越来越晚，从第5周或第6周起，开始在早上5～6点钟醒来。这时就是他们白天的第一次吃奶：他们从夜里11点睡到早晨5～6点钟，在这个阶段，一天吃6次奶，夜里睡6～7个小时的节奏就固定下来了。

母乳喂养的正确姿势

采取正确的喂奶姿势，对妈妈，对宝宝都有好处。它不仅能保证妈妈和宝宝都感到舒适，还能帮妈妈避免出现乳头疼痛的现象，同时还能使乳汁顺利流出，让宝宝的吸吮更加有效。那么究竟正确的喂奶姿势是怎样的呢？我们来看看吧。

1.摇篮抱法

用你手臂的肘关节内侧支撑住宝宝的头，使他的腹部紧贴住你的身体，用另一只手支撑着你的乳房。因为乳房露出的部分很少，将它托起来哺乳的效果会更好。

优点 最简便易学的姿势；多数父母最常用的姿势。

2.交叉摇篮抱法

和使用摇篮支撑法的位置一样，但这要用对侧的手臂，这样就可以用手来支撑宝宝的头部，用前臂支撑身体。这样你可以更多的控制宝宝头部的方向。

优点 用手支撑颈背部，较用前臂会对婴儿头部形成更好的控制；较适合哺乳早产儿或叼牢乳头困难的婴儿。

3.侧卧抱法

你可以在床上侧卧，让宝宝躺在你身体的一侧，用前臂支撑他的背部，让他的颈和头枕在你的手上。如果你刚刚从剖宫产手术中恢复，那么这会是一个很适合你的姿势，因为这样对伤口的压力很小。

优点 易于观察宝宝是否已叼牢乳头形成了有效的哺乳；对于接受剖宫产的母亲会比较舒适，因为远离切口抱持婴儿；乳房较大的母亲会比较舒适，因为婴儿的胸部可以协助支持乳房的重量；当乳房胀满时，采用这种姿势有利于调整乳房的形状。

4.橄榄球抱姿

让宝宝躺在一张较宽的椅子或者沙发上，将他置于你的手臂下，头部靠近你的胸部，用你的手指支撑着他的头部和肩膀。然后在宝宝的头部下面垫一个枕头，让他的嘴能接触到你的乳头。

优点 橄榄球抱姿适用于吃奶有困难的宝宝，同时还有利于妈妈观察宝宝，在宝宝吃奶时可以调整宝宝的位置。

母乳喂养的正确步骤

步骤一 碰碰宝宝的嘴唇，让宝宝的嘴张开。

步骤二 宝宝的嘴张开后，将宝宝抱在胸前把他的嘴放在乳头和乳晕上，让宝宝的腹部正对自己的腹部。

步骤三 如果宝宝吃奶的位置正确，他的鼻子和面颊应该接触乳房。

步骤四 待宝宝开始用力吮吸后，再将宝宝的小嘴轻轻往外拉约5毫米，目的是将乳腺管拉直，有利于顺利哺乳。

保证奶水充足的技巧

实施母乳喂养时，总会有一些妈妈因为没有足够的奶水而烦恼。因为不能顺利哺乳，只能混合喂养或用配方奶粉喂养。专业人士指出，新妈妈不是缺奶而是缺乏哺乳的技巧。其实，母亲奶水的多少是由婴儿吸吮的情况决定的。如果发现自己的奶水不足，你可以通过7个方法来提高哺乳技巧，改善哺乳状况。

（1）寻求帮助。如果你的奶水减少，宝宝长得不好或者体重减轻，应及时去咨询医生。提高哺乳的技巧也许能解决问题，但有时婴儿体重减轻可能是有健康问题。

（2）勤于喂哺。要多让宝宝吸吮，尽可能让宝宝多吃些母乳。因为吸吮会刺激母亲体内泌乳素和催产素的分泌，产生更多的母乳。

（3）每次喂奶时，两边乳房都要喂。这样可以确保宝宝获得充足的母乳，同时可以充分刺激母乳的分泌。

（4）用正确的方式哺乳，用一只手托住乳房，大拇指在上方，其余四指在下方，手要放在乳晕之外。婴儿应该把整个身体面向你的身体，而不应该只是把头转过来面向乳房。

（5）只喂婴儿母乳，避免其他的辅食，如开水和果汁。如果必须暂时让他吃配方奶粉，也应该尽可能少吃。

（6）妈妈应该多吃流质且营养均衡的食物，每次喂奶前，可以喝一杯水或果汁。

（7）充分地休息与放松。可以很快地使母乳分泌增多，经常与婴儿一起睡午觉，洗个热水澡，听听音乐，做做运动都有益于乳汁分泌。

哺乳时遇到的问题

宝宝不吃奶怎么办

小宝宝刚出生时，吸奶时间不长或不认真是很常见的，但是如果稍后仍有这种问题就必须注意了。出现这种问题可能的原因有以下3个。

呼吸困难 妈妈喂奶的姿势不正确，使乳房盖住了宝宝的鼻孔。此时，妈妈只需要用手指压住宝宝鼻孔前的乳房即可。另外，可以检查一下宝宝鼻内是否有异物，如果有，就用干净的棉花棒沾湿，轻轻湿润宝宝的鼻腔，注意棉花棒不能伸入鼻腔过深。

哭闹、烦躁 如果找不到宝宝拒食的明显原因，就要先检查一下他的尿布。如果没有尿湿，那么此刻最好先不要喂奶，而是抱抱宝宝，跟宝宝说说话或唱唱歌，当宝宝平静下来时再喂他。

不认乳头 有些宝宝可能会因为喜欢用奶瓶，而不习惯妈妈的乳房。这时，妈妈最需要做的就是以极大的耐性让宝宝多吮吸。另外，为了让宝宝尽快地接受母乳，可以用把奶挤出来用小勺喂，和让宝宝直接吮吸相结合的办法。

宝宝吃奶睡着了怎么办

许多宝宝一吃奶就会睡着，过不了多久却又醒来哭吵着要吃奶，吃了一会儿又睡着了。这样婴儿吃不好，睡不足，会影响健康，同时，妈妈也得不到很好的休息。那么应该怎样做呢？

妈妈在婴儿睡着时可以轻轻揉他的耳垂，或用手指弹他的足底，把婴儿弄醒后继续喂哺。如果婴儿实在不醒，也不要勉强，让婴儿在小床上睡，过不了多久婴儿醒来就可以继续喂食。如此连续四五次之后，由于数次喂奶，婴儿所需乳量已经得到满足，就会睡较长的时间，甚至四五个小时都不醒。这时也不必把他唤醒，等到婴儿饥饿时自然就会醒来，虽然这样喂奶的时间被打乱了，但并不影响婴儿的吃奶量。等到婴儿满月后，这种一吃奶就睡觉的情况就会逐渐改变，那时再建立按时喂奶的习惯也不晚。

如果经观察，婴儿一吃奶就睡着是因为母乳不足，吮吸太累所致，就应该及时催乳或喂牛奶，否则，每次都吃不饱，会影响婴儿的健康。妈妈必须对两种情况进行区别对待。

宝宝吃奶时间长怎么办

有时宝宝会以吸奶为乐，而不愿松开乳头，这样就会延长吸奶的时间。这时妈妈需要观察宝宝是否真的在吸奶，如果宝宝没有真的在吸奶，妈妈就听不到宝宝吞咽的声音。

虽然宝宝真正吸奶的时间只有开始

时的三五分钟，但也可以让他多享受一下妈妈的怀抱。这时，妈妈最好微笑着注视宝宝，和他说说话、唱唱歌，这样有助于增近母子的感情。但应注意吃奶时间以15～20分钟为佳，不能太长。

如何判断宝宝吃饱没有

宝宝如果吃不饱，身体的健康成长就会受到影响，因此妈妈要尽量让宝宝吃饱，那么如何判断宝宝有没有吃饱呢，可以从以下三个方面观察出来。

看宝宝吃奶时的表现 宝宝吃奶时，一般吮吸2～3口，就会吞咽一次，如果吞咽的时间超过10分钟，一般都可以吃饱。有的妈妈以宝宝吃奶时间长短来判断，其实是不准确的，有的宝宝吃奶慢，虽然吃奶时间长，但吞咽时间不足，还是会吃不饱。

看宝宝精神状态 宝宝如果吃饱了，会表现出满足、愉悦的神情，有时候还会不自觉地微笑，每次的睡眠时间也比较长。如果宝宝每次的睡眠时间较短，睡眠不踏实，而且经常哭闹，很有可能是没有吃饱。

看宝宝的生理状态 如果宝宝吃饱了，每天会排3～4次大便，颜色呈金黄色（奶粉喂养的宝宝大便呈淡黄色）。有的宝宝大便次数较少，但只要颜色正常即可。宝宝如果吃不饱，大便就会呈绿色，而且小便量和次数都较少，正常情况下每天小便10～15次。

什么时候需给新生儿喂水

一般情况下，母乳喂养时不需要给宝宝喂水，但有些情况下还是需要适量给宝宝喂一些水。

需要给宝宝喂水的情况 宝宝如果缺水，大便就会变得干燥，小便次数也会减少，如果宝宝便秘或每天小便次数在5次以下，妈妈就需要给宝宝喂点水。其次，在天气干燥炎热时，或宝宝经常用舌头舔嘴唇，且嘴唇很干时，可以适当给宝宝补水。另外，在宝宝感冒、发烧的情况下，失水状况也会比较严重，妈妈也需要给宝宝补水，如果宝宝失水得不到及时补充，就容易导致脱水。

给宝宝喂水的注意事项 可以用晾温的白开水喂宝宝，因为白开水不仅可以补充宝宝流失的水分，还有助于散热、调节水和电解质平衡。另外，妈妈不要给宝宝喂果汁和糖水，果汁和糖水会抑制宝宝的消化和吸收，并引起宝宝胃部不适。妈妈可以在两顿母乳之间给宝宝喂水，每次喂20～30毫升即可。

宝宝吐奶、溢奶怎么办

人的胃有两个开口，一个是贲门，与食道连接，另一个是幽门，与肠道连接，新生儿的贲门较松弛，而幽门关闭较紧，同时新生儿的胃是水平的，所以容易发生吐奶或溢奶的情况。这种情况一般等宝宝长到6~8个月后就会消失。

什么是溢奶 宝宝在吃奶时，会把一些空气吸到胃里，这些空气在宝宝吃完奶后需要从胃里溢出，空气溢出的同时，会带出一些奶水，就会出现溢奶。溢奶时，奶水是自然从宝宝口中流出的，宝宝没有痛苦的表情，且一般在哺乳过后吐一两口就没事了。

溢奶如何处理 宝宝溢奶是一种生理性的反应，妈妈不需要紧张。只是需要在每次哺乳后，将宝宝竖直抱起，给他拍几个嗝出来，将胃里的空气排出，溢奶就会减少。如果拍完嗝后，宝宝还会溢奶，就让他俯卧一会儿，不过俯卧的时候，妈妈一定要在宝宝身边，以免宝宝窒息。

什么是吐奶 宝宝吐奶不同于溢奶，吐奶是因为宝宝肠胃功能较弱，胃里的食物无法顺利进入肠道，而从宝宝口中流出形成的。吐奶一般发生在喂奶后的半小时，吐奶时，宝宝会出现呕吐的痛苦表情，食物呈喷射状吐出。

吐奶如何处理 宝宝如果发生吐奶，且量多频繁，妈妈要观察他有没有其他的症状，如果宝宝精神愉快，且体重、身高都增长正常，就不必担心了，但是如果宝宝同时有精神萎靡、食欲不振、发热、咳嗽等症状，且体重、身高都增长缓慢，妈妈就要及时带宝宝就医。

母乳喂养时的误区

按需哺乳≠一哭就喂

我们提倡按需喂哺宝宝，但并不是说宝宝一哭就喂。因为宝宝啼哭的原因很多，也许是尿湿了，也许是想要人抱了，也许是受到惊吓了，等等，妈妈应该做出正确分析和判断。如果把宝宝抱起来走一走，或是给他换掉脏尿布，他就能安静下来，停止啼哭，那么就可以不必喂奶。喂奶过于频繁，一方面会影响妈妈休息，造成奶水分泌不充分，宝宝每次都会出现吃不饱，过不了多久就又要吃的恶性循环。另一方面频繁吸吮也会使妈妈的乳头负担过重，容易破裂，疼痛难忍，导致无法哺乳。

边看电视边哺乳

婴儿慢慢长大，视力和视觉分辨能力都在迅速提高，婴儿首先会认识自己的妈妈。听觉也是一样，妈妈的低声细语对婴儿的视觉和听觉都是一种刺激，尽管婴儿还听不懂妈妈的语言，但他却能从妈妈的音容中分辨出喜怒哀乐。所以，哺乳的妈妈与婴儿逗乐聊天，有助于婴儿的大脑发育。

但是，如果妈妈一边哺乳，一边看电视，她就不会与宝宝交流情感，宝宝的听觉接收的只有电视机发出的喧哗，他听不到妈妈轻柔的话语，看不到妈妈温馨的微笑。

专家认为，婴儿在妈妈的怀抱中，突然听到电视节目的高音喧哗，感受到电视机时明时暗的光束以及电视射线等等，都会影响婴儿与妈妈的交流。所以，妈妈们一定不要边看电视边哺乳。

一开始就定时喂奶

有一些妈妈在宝宝刚出生，就严格按照“每隔3小时给宝宝喂一次奶”的方法喂哺宝宝，其实宝宝刚出生的头几天，母乳分泌量较少，不宜刻板固定时间喂奶，可以根据需要调节喂奶的次数。因为妈妈乳汁较少时，给宝宝吃奶的次数应相应地增加，这样一方面可以满足宝宝的生理需要，另一方面通过宝宝吸吮的刺激，也有助于泌乳素的分泌，继而乳汁量也会增加，此时吃奶间隔就可以相应延长。

假如固定喂奶，宝宝会因饥饿而哭闹。时间长了哭累了，等到了喂奶时间到了，宝宝也困乏了、疲劳了，吃奶也

不会多，并且哭闹会导致宝宝胃内进入了许多气体，吃奶后也易引起呕吐。至于每次喂奶的时间，即一次喂两侧共约15～20分钟。吸奶时间过久，会咽入过多的空气，易引起呕吐，而且也会养成日后吸吮乳头的坏习惯。

一般来说，在新生儿及小婴儿时按需哺乳比较好，随着婴儿月龄的增长，渐渐过渡到按时哺乳，宝宝3～4个月后每隔3～4个小时要哺乳一次，夜间可以间隔1次喂奶时间，慢慢养成按时吃奶的习惯。

排空乳房，乳汁就会变少

很多妈妈认为，乳房排空了，乳汁就会越产越少。其实这种观点是错误的。充分排空乳房，会有效刺激泌乳素的大量分泌，可以产生更多的乳汁。

如果妈妈不能哺乳时，一定要将乳房内的乳汁挤出、排空。每天排空的次数为6～8次或更多些。只有将乳房内的乳汁排空了，以后才能继续正常地分泌乳汁。

在一般情况下，可以用手挤奶或使用吸奶器吸奶，这样可以充分排空乳房中的乳汁。当然，也可以使用优良品牌的电动吸奶器，这种吸奶器能科学地模拟婴儿的吸吮频率和吸力，能更有效地达到刺激乳汁分泌的目的，效果会更好一些。

不讲究喂奶的方法

新妈妈在喂奶时要注意让婴儿在含接乳头时将大部分的乳晕含入口中。只有这样，宝宝的吸吮动作才能充分挤压乳窦，从而有效地吸到乳汁。

否则，如果宝宝只吸吮乳头，一方面会由于吸不到乳汁会哭闹不安，妈妈会误认为宝宝不愿吃奶或奶不够，放弃母乳喂养。另一方面，妈妈会因为宝宝吸吮不当而出现乳头疼痛或乳头破裂等情况，也会因此中止母乳喂养。

充满爱意地喂奶粉

喂母乳当然是最好的选择，可是难免会有些原因导致你不得不给宝宝喂奶粉。或者你的生活方式需要既喂母乳，又喂奶粉，即所谓的“混合喂养”。喂奶粉的妈妈需要比喂母乳的妈妈掌握更多的技巧和方法，宝宝饥饿时除了给宝宝奶瓶，妈妈温暖的怀抱、柔和的声音、慈爱的眼神交流、亲密的肌肤接触显得尤为重要。这样才能在满足宝宝生理需求的同时，也满足了宝宝的精神需求。

选择配方奶粉

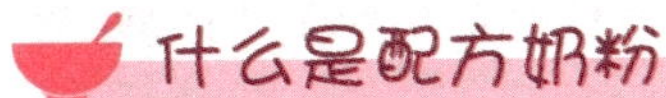

什么是配方奶粉

配方奶粉又称母乳化奶粉，它是为了满足婴儿的营养需求，在普通奶粉的基础上加以调配的奶制品。它除去了牛奶中不符合婴儿吸收利用的成分，甚至可以改进母乳中铁的含量过低等一些不足，充分满足婴儿健康成长所需。因此，给婴儿添加配方奶粉已成为了世界各地普遍采用的做法。但是任何配方奶粉都无法与母乳相媲美。

婴儿配方奶粉分类

1.普通婴儿配方奶

以牛乳为基础的婴儿配方奶，适用于一般的婴儿。市售婴儿配方奶粉成分大多可以符合宝宝的需要，但仍然有些成分比例不相同。有些是按月龄分为不同阶段，可以根据月龄来选择。当发现所食用的婴儿配方奶粉与宝宝的体质不合时，应立即停止原配方奶粉，改用其他配方奶粉。

2.早产儿配方奶

早产儿因为不是足月出生，消化系统发育还未完全成熟，所以早产儿应该使用专为早产儿设计的早产儿配方奶。待早产儿体重发育至正常才可以更换成婴儿配方奶粉，主要成分（如乳糖改为葡萄糖聚合物、及中链脂肪酸油取代部分长链脂肪酸油）已修正为适合早产儿使用。

3.不含乳糖婴儿配方奶

此配方奶粉又称为医泻奶粉，其提供的营养可以完全符合宝宝的营养需求，只是营养成分已经事先水解过，食入后不需要经过宝宝的肠胃消化即可以直接吸收。多适用于急性或长期慢性拉肚子，肠道酵素黏膜层受损，以及多种消化酵素缺乏的宝宝，或都患有短肠症的宝宝等。

4.水解蛋白配方奶

此配方奶粉又称为黄豆配方奶粉。此配方奶粉不含乳糖，主要为天生缺乏乳糖酶的宝宝及慢性腹泻导致肠黏膜表层乳糖酶流失的宝宝所设计。宝宝在拉肚子时可以停用原配方奶粉，直接换成此种配方奶粉，待腹泻改善后，如果想换回原配方奶粉时，仍需以渐进式进行换奶。

配方奶粉选择技巧

1.看包装

奶粉的包装必须完整，标识有商标、生产厂名、生产日期、批号、保存期限等。不同材料的包装，其保存期限不同。马口铁罐密封充氮包装的保存期限为2年，非充氮包装的为1年；瓶装的为9个月，袋装的为6个月。

2.看颜色

好的奶粉应该是白色略带淡黄色，如果色深或带有焦黄色则为次品。

3.闻气味

奶粉应该带有轻淡的乳香气，如果有腥味、霉味、酸味，说明奶粉已经变质。脂肪酸败味，主要是奶粉加工时杀菌不彻底，奶粉中的不饱和脂肪酸氧化所致，陈腐气味和褐变，主要是奶粉受潮所致。

4.凭手感

用手捏奶粉时应该是松散柔软的。如果奶粉结了块，一捏就碎，就是受了潮。若是结块较大而硬，捏不碎，说明已经变质。塑料袋装的奶粉用手捏时，感觉松散柔软，有轻微的沙沙声。玻璃罐装的奶粉，将罐慢慢倒置，轻微振摇时，罐底没有粘着的奶粉。

5.水冲调

奶粉在用开水冲调后放置5分钟，若无沉淀说明质量正常。如果有沉淀物，表面还有悬浮物，说明已经变质，不要再给宝宝吃。

配方奶粉的储存

奶粉罐被打开后，要储存在阴凉、干燥的地方。

罐装奶粉，每次开罐使用后务必盖紧塑料盖。如果每次取完奶粉后把铁罐盖好，反过来扣着，奶粉会把盖口封住，能保存很长时间。

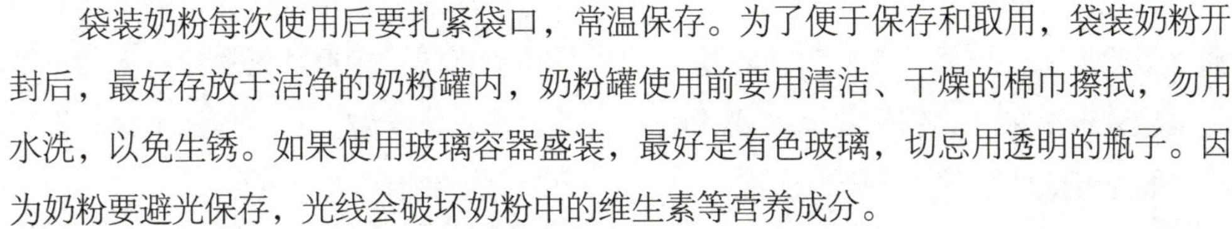

袋装奶粉每次使用后要扎紧袋口，常温保存。为了便于保存和取用，袋装奶粉开封后，最好存放于洁净的奶粉罐内，奶粉罐使用前要用清洁、干燥的棉巾擦拭，勿用水洗，以免生锈。如果使用玻璃容器盛装，最好是有色玻璃，切忌用透明的瓶子。因为奶粉要避光保存，光线会破坏奶粉中的维生素等营养成分。

当打开了婴儿奶粉罐后，必须在一个月内吃完。如果打开一个月后，仍有奶粉剩余的话，就应该把它扔掉，不能再给宝宝吃。

配方奶粉的正确喂养

配方奶粉的喂养方法

1.营造安静、温馨的哺喂环境

不论是给宝宝喂母乳还是喂奶粉，都需要营造一个安静、温馨的环境。可以用CD机播放一些轻柔的音乐，例如胎宝宝期播放过的胎教音乐，并关上正在播放的电视剧。

2.掌握正确、舒适的哺喂方式

（1）奶瓶等调奶用具的清洁消毒疏忽不得，每次喂奶前，都要放入沸水中煮5分钟或者用蒸汽、微波消毒。

（2）夜间喂母乳相对比较方便，如果需要喂奶粉，最好事先计量好单次的奶粉，储存在奶粉盒里。并准备凉、热开水在边上，也可以用恒温加热器。

（3）冲泡奶粉前一定要将双手洗净。

（4）冲泡奶粉的水必须完全煮沸，不要使用电热水瓶热水，因为其未达到沸点或者煮沸时间不够。

（5）冲泡奶粉的水必须调至适当的温度，并将水滴到手腕内侧，感觉与体温差不多即可。因为水温过高，会使奶粉中的乳清蛋白产生凝块，不利于宝宝消化吸收。另一方面，某些对热不稳定的维生素会被破坏，特别是有的奶粉中添加的免疫活性物质会被全部破坏。

（6）不要用纯净水或矿泉水冲奶粉。纯净水失去了普通自来水的矿物元素，而矿泉水由于本身矿物质含量比较多，而且比较复杂也不合适。目前家庭用的自来水都经过了科学的处理，质量符合标准。将自来水煮沸后，放凉至40℃左右，再用来冲奶粉就可以了。

（7）冲调的奶粉量及水量必须按奶粉罐上的指示冲泡，奶水浓度过浓或过稀，都会影响宝宝的健康。奶粉中含有钠离子，需要加足量水稀释。如果奶粉浓度过高，婴儿饮用后，会增加血管壁的压力，胃肠消化能力难以负担，肾脏的排泄能力也难以承受，甚至会发生肾功能衰竭。相反，奶粉冲得太稀也不行，那样会导致蛋白质含量不足，同样也会引起宝宝营养不良。

（8）双手滚搓瓶身，使奶粉完全溶解，而非上下震动，以免产生大量的气泡。

（9）喂奶粉的妈妈，要懂得搂抱宝宝的重要性，随随便便往宝宝嘴里塞一个奶嘴让他自己喝奶粉，或者等宝宝稍微大一些，让他自己抱着奶瓶坐在一边喝，不仅不能满足宝宝情感上的需要，对宝宝的身体也会有伤害。妈妈先要温柔地和宝宝说话，轻柔地帮宝宝系上围嘴，小心地把宝宝抱起来，然后全身放松坐舒适，让宝宝也以一种舒适的姿势躺在妈妈的怀里。小宝宝可以采用摇篮式的手法斜抱着，头略微仰起，这种姿势下妈妈和宝宝可以相对而视，妈妈能在喂奶粉的过程中，面对面地与宝宝说话、交流（大部分宝宝吃奶时喜欢安静，吃奶间歇才会和妈妈交流），能使小宝宝情绪愉快，产生和发展健康的母婴依恋，促进婴儿期正常的心理发育，同时促进宝宝语言理解能力的发展。

（10）喂奶前，要让奶水充满整个奶嘴和瓶颈后再放入宝宝的口中，避免吸入过多的空气。

（11）奶嘴孔的大小会影响到奶水的流量，要留意奶嘴孔的大小是否合适。孔太小，宝宝吸奶就非常费劲；孔太大，奶水流量过快，容易呛到宝宝。

（12）大多数宝宝以吃饱为止，但有一些宝宝在吃到一半时就不肯再吃了，这时需要将宝宝斜抱起来，轻拍背部，让胃中的空气排出后再喂。如果宝宝仍然不肯吃，则应查找原因，是真正的吃饱了，还是身体不舒服不想吃了。

（13）不要强迫宝宝每餐必须喝完一定量的奶，大部分情况下，宝宝自己知道可以吃下多少，勉强吃下的后果只会加重宝宝吐奶，时间久了可能会导致宝宝厌奶。

（14）喂完奶后，要用棉柔的毛巾将宝宝的嘴巴擦拭干净，用直立式抱法将宝宝的下巴靠在妈妈的肩膀上，空心掌自下往上地轻拍宝宝的背部，帮助宝宝打嗝，以排出不小心吃进去的空气。

（15）泡好的奶粉在未吃过的情况下，常温存放不能超过2个小时。不要将泡好的奶粉放在温奶器中，因为温奶器里的温度高过常温。如果放在冰箱里冷藏，则不能超过24小时。若吃过了，有剩的奶粉，则应该丢弃，不能再吃。

（16）吃过奶后，要轻轻而果断地移去奶瓶，以防宝宝吸入空气，这时宝宝也会放开奶瓶。如果宝宝不放开，可以轻轻地把你的小手指塞到宝宝的嘴角，使宝宝放开奶瓶。

喂配方奶的错误方法

1.牛奶越浓越好

有的家长认为，牛奶越浓，宝宝得到的营养就越多，这是不科学的。所谓过浓牛奶，是指在牛奶中多加奶粉少加水，使牛奶的浓度超出正常的比例标准。

其实，婴幼儿喝的牛奶浓淡应该与宝宝的年龄成正比，其浓度要按月龄逐渐递增。如果婴幼儿常吃过浓的牛奶，就很容易引起腹泻、便秘、食欲不振，甚至拒食，久而久之，体重不但不能增加，还会引起急性出血性小肠炎。

2.加糖越多越好

奶粉中加糖过多，对婴幼儿的生长发育有弊无利。过多的糖进入婴儿体内，会将水分潴留在身体中，使肌肉和皮下组织变得松软无力。婴儿看起来很胖，但身体的抵抗力很差。过多的糖贮存在体内，还会成为一些疾病的危险因素，如龋齿、近视、动脉硬化等。

3.乳饮料代替配方奶

乳饮料是以鲜乳或乳制品为原料，加入水、糖液、酸味剂等调制而成的，通常含有辅料（如色素、甜味剂、防腐剂等）。如果宝宝长期食用，可能会对健康造成非常不良的影响。家长最好不要长期让宝宝饮用含乳饮料。

4.牛奶服药一举两得

牛奶能够明显地影响人体对药物的吸收速度，使血液中药物的浓度较相同的时间内非牛奶服药者明显偏低。用牛奶服药还容易使药物表面形成覆盖膜，使牛奶中的钙与镁等矿物质离子与药物发生化学反应，生成非水溶性物质，这不仅降低了药效，还可能会对身体造成危害。所以，不能用牛奶给婴儿服药，并且在服药前后各1～2小时内最好不要喝牛奶。

5.用酸奶喂养婴儿

酸奶是一种有助于消化的健康饮料，因此，有的家长会常用酸奶喂婴儿。然而，酸奶中的乳酸菌生成的抗生素，虽能抑制很多病原菌的生长，但同时也破坏了对人体有益的正常菌群的生长条件，还会影响婴儿正常的消化功能，尤其是患胃肠炎的婴幼儿及早产儿。如果喂他们酸奶，可能会引起呕吐和坏疽性肠炎。

6.在牛奶中添加果汁

为了让宝宝爱喝牛奶，有些妈妈会在牛奶中加点果汁。实际上果汁均属于高果酸果品，而果酸遇到牛奶中的蛋白质，就会使蛋白质变性，降低蛋白质的营养价值。

7.先放奶粉再放水

有的妈妈在冲调奶粉的时候会先在奶瓶里放好一定量的奶粉，然后再加入一定量的水，其实这样的操作方法正好与正确的冲调方法相反。

正确的方法是，在给宝宝冲调奶粉时，一定要先配好水，在水温水量合适的时候再加入奶粉，这样配方奶粉就可以充分的溶解在水里。

8.在牛奶中添加米汤、稀饭

有些家长认为，在牛奶中添加米汤、稀饭可以使营养互补，其实这种做法很不科学。牛奶中含有维生素A，而米汤和稀饭的营养成分主要以淀粉为主，它们含有脂肪氧化酶，会破坏牛奶中的维生素A。如果婴幼儿维生素A摄取不足，会导致婴幼儿发育迟缓，体弱多病。所以，即便是为了补充营养，也要将两者分开食用。

9.将已冲调好的奶粉再次煮沸

已经冲调好的奶粉如果再次煮沸，会使蛋白质、维生素等营养物质的结构发生变化，从而失去原有的营养价值。宝宝再喝这样奶粉，所获得的营养也将大打折扣。

10.直接给宝宝更换奶粉

很多宝宝吃奶粉的中途都会因为某种原因面临换奶的问题，给宝宝更换奶粉一定要逐渐过渡，宝宝更换奶粉一般需要一两周的时间。宝宝的肠胃机能较弱，而且对原来吃的奶粉会有依赖性，所以更换奶粉要先将两种奶粉冲调在一起，刚开始可以原品种多一些，新品种少一些，逐步增加新品种的奶粉量至完全代替旧品种。整个过程可历时1～2个星期，要让宝宝有个适应的过程。

奶瓶喂奶的正确姿势

（1）用奶瓶给宝宝喂奶时，一定要找一个安静、舒适的地方坐下来，必要时可以用垫子或枕头垫好胳膊。把宝宝放在膝盖上，使宝宝的头部在你的肘窝里，用你的前臂支撑起宝宝的后背。不要把宝宝放成水平，应该让宝宝呈半坐姿势，这样能保证宝宝呼吸和吞咽安全、容易，也不会呛到宝宝。

（2）在准备喂奶时，可以轻轻地触碰宝宝靠近你一侧的脸蛋，诱发出宝宝的吸吮反射。当宝宝把头转向你的时候，要顺势把奶嘴插入宝宝的嘴内。宝宝会一下子吸住奶嘴，与吸吮人的乳头一样，要将整个奶嘴吸入口中。这时需要注意，不要把奶嘴抽入过深，以免呛到宝宝。

（3）让宝宝以自己的速度吸食。有时宝宝在吃奶的过程中可能会停下来，四处看看，玩一玩奶瓶等等，这些都是宝宝应该得到的快乐。从宝宝刚刚学会吃奶时开始，就应该让宝宝在吃奶时感到快乐。

（4）面对着宝宝坐下，正视宝宝的眼睛。不要单纯静静地坐着，要对宝宝说话、唱歌，你想发出什么声音都可以，但一定要保证声音听起来舒服、高兴，与当时的环境相关。这就是婴儿最初喜欢的谈话方式，一定要对宝宝报以动作、手势和微笑。

（5）在宝宝吃奶吃到一半的时候，要换一下手臂，这样会给宝宝一个新的视角，而且你还可以休息一下胳膊。这时也可以顺便轻拍宝宝背部使其打一个嗝。

选择合适的奶具

选择奶嘴

1.奶嘴的材质

乳胶 天然橡胶，富有弹性，很柔软，宝宝吸吮起来的口感更接近于妈妈的乳头。缺点是奶嘴边缘软，旋紧时容易脱位，容易渗漏。而且有橡胶特有的气味，有些宝宝可能会不太喜欢。

硅胶 合成橡胶。比起乳胶，比较硬，但不易老化、抗热、抗腐蚀，无味无臭。虽然没有渗漏的问题，但有的宝宝吸吮时可能会产生排异感。

2.奶嘴的形状

奶嘴的形状一般为大拇指形，它是根据宝宝吸吮时妈妈乳头被挤压后的形状来设计的，比较接近乳头的感觉，宝宝比较容易接受。

3.奶嘴孔

圆孔型 圆孔型大小一般分为S、M、L三种。S型适合喝水，M型适合喝奶，L型则更适合用来喝米糊等辅食。

十字形 十字形孔型可以根据宝宝的吸吮力来控制奶水的流量，不容易漏奶，孔型偏大可以用来喝果汁、米粉或其它粗颗粒的饮品。适合各个年龄段的宝宝。

Y字型 奶水流量稳定，能避免奶嘴凹陷。就算宝宝用力吸吮，吸孔也不会裂大。孔型较大，可以在添加辅食时使用。适合习惯用奶瓶喝奶2～3个月以上的宝宝。

选择奶瓶

观察透明度 无论是玻璃还是PC（聚碳纤维）材质的奶瓶，都需要有优质的透明度，可以看清瓶内的奶或水，瓶子上的刻度也都十分清晰、标准。

测试硬度 优质的奶瓶硬度高，手捏不会变形。质地过软的奶瓶，在高温消毒或注入热水时会变形并产生毒物。

闻气味 劣质的奶瓶，打开闻会有一股异味，而合格的奶瓶就不会有。

另外，还要看奶瓶的商标是否清晰，质检标识和出场合格证是否齐全，选择正规的厂家且口碑好的产品才更安全。

选择消毒锅

喂完奶后的奶瓶，清洗完后应该再进行消毒，以保证卫生、安全。奶瓶的消毒方式分为煮沸式和蒸汽式两种。

1.煮沸式消毒

（1）准备一个不锈钢的煮锅，装满冷水，水的深度要完全覆盖奶具。注意：锅子必须是消毒奶瓶专用的，最好不要和家里其他烹调食物的混用。

（2）把奶嘴和奶瓶盖拿下后，将奶瓶放入锅子中煮沸。注意：塑料奶瓶最好放进煮沸的水里，玻璃奶瓶则可以放在没有煮沸的水里。

（3）水烧开后5～10分钟再放进奶嘴、瓶盖等，盖上锅盖再煮3～5分钟关火。塑料奶瓶不宜烧太久，所以水滚后立刻放进奶嘴等再煮3～5分钟即可。

（4）水凉了以后，用奶瓶夹取出奶嘴、瓶盖等，放在干净的器皿上倒扣晾干，放置在通风、干净的地方，盖上纱布或盖子。

2.蒸气式消毒

目前市面上有很多电动蒸汽锅，妈妈可以按照自己的需求来选择。消毒方法遵照说明书来操作就行。需要注意的是，使用蒸汽锅消毒前，要先把奶瓶、奶嘴、奶瓶盖等物品彻底清洁干净。

在购买奶瓶的时候，妈妈要注意奶瓶上的耐温标示，如果不耐高温的话，最好还是使用蒸汽锅来消毒。

配方奶的换奶方式

母乳换配方奶粉

婴儿配方奶粉多以牛奶为基质，都是以母乳化为设计理念，但母乳化的婴儿配方奶粉仍然不含可以帮助宝宝消化的酵素。所以母奶要换成婴儿配方奶粉时，每次以一小匙婴儿配方奶粉（即30毫升）的量开始测试。若无不良反应，即可以一小匙一小匙逐渐增加至全量。所以宝宝可以同时母乳与婴儿配方奶粉交替食用而不会有不良反应。

不同配方奶粉的更换

换奶的基本原则为减少一小匙原配方奶粉，改成新配方奶粉一小匙，若宝宝没有不良反应即可以再更改第二小匙。通常换奶造成不适症状以腹泻最多，但多是因为奶粉浓度冲泡不当所造成的，所以换奶时也应该仔细阅读罐装的标示。如果新更换的奶粉与原配方奶粉的成分相差太大，则容易过敏，出现如皮肤痒、红疹等现象。所以妈妈在给宝宝更换奶粉时，一定要慎重操作，切不可过急，要循序渐进一步步来。

早产儿奶粉

早产儿奶粉适用于早产儿或低体重儿。当早产儿的体重发育至正常时（大于2500千克），才可以将早产儿奶粉更换成婴儿配方奶粉。更换时，早产儿奶粉每次减少一匙，改成添加婴儿配方奶粉一匙，直至完全更换成功为止。

水解蛋白配方奶粉

水解蛋白配方奶粉又称为腹泻奶粉，当宝宝出现腹泻时，可以直接停用原配方奶粉，更换成腹泻奶粉。当宝宝腹泻好了后，腹泻奶粉要换回一般的婴儿配方奶粉时，则需要采用渐进式换奶的方式。

03 添加辅食与温情断奶

宝宝一天天长大，母乳和奶粉可能已经满足不了宝宝对营养的需求了，这个时候，你就应该给宝宝添加辅食了。为宝宝准备辅食可能会是一件很麻烦的事，所以你一定要细心而有耐心地去做，这样宝宝才能健康地成长。

宝宝长到1岁左右，就需要给宝宝断奶，断奶的过程应该是温柔的、循序渐进的。“突然断奶”的方法不好，不但妈妈自己会遭遇乳房胀痛，甚至是乳腺炎，宝宝也要很痛苦地适应从温软的乳房到冰冷的塑料瓶的转变，宝宝会因此非常伤心和失望。所以在给宝宝断奶时，要多和宝宝交流，给宝宝更多的关怀，更多的爱。

用爱为宝宝做辅食

什么是辅食

辅食对于婴儿来讲，是指乳类食品（母乳、配方奶）以外的其他食物。婴儿长到4个月后，胃容量增大，胃肠道消化酶的分泌逐渐完善。单靠乳类食品，虽然营养全面，但已不能满足宝宝快速生长发育的需要。此时应添加半流质即糊状食品，并逐渐过渡到软质及固体食物，为断奶做好准备。

添加辅食的作用

1.提供宝宝生长所需的营养

及时添加辅食，有助于宝宝摄取均衡、充足的营养，满足生长发育的需求。

2.为“断奶”做好准备

辅食又称为断奶食品，其含义并不仅仅指宝宝断奶时所食的食品，而是指从单一的母乳喂养到完全断奶这一段时间内所添加的过渡食品。

3.训练宝宝的吞咽能力

从习惯吸食母乳到吃固体食物，宝宝需要有一个逐渐适应的过程。从吸吮到咀嚼、吞咽，宝宝需要一个训练的过程，这一般需要半年或更长的时间。

4.培养宝宝的咀嚼能力

宝宝不断长大，他的牙黏膜也逐渐变得坚硬起来，尤其是长出门牙后，如果给他吃软化的半固体食物，他会用牙龈或牙齿去咀嚼食物。咀嚼功能的发育有利于宝宝的颌骨发育和乳牙萌出。

推迟添加辅食的情况

1.出现过敏反应

添加辅食时，宝宝免不了会出现呕吐、腹泻或长痱子等过敏反应。此时宝宝肠胃功能尚不成熟，若出现过敏反应，就不要喂可能引起宝宝过敏的食物。食物过敏的可能表现：胀肚、嘴或肛门周围出现皮疹、腹泻、流鼻涕、流眼泪、异常不安或哭闹。若出现上述现象，应停止添加辅食。

2.早产儿

早产儿因为他的吸吮—吞咽—呼吸功能发育得缓慢，所以应该相应地推迟添加辅食的时间，否则会造成消化不良，而导致肠胃不适。

3.需要推迟添加的辅食

有些辅食应该推迟添加的时间，有的甚至要推迟到1周岁以后，例如蛋白、鲜牛奶等。许多宝宝对蛋白或鲜牛奶过敏，因此，妈妈要观察宝宝对这些食物是否过敏，以免伤害到宝宝的身体。

过早添加辅食的危害

有些家长从宝宝出生的第2～3个星期起，不管母乳是否充足，就给婴儿加喂米汤、米糊或乳儿糕，认为这种半固体谷类食物比母乳更有营养、更耐饿。其实，这种做法是不科学的。

目前国际上儿科专家都主张4个月前婴儿单纯喂母乳，应尽量避免添加其他的食品，尤其是在卫生条件差，无法获得安全清洁用水的地区。只要母亲健康、营养丰富、乳汁充足，就可以满足4个月内婴儿的全部营养需求。

什么时候添加辅食

为宝宝添加辅食的时间，应该根据宝宝的生长发育情况而定。当宝宝达到以下的标准时，就可以添加辅食。

（1）宝宝的头颈部肌肉已发育完善，能自主挺直脖子，方便进食固体食物。

（2）吞咽功能逐渐协调成熟，不再把舌头上的食物吐出来。

（3）消化系统中的分解酶素，已经能够消化不同种类的食物了。

具体到每个宝宝，该什么时候开始添加辅食，父母应视宝宝的健康及生长情况而定。一般是婴儿4～6个月大时。

添加辅食的原则

1.从一种到多种

不可以一次给宝宝添加好几种辅食，那样很容易引起不良反应。开始只添加一种，如果3～5天内宝宝没有出现不良的反应，且排便正常，就可以让宝宝尝试另外一种。

2.从流质到固体

按照流质食品—半流质食品—固体食品的顺序添加辅食。如果一开始就给宝宝添加固体或半固体食品，宝宝的肠胃无法负担，难以消化，就会导致腹泻。

3.量从少到多

刚开始添加辅食时，可以只给宝宝喂一两勺，然后到四五勺，再到小半碗。刚开始添加辅食的时候，每天喂一次，如果宝宝没有出现抗拒的反应，可以慢慢增加次数。

4.不宜久吃流质食品

如果长时间给宝宝吃流质或泥状的食品，会使宝宝错过咀嚼能力发展的关键期。咀嚼敏感期一般在6个月左右出现，从这时起就应该让宝宝学习咀嚼。

5.辅食不可替代乳类

有的妈妈认为宝宝既然已经可以吃辅食了，从6个月开始就减少宝宝对母乳或其他乳类的摄入，这是错误的。这时宝宝仍应以母乳或牛奶为主食，辅食只能作为一种补充食品，否则会影响宝宝健康成长。

6.遇到不适即停止

给宝宝添加辅食的时候，如果宝宝出现过敏、腹泻或大便里有较多的黏液等状况时，要立即停止给宝宝喂辅食，待恢复正常后再开始（过敏的食物不可再添加）。

7.不要添加剂

辅食中尽量少加或不加盐和糖，以免养成宝宝嗜盐或嗜糖的习惯。更不宜添加味精和人工色素等，以免增加宝宝肾脏的负担，损害肾功能。

添加辅食的顺序

一般说来，先给宝宝添加蛋黄、谷类等食物（比如从米粉、蛋黄这两样东西开始），每隔1～2周给他添加一种新的食物。在这期间，让宝宝有一个适应的过程，添加之后，观察他是不是适应这种辅食，比如观察宝宝的精神状况，有没有发热、拉肚子或者不舒服等；大小便是否正常。

如果这些都没有问题，那么隔1~2周后再添加新的食物品种。在蛋黄、谷类添加完后，再依次添加蔬菜、水果、肉类等。大人能吃的食物，也要逐渐添加。注意不能在刚开始添加辅食时，只让宝宝吃鱼、吃肉，这样会引起宝宝消化不良，因为胃肠道产生消化酶也是一个逐渐发育和完善的过程。不同月龄的宝宝，可以按照下面的顺序，循序渐进地添加辅食。

1.4～6个月龄

第一次喂的食物最好是米糊，此阶段的宝宝可以吃米糊、米粉、烂粥等，每天煮米粥时应适当增加米量，让宝宝渐渐适应，出生6个月龄后的宝宝可以喂稍微稠点的粥。喂水果的时候，要亲自动手捣碎后再喂。

2.7～9个月龄

如果初期换乳食谱以谷类为主的话，现在开始就可以食用肉类和蔬菜了，特别是肉的摄取，出生6个月龄之后，宝宝体内几乎没有出生时所贮存的铁了，所以一定要通过食物来补充。

这个时期可以喂含铁丰富的牛肉和鸡肉。这时期宝宝的舌头已经能前后上下活动了，它会用舌头和上颚来夹食物，将食物压碎。压碎食物后，宝宝的嘴巴会向左右伸缩扭动。

这就要求食物要十分软烂，能用舌头压碎。食物的软硬度，差不多是妈妈用手指能很轻松压碎的程度。为了让宝宝容易吞咽，最好将食物煮得像泥状一般软烂再喂食。

3.10～12个月龄

从现在开始，宝宝可以吃的食物种类有很多，大部分的谷类和蔬菜都可以吃，也可以放心地吃含有蛋白质的食物，如牛肉、鸡肉、鱼肉等。为了不让宝宝偏食，可以选用多种食材，并在烹饪方法上下工夫，做好辅食。

此时宝宝已经会用手抓取食物了，可以设法将食物切成宝宝容易抓食程度的大小。

4.1～1.5岁

这时宝宝的舌头、嘴唇、下颚已经能够自由活动，随着牙齿的生长，宝宝已经能用前牙咬断食物，或用臼齿咬碎食物，咀嚼能力也渐渐变强了，所以食物要煮得软硬适中。从这时起尽量不要喂稀粥了，可以喂一些软米饭。米饭可以按1：2来蒸熟，其他食材可以切成1厘米大小进行烹制。过完周岁后，就可以让宝宝早、中、晚都以饭菜为主食。

添加辅食的误区

误区一 宝宝四个月了，应该添加辅食了。是否应该添加辅食，不是看月份，而是看宝宝是否准备好了接受辅食。过早添加辅食，对于宝宝的健康有百弊而无一利。

误区二 添加辅食后，就应该给宝宝断奶。有些宣传手册上把辅食称为“离乳食品”，并建议母亲将辅食替代母乳，这是不科学的。辅食之所以称为“辅”食，正是因为它是辅助母乳的食品，绝非取而代之。

误区三 辅食添加晚了，会错过训练宝宝咀嚼能力的最佳时期。这种说法没有科学根据。宝宝也并非仅仅依靠辅食来学习咀嚼，他们吃手指、咬牙胶、嚼玩具，总之把能抓到手的东西往嘴里放，就已经“训练”了咀嚼能力。

误区四 宝宝不爱吃饭的时候，不能随他便，要想法设法把吃的塞进去。添加辅食的最重要原则是：尊重宝宝，让宝宝做主。当宝宝闭嘴扭头表示拒绝时，接受宝宝的意愿，千万不要勉强宝宝进食。

辅食制作技术指导

宝宝辅食的烹调要领

1.制作辅食前的准备

首先是要注意卫生。制作前必须剪短指甲，用肥皂反复洗手；患传染病或手部发炎时，不要为宝宝做食物。用来制作和盛放食物的各种工具要提前洗净并用开水烫过；过滤用的纱布使用前要通过煮沸消毒。不管是水果还是蔬菜都要反复清洗，并用开水烫一遍，以保证宝宝吃的东西不会被细菌污染。

其次是要为宝宝准备一套专用的工具，如榨汁机（榨汁、干粉、压汁全带的那种最好）、研磨器、干净纱布等。一来使用起来比较方便，二来也能避免和成人的餐具混用，形成交叉感染。

2.烹调辅食时的注意事项

（1）要注意根据宝宝的消化能力调节食物的性状和软硬度。开始时将食物处理成汤汁、泥糊状，慢慢地过渡到半固体、碎末状、小片成形的固体食物。

（2）给宝宝的食物不要用铜质、铝质的炊具来烹煮，因为铜能和一些食物中的维生素C产生氧化反应，破坏维生素C的作用；而铝则会在酸性环境下溶解在食物中，对宝宝的健康不利。

（3）蒸有皮的食品要连皮蒸，蒸完后再剥皮。用蒸、加压或不加水的方法烹煮蔬菜，要尽可能减少蔬菜与光、空气和水的接触。给宝宝制作食物时最好不要添加苏打粉，否则会造成维生素及矿物质的损失。

（4）还要注意控制食物的温度。最好不要在微波炉中加高温，以免破坏食物中的营养素。

3.营养巧搭配

不同类型的食物所含的营养成分不一样，这些不同的营养成分在互相搭配的时候还会产生互补、增强和阻碍的作用。如果能注意到食物中的营养差别，给每一种食材找到它的“最佳搭档”，就能提高食物的整体营养价值，为宝宝的辅食加分。

比如：动物性的食物和植物性的食物搭配，粗粮和细粮相搭配，其中的蛋白质能起到互补的作用，可以提高各自的营养价值和利用率。

碳水化合物和脂肪能供给充足的热量，和鸡蛋、牛奶、肉类等含蛋白质丰富的食物搭配，能使宝宝吃进去的蛋白质充分发挥修补组织的作用，有利于宝宝的生长发育。

水果类辅食的制作要领

1.果汁

为宝宝制作果汁时，要选择新鲜、无裂伤、碰伤且熟透的水果。一些汁水丰富的水果，像苹果、梨、桃，都可以成为制作时的首选。制作时可以选择新鲜的水果用榨汁机直接榨汁，也可以把水果放到锅里煮成果水，给宝宝饮用。

2.果泥

在宝宝4～6个月时，可以先给宝宝吃用苹果、葡萄、梨子等不容易引起过敏的水果制成的果泥，满6个月后再给宝宝加柑橘类水果制成的果泥。

制作方法：有的水果可以直接用小勺刮出泥给宝宝吃，如苹果、香蕉等。把苹果或香蕉洗净，苹果一切两半，香蕉剥去一边皮，用小勺轻轻刮成泥，随刮随喂，既卫生又方便。还有一种做法是先把水果做熟再制成泥。做的时候把水果洗干净，去皮、去核，切成碎块，加上适量的糖隔水蒸烂，搅拌成泥就可以喂宝宝吃了。

制作果泥前水果的清洗很重要。因为目前市场上出售的水果大部分都用过农药，一定要充分冲洗才能保证宝宝不把残留的农药吃进肚子里。对苹果、梨子等易去皮的水果，洗的时候要先洗净再用清水浸泡15分钟就可以了；对皮薄或无皮的葡萄、草莓、杨梅等小水果，最好是先用清水浸泡15分钟，再用淡盐水浸泡10分钟，最后用清水冲洗干净。

给宝宝制作果泥的时候，一定要注意卫生。所有工具使用前都必须充分消毒，使用的过程中也要注意不要被其他地方的细菌所污染。

尽管市场上有现成的果泥出售，从营养和卫生的角度来看，还是自己制作、现做现吃比较好。

蔬菜类辅食的制作要领

1.菜汁

可以用来为宝宝制作菜汁的蔬菜有很多，像胡萝卜、黄瓜、西红柿、油菜、菠菜、小白菜等都可以选用。只要是用新鲜的蔬菜做出来的菜汁，宝宝一般都会喝。

注意事项：不能用大蒜、香菜等味道太浓烈的蔬菜做菜汁，即使作配料也不行，因为它们对宝宝的胃肠刺激太大，会妨害宝宝本来就没有发育完全的消化系统的功能。而菠菜、苦瓜之类味道苦涩的蔬菜也不适合用来做菜汁，因为宝宝可能会不喜欢它们的味道。

2.菜泥

蔬菜可以使宝宝获得必需的维生素C和矿物质，并能起到防治便秘的作用。以前妈妈们可能已经给宝宝添加过了新鲜的菜汁和蔬菜水，现在可以给宝宝加一点蔬菜泥，让宝宝尝试一下蔬菜的新吃法。可以用来做菜泥的蔬菜品种繁多，各种常见的蔬菜，如新鲜的绿叶蔬菜、胡萝卜、土豆等，都可以用来作为制作材料。

制作方法：把选好的新鲜蔬菜洗净切碎，加上水，煮沸15分钟左右，取出来用汤勺碾碎，筷子拣出粗纤维，或用滤网过滤，就可以得到富含维生素的蔬菜泥了。

肉类辅食的制作要领

1.肉泥

进入第6个月，可以给宝宝开开“荤”了。这时宝宝还没有长牙，消化功能也很弱，所以不能弄成块的肉给他吃——宝宝咬不动、吞咽起来有困难，也消化不了。那么现在只能喂肉泥给宝宝吃。一开始可以给宝宝添加一些肉质细嫩并且容易消化的鱼肉泥，等宝宝适应了以后，再给宝宝添加猪肉、鸡肉、牛肉等各种肉泥。

2.肉末

7～8个月的宝宝咀嚼能力还比较低，大多数还吃不了肉丁、肉丝，要想通过吃肉给宝宝补充营养，制作肉末的功夫是一定要学好的。

把买来的瘦肉（猪里脊肉或羊肉、鸡肉都可以）洗干净，先剁成细末，再稍微加一点水淀粉和调味品调匀，就可以用各种各样的做法做给宝宝吃了。也可以从煮熟的肉块上直接取肉给宝宝做肉末，但是煮的时候不要加太多调料。

如果放到蒸锅里蒸，就成了蒸肉糕。如果加到粥或面里一起煮，就成了肉末粥（面）。

3.肝泥

动物肝脏营养丰富，含有优质蛋白质、脂肪、钙、磷、铁及维生素等营养物质，尤其是含有丰富的铁，有利于满足宝宝对铁的需要，帮宝宝预防缺铁性贫血。每星期给宝宝添加1～2次肝泥（每次约25克），就能有效地预防缺铁性贫血。

各种动物肝脏中最适合宝宝吃的就是鸡肝。因为鸡肝质地细腻，味道比别的肝类鲜美，宝宝容易接受，也比较容易消化。猪肝较硬，即使捣碎了也会有颗粒，吃起来口感不太好，也易出现积食，一般不作为给宝宝添加肝脏类食物的首选。

想给宝宝做出好吃的肝泥，关键在于掌握好刀法。正确的刀法是：不要剁，要刮。先用斜刀将肝剖成两半，再用刀在肝的剖面上刮出酱紫色的糊样细末（比较关键，一定要注意），再加入一点点水、香油和少量的食盐，把刮出来的肝末调成泥状，隔水蒸8分钟左右就可以了。

还有一种做法是把刮出来的肝末用水、盐调成泥状，再用植物油急火炒熟。炒的时候容易流失维生素，所以要先加点水淀粉拌一拌，还能改善肝泥的口感，使它软滑可口。

给宝宝添加肝泥的时候要注意一点：肝泥质地较干，容易使宝宝噎到，最好是加到粥里或用牛奶调成糊状喂给宝宝，不要直接给宝宝吃肝泥。

蛋类辅食的制作要领

1.蛋黄泥

宝宝4个月后，要开始考虑添加蛋黄。这时候宝宝从妈妈那里得到的铁已经被消耗得差不多了，必须通过吃富含铁质的食物来补充。蛋黄含有丰富的铁质、蛋白质和脂类，又容易消化，常被选择作为最早添加的蛋白质类辅食。

制作方法：取一个新鲜的鸡蛋洗净，放到加了冷水的锅中煮10分钟左右，取出来剥去蛋壳，去掉外面的那层蛋白，把蛋黄（根据宝宝的食量，一般从1/4个蛋黄开始添加）放到一个小碗里研碎，再加入少量的开水或牛奶（米汤也可以），用小勺搅匀就可以了。

注意事项： 凉水下锅，这样不易煮坏；煮好后立刻用凉水浸泡，这样容易剥去蛋壳。给6个月以内的宝宝制作蛋黄泥的时候一定要把蛋白挑干净，因为蛋白是很容易过敏的东西，这个时候还不能给宝宝吃。

2.蒸蛋

蒸鸡蛋羹很容易，只要把新鲜鸡蛋洗干净，打到碗里搅散，在蛋液里加入适量的凉开水，再放到锅里蒸5～10分钟就可以了。

注意事项： 一定要在蛋液里加凉开水，不能加生水和热开水。因为生水中有空气，在蒸制的过程中会使蛋羹出现小蜂窝状的气泡，使蛋羹不够嫩滑，营养成分也会受损；热开水会使鸡蛋的营养成分受到破坏，也不宜用来蒸蛋羹。

如果对蒸蛋羹没有经验，可以在时间差不多的时候，用干净的筷子挑开蛋羹的表面，看看里面的蛋液凝固了没有。如果凝固了，说明蛋羹已经蒸熟，就可以熄火了。如果还没有凝固，就需要再蒸2～3分钟。

粥饭类辅食的制作要领

1.米糊和稀粥

米糊就是煮粥时漂在最上面的那一层白色的糊，因为口感细腻、富含营养，通常被认为是给宝宝添加辅食的首选。现在市场上有很多配制好的米糊出售，如果不喜欢用，也可以自己制作。

制作方法： 取适量的大米用冷水泡至米发涨，用料理机把泡好的大米打成粉，再加水（米和水的比例是1∶10左右），用小火煮成粥就好了。自己做的米糊最大的特点就是新鲜，营养流失少，而且绝对不含添加剂，宝宝吃得比较放心；煮粥的时候还可以加上各种菜汁和果汁，增加米糊的营养。而市面上出售的成品米糊因为经过很多道加工，营养流失得比较多；而且为改善口味，绝大部分都加了白砂糖，吃多了对宝宝的大脑细胞发育不利。

2.肉末蔬菜粥

进入第七个月，宝宝开始长牙了。这时候如果只给宝宝喝流质或半流质的稀粥，不利于宝宝咀嚼能力的发展，在粥里添加一些蔬菜、肉末等需要咀嚼的东西，不但能帮宝宝锻炼咀嚼能力，还增加了粥的营养，可以说是一举两得。

肉末蔬菜粥的做法并不复杂，只要先用大米或小米煮粥，粥快好时加入切碎的蔬菜和事先准备好的肉末，将肉末、菜末和粥一起煮熟就可以了。

3.蒸软饭

既然叫做“饭”，就要有一定的黏稠度，不能像粥一样稀，那样水分太多，不能给宝宝提供充足的营养。但也不能直接把大人们吃的米饭给宝宝吃，那样的米饭太硬，宝宝难以咀嚼和消化。给宝宝吃的软饭应该介于粥和米饭之间，关键在于掌握好米和水的比例。

一般来说，米和水的比例应该是1：2，如果想用2勺大米蒸软饭的话，只要加上4勺水，用电饭锅焖熟就可以了。

如果觉得白米饭太单调，还可以加上各种蔬菜和肉末，做成花样丰富的菜肉软饭，既能提起宝宝的兴趣，还可以为宝宝补充丰富的营养。

做菜肉软饭，首先是按米和水1：2的比例，蒸出比较软的白米饭；然后把想放到饭里的各种蔬菜洗干净，切成碎末；再把肉洗干净，切成肉末，下到锅里用油炒散；最后加入准备好的米饭、蔬菜末、少许盐和一点点水，焖5分钟左右就可以了。

面点类辅食的制作要领

1.蒸馒头

（1）开始和面的时候揉成的面团要偏硬，不要太软。因为面团发起来后会变稀变软，开始揉的面团太软，后来就没法揉，做的馒头也会往下塌，吃起来也不好吃。

（2）和面的时候水的温度要随着季节和气候而变化，一般冬天宜用温水，夏天宜用凉水。

（3）做馒头时需要加入食用碱，帮助检测加的碱是不是合适的方法如下：

①用手拍面团。如果听到“嘭嘭”声，说明酸碱度合适；如果听到“空空”声，说明碱放少了；如果发出“吧嗒，吧嗒”的声音，说明碱放多了。

②切开面团来看。如果切面上有分布均匀的芝麻粒大小的孔，说明碱放得合适；如果孔较小，呈细长条形，面团颜色发黄，说明碱放多了；如果面团颜色发暗，有不均匀的大孔，说明碱放少了。

③扒开面团嗅味。如果有酸味，说明碱放少了；如果有碱味，说明碱放多了；如只闻到面团的香味，说明碱放得正合适。

④揪下一点面团，放到口中尝味。如果有酸味，说明碱放少了；如有涩味，说明碱放多了；如果有甜味，说明碱放得正合适。

（4）蒸馒头时，锅里必须加冷水，再逐渐升温，使馒头坯均匀受热。不要为了图快，一开始就用热水或开水，这样蒸出来的馒头容易夹生。

（5）馒头蒸熟以后不要急于卸屉，先把笼屉的上盖揭开继续蒸3～5分钟，待最上面一屉馒头干结后再卸屉翻扣到案板上，取下屉布。这样就会使蒸出来的馒头既不粘屉布也不粘案板。

2.蛋糕

虽然现在可以很方便地买到各种各样的蛋糕，但要想给宝宝吃的话最好还是自己做。因为蛋糕房做的蛋糕大部分都添加了泡打粉、色素、香精等对宝宝的身体健康不利的东西，自己做的话就可以避免了。

（1）不能用刚从冰箱里取出的鸡蛋和牛奶做蛋糕。鸡蛋越新鲜，发泡力越强。如果用从冰箱里储存的鸡蛋来做，至少要在外面放到鸡蛋恢复到室温时再用来做。

（2）一定不要用高筋面粉，否则蛋糕发不起来。最好是用低筋面粉。如果没有低筋粉，用普通面粉加淀粉即可（普通面粉大部分是中筋粉）。

（3）淀粉要用玉米淀粉。因为玉米淀粉里的凝胶物质对做蛋糕很有好处，是别的淀粉所不能替代的。

（4）用来装蛋清和蛋黄的碗里不能有水和油，手上同样也不能有水和油。

（5）将鸡蛋的蛋清、蛋黄分离时，蛋清里面一定不能有蛋黄，否则要花费很长的时间才能把蛋清打到起泡。

3.自制蛋糕的做法

准备做蛋糕的原料：鸡蛋4个，低筋面粉1饭勺（80克左右），牛奶150克左右，白糖适量（可以根据宝宝的口味添加，最好不要太多），盐少许，色拉油少许。

准备好原料后，先要把鸡蛋洗干净，打到一个干净的碗里（碗要保持绝对的干净，既不能有水也不能有油），把蛋黄和蛋清分开。

在蛋清里加入一点点盐和1汤勺白糖（15克左右），然后用三根筷子沿着一个方向将蛋清打到起泡，再加入一汤勺白糖继续打，一直把蛋清打到发硬，即使把碗倒过来蛋清也不会流下来的时候就可以了（整个过程总共大概需要15分钟）。

然后，在蛋黄里加入30克白糖和准备好的面粉，再加入牛奶（如果没有牛奶，也可以用冲调好的配方奶或鲜榨的果汁），用干净的筷子搅匀。

先取1/3打好的蛋清，放到搅好的面粉糊里，用勺子上下搅拌均匀；再分两次把剩下的蛋清加到面粉糊里，都分别搅匀。

把电饭锅插上插头，按下“煮饭”键，进行一下预热（注意不要加水，可以用筷子压住锅底，加热1分钟）。在锅底和锅壁涂上一层色拉油（防止蛋糕糊在锅底倒不出来），把调好的面糊倒进锅的内胆里，用双手端着锅，在桌子上震几下，把里面的大气泡给震出来。

然后把锅胆放进外锅，按下“煮饭”键进行加热。当电饭锅跳到保温状态后用布把电饭锅的上面的出气孔堵上，焖20分钟；再一次按下“煮饭”键，等电饭锅跳到保温状态后再焖20分钟（如果电饭锅的功率比较大的话，可以缩短焖的时间）就可以了。

出锅时准备一个干净的盘子，把蛋糕扣在盘子里，就可以切开给宝宝吃了。这样的蛋糕，虽然没有漂亮的外形，鸡蛋味却浓郁得多，吃起来口感也更好。更重要的是，它绝对不含香精、色素等化学成分，可以放心让宝宝吃。

科学地给宝宝断奶

宝宝什么时候断奶好

什么时候给宝宝断奶最合适呢？这个问题困扰着很多妈妈，尤其是现在的妈妈恢复工作的时间通常比较早，因此，什么时候给宝宝断奶，还是要根据实际情况而定。但这并不意味着什么时候给宝宝断奶都无所谓。

宝宝断奶的最佳时间是在8～10个月，完全断奶的最佳时间是在10～12个月。最好是在春天或秋后的凉爽季节，因为这时气候宜人，蔬菜水果又很丰富，宝宝比较容易适应。有的妈妈在宝宝只有4个月左右时就必须上班，医生提醒说，最好是能每天给宝宝喂一次母乳，母乳的营养是其他辅食都不能代替的，尤其是在增强免疫力方面。

宝宝想断奶时的信号

专家研究发现，婴儿需要断奶时，他会向父母发出信号。

婴儿对父母吃饭的样子很感兴趣，让他看父母愉快进餐的样子，这是十分重要的。

最初时，宝宝看到妈妈用手把一样东西放近嘴里并不停咀嚼时，他会感到十分好奇。随着宝宝月龄的增长，他就会渐渐张开嘴巴开始流口水了。这就是他发出的“信号”，表明他“能够消化食物”、“可以开始断奶了”。如果妈妈能很好地抓住这个时机开始断奶，那么，就不用为怎样才能让宝宝接受新的食物而发愁了。

断奶的整个过程

给宝宝断奶不是一天两天就能做好的事情，而是在一段时间内要做的事情。一般情况下，不管妈妈选择什么时候给宝宝断奶，都要注意，这是个循序渐进的过程，不能说断就断。否则宝宝一下子不能适应新的食物，可能会拒绝食用，也可能因为不适应新的饮食而造成消化不良等疾病。

1.断奶准备期（4个月）

宝宝长到4个月时，可以开始添加一些辅食，其实这也就是断奶的准备期。这期间可以给宝宝喂些水果汁和菜汤。完全人工喂养的宝宝，这个时间可以适当提前。给宝宝喂水果汁和菜汤，最好是在两次喂奶之间或者是在宝宝口渴时，也可以在洗澡之后。

2.断奶初期（5~6个月左右）

断奶的初期，宝宝可以吃专门的断奶食品了。断奶食品主要是菜汤和粥以及菜泥。你可以自己做，也可以选择瓶装的断奶食品。

在这个时期，每天最好给宝宝喂4次奶，吃1次断奶食品。最开始时，将断奶食品安排在第二次喂奶之前，吃后紧接着喂奶。宝宝刚开始喝液体食物时很不习惯，可以先给他喝少量稀的菜汤或粥，然后再逐渐增加量。

这个时期的断奶食物应细腻、滑润、易消化、不含果蔬中的籽或粗纤维等，口味应清淡适中，不添加盐、糖。常食的有：稀粥、面包粥、蛋黄、菜泥、水果泥等。菜泥的品种可以经常更换，可以用土豆、胡萝卜、菠菜、南瓜等做成菜泥。

3.断奶中期（7~8个月左右）

这个时期宝宝已经开始适应断奶食品，可以渐渐增加次数和量。可以每天喂3次奶，吃2次断奶食品。

断奶食品一般在上午10：00左右和下午18:00左右给宝宝吃。要经常更换品种，趁这个时期让宝宝接触不同的食物。进食的量要根据宝宝的食欲和喜欢吃的食品来决定，但要防止偏食，不能把宝宝宠坏了。

这个时期常用的断奶食品有：粥、面包、饼干（还可以锻炼牙齿）、鸡蛋（只吃蛋黄）、豆制品（豆腐、煮烂的豆豉）、水果（开始吃果泥，逐渐变为碎的水果）。

4.断奶后期（9~10个月左右）

这一时期要渐渐减少母乳或奶粉的量，每天喂3次奶，吃3次断奶食品，而且量也要大致相当。渐渐将喂母乳改为喝奶粉，并帮助宝宝用杯子喝奶。

这个时期宝宝已逐渐适应了断奶食品，活动能力增强，生长发育极快，已开始出牙，因而这个时期宝宝的食物品种增加，提供更多的营养素。食物中所含2～4毫米左右大的软颗粒，可被婴儿的牙床轻易磨碎，从而起到锻炼牙齿的作用，并提高进食兴趣。

另外，还需要经常改换烹调的方法，以增进宝宝的食欲。

5.断奶终期（11～12个月左右）

这一时期基本上可以完全断奶，开始吃幼儿食品。吃饭的时间分成早、中、晚三次，但上午10点左右和下午3点左右应该给他吃些其它食品，如水果、点心。

这个时期要开始训练宝宝独立吃饭，给他创造一个整洁、安静、愉快的吃饭环境。这时宝宝的神经系统发育还不完善，吃饭时易受干扰，大人不要过多地干涉他，也不要打搅他，要让宝宝集中精力把饭吃完、吃好。

给宝宝断奶三注意

1.断奶必须要循序渐进

由于宝宝的肠胃功能不强，所以断奶要循序渐进。比如原来一天喂8顿，过3个月后可以减一半并用辅食补充。到9～10个月时，再减少一些，辅食可以在宝宝5个月开始有计划每天加1～2次，如米汤、蛋黄等。这样的循序渐进，逐步递减，会让宝宝的肠胃有一个适应的过程，达到自然过渡。同时，逐步断奶也有利于妈妈的乳房慢慢恢复，防止乳房下垂或乳管堵塞。

2.断奶期可适当进行母婴隔离

哺乳期间，宝宝会形成一个条件反射：时间到了，而妈妈在身边，就会要求吃奶。因此，在某些喂奶的时段妈妈与宝宝分开，会有利于断奶的进行。当然，这里说的是适当的隔离，并不代表妈妈需要离开宝宝几天，这样会造成宝宝不安，建议可以晚上分开睡或者暂时离开宝宝的视线范围。

3.合理调整饮食结构

为了减轻断奶后的泌乳量，妈妈们可适当减少进水量，多以饭食为主，从而减少造奶原料，促进乳房恢复。

总之，科学、合理、循序渐进地进行断奶，对宝宝的发育以及妈妈的健康都有重要的保障。所以，各位妈妈要科学把握好断奶的时机，为宝宝打下一个健康的基础。

为宝宝选择断奶食品

好的断奶食品具有以下这些特点：

（1）含有丰富的蛋白质和热能，营养价值高。

（2）强化了一定量婴儿所需的矿物质和维生素等。

（3）婴儿易于接受并且喜欢吃。

掌握了这些特点，你就能为宝宝选择好的断奶食品了。

断奶后的营养调配

断乳后的婴幼儿，必须完全靠自己尚未发育成熟的消化器官来摄取食物的营养。由于他们的消化机能尚未成熟，因而容易引起代谢功能紊乱，故断奶后婴幼儿的营养与膳食要适应该时期机体的特点。

断奶后，婴幼儿每日需要热能大约4602～5021千焦（1100～1200千卡），蛋白质35～40克，需要量较大。由于婴幼儿消化功能较差，不宜进食固体食品，所以应在原辅食的基础上，逐渐增添新品种，逐渐由流质、半流质饮食改为固体食物，首选质地软、易消化的食物。鉴于此，婴幼儿的饮食可以包括乳制品、谷类等。烹调时应将食物切碎、烧烂，可以用煮、炖、烧、蒸等方法，不宜油炸及使用刺激性配料。

婴幼儿断奶后不能全部食用谷类食品，也不可能与成人吃一样的饭菜。主食应给予稠粥、烂饭、面条、馄饨、包子等。副食可以包括鱼、瘦肉、肝类、蛋类、虾皮、豆制品及各种蔬菜等。

主食为大米、面粉，每日约需100克，随着年龄增长而逐渐增加；豆制品每日25克左右，以豆腐和豆干为主；鸡蛋每日1个，蒸、炖、煮、炒都可以；肉、鱼每日50～75克，逐渐增加到100克；豆浆或牛乳，每日500毫升，1岁以后逐渐减少到250毫升；水果可以根据具体情况适当提供。

婴幼儿断奶后，进食次数一般为每天4～5餐，分早、中、晚餐及午前点、午后点。早餐要保证质量，午餐宜清淡。

例如，早餐可以供应牛乳或豆浆、蛋或肉包等；中餐可以为烂饭、鱼肉、青菜，再加鸡蛋虾皮汤等；晚餐可以进食瘦肉、碎菜面等：午前点可以给些水果，如香蕉、苹果片、鸭梨片等；午后为饼干及糖水等。每日菜谱尽量做到多轮换、多翻新，注意荤素搭配，避免餐餐相同。

此外，烹调技术及方法，也能影响婴幼儿的饮食习惯及食欲。如果饭菜色、香、味俱全，可以促进婴幼儿的食欲，使其摄入更多食物，增强其消化及吸收功能。

从婴幼儿起就要养成良好的饮食习惯，防止挑食、偏食，要避免边走边喂、吃吃停停的坏习惯。婴幼儿应在安静的环境中专心进食，避免外界干扰，不打闹、不看电视，以提高进餐的质量。

妈妈回奶的方法

断奶时，妈妈们首先应该逐渐减少喂奶的次数，由每天3次减到2次、1次，多余的乳汁，不要积聚在乳房内，应该挤出直至乳房松软没有胀痛的感觉。

切勿采用传统的一夜胀退法，这种方法很危险。危害之一：乳汁淤积成块，使妈妈疼痛难忍。危害之二：乳汁积聚，营养丰富的乳汁为细菌提供了良好的环境，容易导致乳腺炎甚至脓肿形成，而不得不进行手术治疗。危害之三，可以使今后妈妈的乳腺出现较为严重的乳腺增生或其他病变。

其次，饮食方面，妈妈们的饮食宜清淡勿油腻，少喝水，少喝汤，特别是鸡汤、鱼汤等发奶食物，可适当多吃韭菜、山楂等。

再次，断奶后要穿合身或稍紧一点的文胸，这样除了能抑制乳汁的分泌外，还能减轻乳房的胀痛。

最后，药物治疗。可以用炒麦芽煎水喝（50克煎服，每日3次），也可以服用维生素B_6、乙烯雌酚、溴隐亭等药物，但必须遵医嘱服用。另外，如果断奶期间出现乳腺硬块、局部皮肤发红、发热等症状，应及时就诊。

断奶成功后，建议妈妈们适当进行体育锻炼，多做扩胸运动，可以使乳房较快地恢复弹性。

04 做宝宝的家庭营养师

长得壮才健康，吃是硬道理，但吃得科学是更硬的道理。做好宝宝的“家庭营养师”是每个父母的责任。怎么做好呢？其实并不复杂。只要关注、做好以下四个方面，就能让宝宝吃得开心、吃得健康。

营养素一个都不能少

营养素的重要性

营养素对于人体是很重要的，尤其是生长发育迅速的婴儿，更是特别重要。首先，营养素是生长发育的物质基础，由于婴儿处于生长时期，体内各组织的生长都离不开营养素，需要比成人相对更多的营养素以建立自身的组织。其次，营养素又是人体进行新陈代谢所需要的物质，由于细胞的衰老、破坏和死亡，各组织必须更新和重建。婴儿期的新陈代谢过程是人体一生中最旺盛的阶段，因此，需要更多的营养素才能完成这一过程。

世界上所有的食物，就其主要营养成分而论，主要有蛋白质、脂肪、糖（碳水化合物）、维生素、无机盐和水六大类。

不同食物所含的营养素不同，即使所含营养素种类相同，其含量也是不同的。其中蛋白质、脂肪和糖类，称为三大营养物质。它们通过消化系统的消化作用，蛋白质消化成为各种氨基酸，脂肪分解成脂肪酸和甘油，糖类物质变成葡萄糖或果糖，然后吸收进入血液。

其他三类，即维生素、无机盐和水也是人类生存不可缺少的，均可以直接吸收，未被吸收的食物残渣通过大便排出体外。进入血液的各种营养素，在人体内通过一系列复杂的化学变化，最终将它们转化成热能和废物，使营养物质最终满足人体能量的需要和身体增长的需要。因此，父母要从宝宝对营养物质的需要出发，尽可能地满足宝宝对营养素的需求。

当营养素缺乏时，会影响人体各种组织的生长。研究表明，食物的卵磷脂参与中枢神经系统的传导功能，有利于大脑的兴奋和抑制，能提高记忆力和理解力。蛋白质是组成大脑细胞不可缺少的物质，而婴儿在12个月以后脑细胞数目就不再增加了，所以当婴儿缺乏足够蛋白质和卵磷脂的食物时，不仅会造成体重不增，体型矮小，还会导致婴儿智力低下。

为了让婴儿生长发育正常，就必须让婴儿摄入全面、均衡的营养素，蛋白质、脂肪与碳水化合物供应量的比例要保持1：1.5：4，不能失调。

婴儿断奶后，在照顾消化能力的前提下，膳食构成应做到数量充足、质量高、品种多、营养全。

要保证婴儿获得足够的热量和各种营养素，就要照顾到婴儿的进食和消化能力，在食物的烹调上下功夫。

蛋白质

构成人体的主要材料是蛋白质。例如，肌肉、心脏和肾的大部分由蛋白质（除了水以外）构成。骨骼也是由充满了矿物质的蛋白质构成。儿童不仅需要蛋白质来发育身体的各个部位，也需要蛋白质修补被破坏的组织和恢复细胞的功能。

每天给宝宝食用各种各样的蔬菜、谷类植物、豆类和各类水果，是为儿童提供大量高质量蛋白质的最有效的途径。豆奶和其他豆制品也含有丰富的蛋白质。美国营养学会认为，只要广泛食用上述食品，而不只是依赖于玉米或者大米，就能够提供极为丰富的蛋白质。植物蛋白质来源的另一个好处是，它能提供大量的合成碳水化合物、纤维素和维生素。肉类、奶制品和蛋等动物产品确实含有蛋白质，而且含量相当丰富。

但是却容易引起一些问题。它们含有动物脂肪和胆固醇，缺乏合成碳水化合物和纤维素，维生素的含量也很低。

碳水化合物

碳水化合物分复合碳水化合物和单一碳水化合物，它们都是淀粉，可以提供儿童需要的大部分能量。合成碳水化合物，如蔬菜、水果、谷类、豆类等，在人体内像燃料一样缓慢消耗。而单一碳水化合物，如糖和蜂蜜等，则能很快被人体消化吸收。这两种糖作为肝糖贮存在肝脏中以备以后用。

脂肪

脂肪是身体丰富的热量来源，所含单位热量是同等重量的碳水化合物的两倍。脂肪不容易转化为燃料，但是却特别容易在皮下和身体器官周围堆积。如果碳水化合物无法满足人体的需要，脂肪也会产生代谢变化变成燃料。

脂肪有两类：一种是饱和脂肪，主要存在于肉类和奶制品食物中；另一种叫不饱和脂肪或者复合不饱和脂肪，主要存在于以植物为主的食物中。饱和脂肪与心脏病和中风有密切的联系，而不饱和脂肪就没有这种作用。素食和低饱和脂肪的饮食之所以最有益于人体健康，原因就在这里。

纤维素

纤维素是蔬菜、水果、谷类和豆类中所含的纤维质，不能被肠道消化和吸收。在肉类、奶制品、鱼、家禽肉中一点也不含纤维素。

纤维素在促进正常的肠道蠕动方面起着重要的作用。一个人如果只吃无刺激的饮食，如牛奶、肉汤和鸡蛋等，就很容易由于肠道下端缺乏物质而引起便秘。所以纤维素对保持大小肠的健康起着举足轻重的作用。

现在人们认为患大肠癌的主要起因是食物过于精细，缺乏纤维素，因此通过肠道的速度过于缓慢。另外，纤维素还能够帮助降低胆固醇的含量。

热量

水和矿物质本身都没有热量，也就是说，不含能量。脂肪的热量很高，一盎司脂肪的热量比等量的淀粉、糖类或者蛋白质所含的热量高2倍多。

黄油、人造奶油和植物油基本上是纯脂肪，奶油和沙拉的调味品中脂肪含量也很高，因此属于高能食品。肉类、家禽、鱼、蛋是由蛋白质和脂肪组成的，因此是高热量食物。糖和糖浆热量也很高，因为它们是浓缩的单一成份的碳水化合物，不含水和纤维。

所有富含纤维素的保麸谷谷物，单位热量比油腻食物都小得多。大多数蔬菜基本上由水、碳水化合物、蛋白质和纤维素构成，不含任何脂肪，因此单位热量也较低。

矿物质

各种各样的矿物质在人体的组成和各部位机体活动中起着必不可少的重要作用。坚固的骨骼和牙齿取决于钙和磷；为身体各部位输送氧的红细胞中的物质有一部分是铁和铜；碘是甲状腺机能必不可少的元素。

所有的天然食物都含有各种各样、有价值的矿物质，而食物的提炼或煮的时间过长都会造成大量矿物质的损失。

1.钙

充足的钙源在骨骼快速生长期间起到十分重要的作用，在婴儿期和青春发育期内的作用尤其重要。

绿色蔬菜、豆类和添加了矿物质的桔子汁，都是有益于健康的钙源。以植物以主的饮食之所以有助于保持骨骼中的钙，实际上是因为它减少了通过肾而流失的钙。虽然奶常常被当作钙源，但由于现在奶制品出的问题比较多，所以家长应该慎重选择奶制品。

2.铁

从蔬菜（尤其是菜花、甘蓝和瓜类）中和豆类（尤其是大豆、海军豆、东北大豆）中可以获取大量的铁，足以满足儿童的正常生长和发育。这些蔬菜不会使儿童发胖，因为它们不含大部分肉类和奶制品所含有的饱和脂肪。

婴儿到了半岁左右的时候，需要更多的铁来制造红细胞。由于他们生长发育迅速，出生时体内有限的能量已经开始耗尽。牛奶中几乎不含铁质，而喝牛奶的婴儿又很少吃其他食物，这样时间长了，他们就可能出现严重贫血。

因此，我们必须特别重视为婴儿寻找含铁的谷类食品和加铁的奶制品。研究发现，虽然母乳的含铁量极少，但是它含有一种极易消化吸收的铁质。对6个月以前的婴儿来说，母乳的含铁量是足够用的。

3.碘

碘是制造甲状腺素所必需的元素，甲状腺素除了调节身体新陈代谢之外，还可以促进神经系统的功能和发育。

宝宝碘的补充，应从出生后开始，3个月内婴儿尚未添加辅食，如果仅靠代乳品将远远跟不上婴幼儿的体格生长发育和脑发育需要。其实，最好的补碘途径是通过母乳喂养的方法，从母体得到足够的碘以保证婴幼儿生理需要。

有研究发现，母乳喂养的婴幼儿尿碘水平高出其他方式喂养的婴幼儿的1倍以上。这个时期对哺乳妈妈来说，至少每天要供给200微克碘，才能保证母婴两人的碘需要量，有效地预防碘缺乏对母婴的危害。

宝宝4个月后，可以添加辅食，必须时常出现含碘的食物，如海带、紫菜等。但是妈妈也要注意，给宝宝准备的海带、紫菜一定要泡发好，并且一定要切碎、炖烂才易于被宝宝吸收。

维生素

维生素是身体保持正常生理活动所需要的少量特殊物质。所有的维生素都可以从均衡的饮食中获取，比如从蔬菜、保麸谷谷物、水果、豆类和豌豆类中获取。但是维生素B_{12}除外，它仅存在于动物性食品、添加维生素谷物食品以及少数几种其他添加维生素的食品中。

因此，如果儿童不吃肉类或者奶制品，就需要注意补充维生素。营养专家建议给宝宝服用维生素片剂，它对挑食、不吃水果和蔬菜的宝宝或者发育不太好的宝宝都适用。每天给宝宝吃上一片维生素片剂比强迫他去吃蔬菜或者水果要好得多。

1.维生素A

维生素A是由β－胡萝卜素在体内转化而成的。它对保持支气管内壁、肠道内壁、泌尿系统以及眼睛的各个部位的健康都十分重要，尤其是可以保持眼睛在昏暗的光线下看东西的功能。

黄、橙色的蔬菜最好，它们能提供给宝宝所需的全部维生素A。患有消化道疾病或者慢性营养不良的宝宝往往会缺乏维生素A。但是维生素A不能摄入过量，过量的维生素A也会对身体有害。

2.B族维生素

科学家们曾经认为，在体内发挥着多种作用的只是一种维生素B。但调查研究发现，那是十几种不同的维生素B，这些维生素B大部分都存在于同一类食物中。由于人们还不十分了解维生素B，所以，大量食用含有维生素B的天然食品比分别服用维生素B片剂要好得多。

对人体最重要的四种维生素B的化学名字分别叫做：硫胺素、核黄素、烟酸、盐酸吡哆素，这是四种人体离不开的维生素。

奶类、蛋类、肝类和肉类中都含有一定的硫胺素（维生素B_1）、核黄素（维生素B_2）和烟酸（维生素B_3或者尼古丁酸）。但是，由于这些食物中常常含有过量的饱和脂肪，所以我们还可以从糙米、保麸谷、豌豆、豆子、花生、添加维生素的面包、面食和各类谷类食物中获取。以精制的淀粉和糖为主的饮食可能导致儿童缺乏维生素B。

含有盐酸吡哆素（维生素B_6）的食物有香蕉、卷心菜、玉米、燕麦、豌豆粒、麦麸和咖啡。这些食物再加上大部分的谷物，就可以满足儿童的日常需求了。

钴胺（维生素B_{12}）分布于包括奶在内的各种动物食品中，但是在多数蔬菜中却找不到它。不吃动物食品的宝宝可以把谷类食品和加入维生素B_{12}的豆奶，作为获取维生素B_{12}的来源。

3.叶酸

叶酸对制造脱氧核糖核酸和红血球非常重要。它存在于菠菜、花菜、萝卜等蔬菜，粗粮和类似甜瓜和草莓这样的水果中。

4.维生素C（抗坏血酸）

鲜枣、西红柿、桔子、柠檬、猕猴桃和小白菜中都含有大量的维生素C。在其他水果和蔬菜中也含有。

但是，维生素C在烹调过程中很容易遭到破坏。维生素C对骨骼、牙齿、血管及其他组织的发育非常有用，而且在体内大部分细胞的代谢方面也发挥着重要的作用。维生素C缺乏症表现为骨骼周围疼痛出血和牙龈肿大渗血。

5.维生素D

人的生长和发育，尤其是骨骼和牙齿的发育，需要大量的维生素D。它把消化道中的食物的钙和磷吸收到血液里，然后再由血液送到骨端，满足骨头的生长发育。这就是我们要在宝宝（尤其是在婴儿快速生长期间）的饮食中加入维生素D的原因。虽然一般食物中的维生素D含量较少，但是一般儿童都能摄入充足的多种维生素。

另外，阳光的紫外线可以促使人体自身合成维生素D，所以常在户外活动的人们能够自然地获取这种维生素。大多数宝宝每周只要晒30分钟的太阳，就不会出现维生素D的缺乏症。妈妈在哺乳期间也需要多补充维生素D。只吃母乳的宝宝也应该专门补充维生素D。

6.维生素E

维生素E可以从坚果、籽类，以及许多植物油中得到，也可以从玉米、菠菜、花菜、黄瓜以及其他蔬菜和保麸谷物中获取。

7.维生素中毒

大剂量的维生素对宝宝是十分危险的。脂溶性维生素，如维生素A和维生素D，最可能造成严重中毒。即使是水溶性维生素，如盐酸吡哆素（维生素B_6）和烟酸，都可能产生严重的副作用。因此，一定要按照医嘱给宝宝服用维生素，千万不可以服用过量。

水

虽然水本身不含有热量或者维生素，但是它对人体的构造和运转起着至关重要的作用（人体中60%是水）。

水是儿童和成人最重要的饮料，尤其是在炎热的夏天，人体由于出汗和蒸发而需要消耗大量的水，因此更需要补充水。大多数食物（包括母乳）主要由水构成，所以，人们日常获得的大部分水都是来自于食物。

均衡的饮食很重要

保持饮食均衡

单纯从热量、维生素或矿物质的含量来判断食品的好坏是不准确的，还需要重点考虑食物的脂肪、蛋白质、碳水化合物、纤维素、糖分、钠等的含量。如果儿童保持均衡的饮食，就能够充分获取上述营养素。但是，我们并不需要在每一餐中都要吃各种必需的食物。重要的是我们在一天内或者两天内吃的食物是否能在整体上保持营养均衡。

从长远看，每一个人都需要保持高热量和低热量食物的均衡，以及其他饮食方面的均衡。如果一个人只注重饮食的一个方面而忽视了其他方面，就容易出问题。

有些父母过于谨慎，错误地认为摄取了各种维生素就足够了，而淀粉类食物没有什么营养。于是他们就只给宝宝吃胡萝卜和水果。这样，宝宝不能从中获得足够的热量。还有一些妈妈觉得自己宝宝长得太瘦，就天天只给宝宝吃油腻的食物，而不吃蔬菜、豆类和粮食。长久下去，宝宝就会缺乏各种矿物质和维生素。

蔬菜

宝宝应该多吃蔬菜。1周岁以内的婴儿可以吃下列熟蔬菜：菠菜、豌豆、洋葱、胡萝卜、芦笋、南瓜、西红柿、甜菜（糖萝卜)、芹菜和土豆等。

婴儿长到6个月时，成人吃的多数菜他们都可以吃了。只要用搅拌机将菜搅碎，制成漂亮的形状，就可以给婴儿食用。也可以购买蔬菜类的罐装婴儿食品。要特别注意阅读标签上的营养说明，选择一种最纯净的食品。一定要提防那些掺了水、淀粉或者木薯淀粉的婴儿食品。这样的食品在营养方面远不如你家里用搅拌机制作的食品。

婴儿满1周岁时，可以喂他粗糙块状的蔬菜。豌豆要稍微捣碎以后才可以喂，以防宝宝囫囵吞下去。蒸熟的蔬菜，如胡萝卜、土豆等，要切成条状，以便婴儿手抓方便。有时可以用红薯或者山药来代替土豆。在婴儿不满1周岁之前，你一直坚持给他吃容易消化的蔬菜，这时就应当逐渐喂些他不常吃，而且可能不太好消化的食品：比如花菜、卷心菜、萝卜等。

只要坚持而不是强迫给宝宝吃这些蔬菜，过一段时间宝宝自然就会对它们产生兴趣。

宝宝1～2岁之间，一般可以喂他比较容易消化的生蔬菜了。最理想的蔬菜是剥了皮的西红柿、切碎的胡萝卜和块状的芹菜。给宝宝吃前，一定要清洗干净。开始时不要一下子喂很多，要慢慢地观察一下宝宝是否能够消化。

同时，也可以喂宝宝蔬菜汁和果汁。当然，它们不如完整的蔬菜和水果好，因为蔬菜汁和果汁中没有纤维素。如果你有榨汁机，使纤维素含在果汁、蔬菜汁里，那就更好了。与熟蔬菜相比，蔬菜汁的优点是，它不用加热，所以其中的维生素也不会被破坏。

如果宝宝暂时不喜欢吃没经过加工的蔬菜，你可以给他喝蔬菜汤，比如豌豆汤、西红柿汤、芹菜汤、洋葱汤、菠菜汤、甜菜汤、玉米粥以及混合菜汤等。市场上出售的方便菜汤太咸，所以购买时一定要仔细阅读食用说明。几乎所有的方便菜汤都需要用等量的水稀释。如果打开罐头后，不经稀释就给宝宝食用，就会由于含盐过多而给宝宝带来害处。

总之，蔬菜是给宝宝食用的最有营养的食品之一。

水果

1周岁内的婴儿可以吃炖烂的水果或者桃子、菠萝罐头、苹果酱罐头、杏罐头、李子罐头、梨罐头以及未加工过的熟透的香蕉、苹果、梨等。宝宝满1周岁后，可以把这些水果做成块状的果粥给他们吃。如果梨、桃和菠萝这类的罐头食品中糖浆加得太多，味道太甜，那就不太适合给宝宝吃了。要买那些不含任何添加剂，只含水果和原汁的罐头给宝宝吃。

宝宝在1～2岁之间可以吃一些新鲜水果，比如桔子、桃子、李子、杏和甜瓜等。带皮的水果务必要清洗干净，以除掉喷洒在上面的农药。

由于可能出现卡住嗓子和堵塞气管的危险，所以宝宝到3岁以后才可以食用樱桃和浆果。如果把樱桃和浆果捣成糊状并去掉果核和果芯，在3岁之前给宝宝吃也可以。去核的梅干、枣、葡萄干、杏干和无花果干等干果也可以给3岁的宝宝吃。如果将这些干果切碎拌成沙拉，3岁以前的宝宝也能食用。但是，如果宝宝囫囵吞下干果，容易卡住嗓子，干果还可能长时间粘在牙齿上，所以不可以经常吃，而且吃后要立刻刷牙。

谷类食品

宝宝1岁时，应该食用一种或者多种预煮的保麸谷食品，也可以食用家中其他人吃的熟燕麦片和熟全麦食品。大部分婴儿喜欢又硬又细的谷类食物，但是不喜欢糊状食物。如果发现宝宝对一种食物表示厌烦，可以换一种他以前不太喜欢的食物来试一试。

干谷类食品，尤其是全麦和燕麦制作的各种食品，是最佳的营养食物。而那些由玉米和大米制成的食品，一般来说营养较少。切记要购买保麸谷谷物食品，并仔细阅读产品标签上的营养说明。裹了糖衣的谷类食品是最没有营养的东西，而这些产品却经常在儿童节目中做大量的广告。千万不要去买这类食品。家长可以利用宝宝提出的购买要求，好好讨论一下什么是充足的营养食品，什么是没有营养的食品。

干谷类食品必须符合四点要求，即低脂肪、低糖分、低盐分以及高纤维。同样的，去购买干谷类食品时，一定要仔细阅读标签上的营养说明。

面包

面色是烘烤而成的食品，其营养价值和熟谷类食品相等。如果宝宝不再喜欢早餐吃各类食品，可以给他食用保麸谷谷物制成的面包、烤面包片或者小甜圆面包。你可以在两片面包中间涂一层果酱，但是没有必要涂人造黄油或者奶油。但是，如果涂一茶匙天然花生酱和两大汤匙熟红薯那就更好吃了，而且脂肪含量低，是营养最丰富的吃法了。这种“花生酱夹心面包”含有各种必需的营养物质，深受宝宝喜爱。

粗粮

未经精加工的糙米比各种各样的精米更有营养，因为它含有丰富的纤维素、维生素和矿物质。任何粮食经过精加工以后，营养成分均有损失。这就是粗粮比精粮更可取的原因。所以，我们应该尽可能地选择深色的粗粮食品。

肉类、家禽及鱼类

父母常常会给宝宝吃肉类、家禽以及鱼类，因为它们富含蛋白质和铁。但是多肉的饮食对人体是有害的，因为它容易给我们带来动脉和体重变化方面的问题。另外，我们也知道了这些变化从童年时代就已经开始了。因为，一旦宝宝对肉类产生了兴趣，以后再想改变这个习惯就很困难了。

事实说明，宝宝可以从蔬菜、豆类以及其他植物类食物中获得大量的蛋白和铁，这样就可以避免动物类食品中的脂肪和胆固醇对他们造成危害。宝宝小时候需要的脂肪比他们长大后需要的多。但是，他们不需要动物脂肪。身体生长及大脑发育所必需的脂肪来自植物油。以蔬菜为主的饮食更可能使我们避免受沙门氏菌和大肠杆菌等细菌的感染，因为这两种细菌常见于肉制品和家禽制品中。

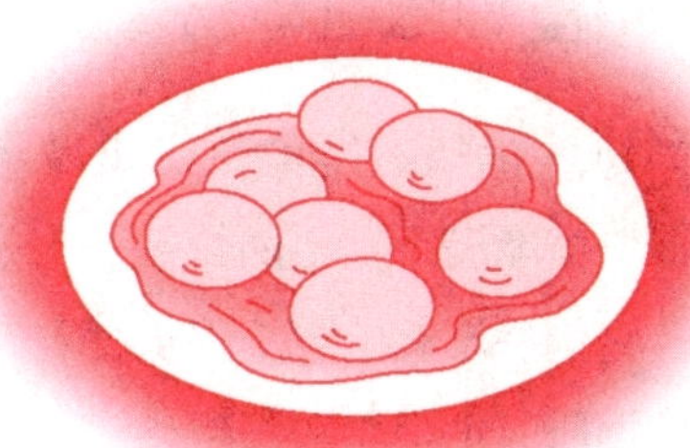

蛋类

鸡蛋的蛋白和蛋黄都有营养，但营养价值不同。蛋黄中含有丰富的卵黄磷蛋白，绝大部分脂肪和维生素存在于蛋黄中，卵磷脂、胆固醇和钙、铁、钾、镁等矿物质的含量也比蛋白高。而蛋白却恰恰含有蛋黄中没有的营养成分，如卵蛋白，这是一种消化率很高的全价蛋白。宝宝的营养必须全面而均衡，所以一岁以后的宝宝蛋黄、蛋白都应该吃，不可以偏食。

一般来说，宝宝从4个月起就可以开始吃鸡蛋了，但是最初只能吃蛋黄，每周的蛋黄量由1/4个至1/2个逐渐添加。5～6个月的宝宝就可以每天吃1个蛋黄了。家长要根据宝宝的胃口做适量的调整，但不要随意增加蛋黄量。

宝宝1岁以后就可以吃整个鸡蛋，但也不能吃得太多，每天吃1个即可。

甜食和油腻食品

甜饼、蛋糕、薄脆饼干以及各式糕点很快就能满足宝宝的食欲。但是实际上，它们并没有给宝宝提供任何蛋白质、矿物质、维生素和纤维素。这类甜点心是最大的不可见脂肪的来源。它们使宝宝在稍微饥饿时吃得很香，并破坏了他们对更好食品的欲望。

但是你也没有必要完全不让宝宝吃，偶尔吃吃也行，只有经常食用这类食物才会使宝宝营养不良。在不必要的时候，或者在家里就没有必要吃这类食品了。需要特别注意的是，不要让宝宝养成每次晚饭后都要吃上一块含脂肪多且油腻的点心的习惯。

像果酱、果冻和糖果这类高糖食品均含有过量的糖分，并且宝宝都非常爱吃。但是宝宝吃了这些食品之后，就不愿意吃其他更好的食物了。这类食品还容易使人发胖和生蛀牙。所以应该给宝宝吃那些没有多余糖分的谷物类食品和水果。如果偶尔因为家里其他人在吃罐头水果而不得不给宝宝吃，那也应该把罐头里的糖浆倒掉以后再给宝宝吃。你还可以购买用不含糖的果汁制成的罐头水果。但是无论在什么情况下，宝宝饭后都必须刷牙。

宝宝在饭前外出与伙伴玩耍，通常要吃些糖果、点心和冰淇淋。这些零食会破坏儿童正常吃饭的胃口和导致蛀牙，所以最好不要让宝宝吃。

不宜喝饮料

咖啡、可乐等这些饮料都不是婴幼儿的理想饮料，因为它们含有大量的糖和使人兴奋的咖啡因。相比于对健康有利的水果汁和白开水，宝宝可能会更喜欢这些饮料，所以应该避免饮用。

即使是一些不含糖或者咖啡因的软饮料，也会影响宝宝的食欲，也应该避免饮用。

健康快乐地吃零食

该不该给宝宝吃零食

婴幼儿都会非常好动，整天手脚不停的活动着，会消耗大量的热能。因此，每天在正餐之外恰当补充一些零食，能更好地满足宝宝新陈代谢的需求。研究表明，婴幼儿恰当吃一些零食会使营养更均衡。因此吃零食也是摄取多种营养的一条重要途径。

婴幼儿爱吃零食并不一定是坏习惯，关键是要把握好一个科学的尺度。妈妈可以给宝宝吃零食，但需要有一个时间和量，以及零食种类的限制。不能太过纵容，让宝宝吃过多的零食，以免养成偏爱吃零食的坏习惯。

如何控制宝宝的零食量

1.不能将零食作为奖励

不要将零食作为奖励、惩罚、安慰或讨好宝宝的手段。长期下去，宝宝会形成一种错觉，认为奖励的东西都是好东西，无形之中在心理上会产生了一种认知感，认为这些食物都是好吃的，并且喜欢吃。

2.合理安排吃零食的时间和量

吃零食不要距离正餐太远，应该在两餐中间吃，也不可以离正餐时间太近，以免影响食欲。也不要在临睡时吃，以免增加消化系统的负担，影响睡眠。晚上睡前1个小时可以喝不加糖的牛奶，有利于睡眠和补充钙质。

宝宝每天吃零食的次数应该尽量控制在3次内，量不宜过多，这样才不会影响正餐。大量吃零食，就会占去主食的位置，长期下去，容易引起营养不良。另外可以准备一些水果，让宝宝在正餐时吃饱些。

3.适当减量

如果宝宝已经喜欢上了零食，妈妈可以与宝宝协商，每天或每周可以吃零食的分量为多少，最好是妈妈和宝宝都可以接受的范围，订一个双方都同意的标准，可以减少宝宝吃零食的次数。此外，妈妈还可以用点小心机，逐次减少每次约定的分量。

零食安全等级的划分

我们所说的零食是非正餐时间食用的各种少量的食物和饮料。我们可以把宝宝吃的零食划分为四个等级，分为“可经常食用”、“适当食用”、“限量食用”、“禁止食用”。

1.“可经常食用”的零食

这些零食营养丰富，同时多为含有或添加低油、低盐、低糖的食品和饮料。这些食物既可以提供一定的能量、膳食纤维、钙、铁、锌、维生素C、维生素E、维生素A等人体必需的营养素，又可以避免摄取过量的油、糖和盐，这些零食属于有益于健康的零食。

2.“适当食用”的零食

这些零食营养素含量相对丰富，但是却是含有或添加中等量油、糖、盐等的食品和饮料。

3.“限量食用”的零食

这些零食是含有或添加较多量油、糖、盐的食品和饮料，提供能量较多，但几乎不含有其他营养素。经常食用这样的零食会增加患超重、肥胖、高血压以及其他慢性病的风险。但此处的“限量”，并非禁止。

4.“禁止食用”的零食

这些零食含有酒精、碳酸、咖啡等成人食用的食品，对宝宝的健康有严重的威胁，应禁止宝宝食用这类零食。

会损害宝宝智力的零食

1.反式脂肪

反式脂肪又名反式脂肪酸，一般由植物油“氢化”技术处理后产生。与一般植物油相比，人造反式脂肪具有耐高温、不易变质、存放更久等优点。宝宝通过吃零食吸收了人造反式脂肪酸，从而影响他们的生长发育，还会造成婴幼儿大脑脂质缺乏，影响智力发育。

所以以下食物要避免宝宝食用：首先是人造油脂，如人造黄油（植物奶油）；其次是油炸食品，如方便面、薯片、薯条等。一些含油脂的加工食品，如方便汤、快餐、冷冻食品（如汤圆）、烘焙食物（如饼干、曲奇和面包等）、各种即冲型糊粉状食品（如粉状麦片、椰子粉、芝麻糊粉等）、各种奶油糖、花生酱、巧克力酱中，都可能含有反式脂肪酸。

2.膨化食品

近年来，膨化小食品因其具有酥、脆、香、甜等味道特点，颇受婴幼儿喜爱。不过，国内外医学专家认为，膨化食品不是真正的安全或健康食品，如果宝宝长期食用这类食品，对他们的大脑和体质发育都是有害无益的。

膨化食品中含有较多有害金属元素铅或铝，家长不应该经常让宝宝吃这些食品。膨化食品含铅、铝比较高的原因有：一是加工这类食品往往要加入膨松剂之类的添加剂，有的膨松剂（如明矾和碳酸氢钠）含有较多的铅或铝等重金属；二是食品在加工的过程中是通过金属管道的，金属管道里面通常会有铅和锡的合金，在高温下，这些铅容易气化，气化后的铅就会污染这些膨化的食品。经常吃膨化食品对婴幼儿的伤害是很大的。

3.人工色素

在儿童智力发育阶段，需要大量的优质蛋白质和类脂等营养元素，人工合成色素不能提供这些营养。同时，人工合成色素自身或其代谢产物具有毒性。而且，其在保存的过程中还可能混进砷、铅或其他有毒的中间产物，这些都会影响儿童的智力发育和神经行为。

此外，摄入过量合成色素还可以引起过敏症，如哮喘、喉头水肿、鼻炎、荨麻疹、皮肤瘙痒以及神经性头痛等。某些人工合成的色素作用到人的神经，还会影响神经冲动的传导，从而导致一系列的症状。

自制宝宝零食精选推荐

1.爱心三明治

小片面包，可以随意搭配花生酱、芝麻酱、番茄沙司、果酱、宝宝蜂蜜、果蔬片、小奶酪、煎蛋等，用保鲜膜包好，以便宝宝拿着吃。

2.自制夹心饼干

用2小片全麦硬质饼干或无糖苏打饼干、非烘烤蛋卷、自制馒头干等作胚，按照上述做三明治时提供的材料来做夹心料即可。

自制夹心饼干基本不含各种添加剂及有害健康的氢化植物油，无论从色、味、营养方面都优于市售的产品。

3.营养小饼

无论是红薯、土豆、玉米、芋头还是山药（都需先蒸熟），甚至是米饭，都可以作为制作小饼的原材料，少量加些面粉、调料、生鸡蛋调匀，还可以加入肉泥、虾蓉、碎菜等，用少许植物油将两面煎至金黄即可，无论直接食用还是蘸酱吃，都是宝宝的最爱。

4.杂粮集锦

蒸或烤后去皮的红薯、土豆、南瓜、芋头、玉米、自制爆米花等固体食物；以及杂粮粥、绿豆沙、营养谷物圈圈、营养麦片、燕麦牛奶羹等汤羹类。

5.糕糕团团

自制的小豆沙包、小窝头、紫米糕、枣发糕、果料发糕、什锦饭团（豆沙、枣泥、水果、蔬菜、鸡蛋、红薯、奶酪、虾米等都可以做成饭团的馅料），可以有效地补充宝宝的体力消耗。

6.香甜布丁

自制的蛋奶布丁、水果布丁等，含糖少且富含蛋白质，比糕点店中卖的更健康。同时，也不会像果冻那样存在误吸入气管的危险。

选购零食的窍门

1.总的原则

（1）不贪便宜购买“三无”产品。

（2）不买地摊小吃。

（3）要选择大型正规厂家生产的品牌产品。

2.奶品类

（1）注意商品成分标识，最好选原味的酸奶和纯牛奶，少喝钙奶、果奶之类的乳饮料。乳酸菌类饮料适合肠胃不太好的宝宝。

（2）不要吃加巧克力浆的奶制品。因为牛奶中的钙与巧克力中的草酸结合之后，会形成草酸钙，草酸钙不溶于水。如果长期食用这类奶制品，容易使宝宝的头发干燥且没有光泽，还会经常腹泻，并出现缺钙和发育缓慢的现象。

（3）加大量糖的奶制品尽量不要给宝宝喝。因为过多的糖在宝宝体内发酵，会过分刺激胃肠蠕动，可能引起腹泻。此外，肥胖、龋齿、食欲不振也与食糖过多有关。

（4）鲜奶中的B族维生素受到阳光照射会很快被破坏。因此，存放牛奶最好选用有色或不透光的容器，并且要存放于阴凉处。

（5）牛奶最好不要冰冻，因为冰冻后牛奶中的蛋白质、脂肪和乳糖等营养物质会发生变化，出现明显不均匀的分层现象。冰冻的牛奶解冻后可能出现凝固状沉淀物、上浮脂肪团，并出现异常气味等，其营养价值也会随之下降。

（6）酸奶不要加热后给宝宝喝。酸奶中的活性、乳性乳酸菌经加热或开水稀释，会大量死亡，不仅特有的味道消失，营养价值也会损失殆尽。也不要空腹喝酸奶。空腹喝酸奶，乳酸菌易被杀死，保健作用就会减弱。最好在饭后2个小时左右喝酸奶。

3.水果类

水果含有较多的糖类、无机盐、维生素和有机酸。经常吃水果还能促进食欲，帮助消化，对宝宝的生长发育有益。

（1）最好是每天饭后吃适量水果。最好选择既熟又没有腐败变质的水果。因为不熟的水果含琥珀酸，能强烈刺激胃肠道，影响宝宝的消化功能。腐败的水果能引起胃肠道炎症。

（2）最好不要用果汁饮料代替天然水果。

（3）个头特大，或者是反季节的水果少买。因为它们多是用激素催熟的，容易导致宝宝性早熟。辨认特征是形状特大且异常，外观色泽光鲜，果肉味平淡。比如早期上市长得特大的草莓、外表有方棱的大猕猴桃、果梗是红色的荔枝、瓜瓤鲜红却瓜子不熟、味不甜的西瓜等、一些特大的无籽大葡萄等。

（4）水果虽然含有丰富的营养，但也不能多吃，否则可能会引起胃发炎及消化不良，越小的宝宝越应该注意。除此之外，每天给宝宝食用的水果种类也不可以太杂。

（5）当宝宝身体不适时或是特殊体质者，有些水果需要忌食。例如：气喘、咳嗽不停等过敏体质的宝宝应该少吃西瓜、木瓜、香瓜；皮肤过敏的宝宝应该少吃芒果、木瓜、草莓等；宝宝出现腹泻时需要禁止喝果汁和吃水果，否则腹泻不易好转。

（6）气虚、脾虚的宝宝要少吃凉性水果，如西瓜、香瓜、芒果、菠萝、番茄、香蕉等，而热性体质的宝宝最好不要吃热性水果，如桃子、荔枝等。一些新奇的进口水果，如葡萄柚，含有大量的维生素C，有消炎功效，但虚弱体质的宝宝不宜多吃，否则容易拉肚子、咳嗽。奇异果含有木瓜酵素，对宝宝的胃肠有利。

4.谷类

谷类包括大米、小米、玉米、小麦、高粱、荞麦等，是膳食中热量的主要来源。用这些原料做成的点心既可以提供热量又营养丰富。

（1）为宝宝选面包时，最好是全麦面包、谷粒面包与白面包等替换着吃。

（2）饼干要选择原味或半甜的。

（3）干的谷类食品应选择未加糖或每份少于3克糖的不同种类。

5.坚果类

据现代营养学家分析鉴定，500克核桃相当于2500克鸡蛋或者4500克牛奶的价值。其中大约有60%为钠蛋白，还有赖氨酸、谷氨酸、维生素E等。它们对人体有重要的作用，是良好的滋补品，可以治疗宝宝百日咳、小便频繁、皮炎湿疹等。松子仁口味香醇，有着奇特的诱人气味、是宝宝喜爱的零食。它含有74%的脂肪油，主要是油酸脂，有润肺止咳，通便的效果。花生中含有大量的蛋白质、卵磷脂等，能够润肺和胃，增加营养。

（1）要随时注意避免呛咳、窒息。吃坚果时，最好有大人在旁边照看。宝宝不要跑跳或逗笑，以免呛入呼吸道发生危险。

（2）对于婴幼儿来说，白果的毒性大于营养，要尽量少吃，每天的摄取量必须控制在10颗以内。

不好好吃饭怎么办

宝宝为什么不爱吃饭

有些宝宝一出生胃口就特别大，甚至在不高兴或者生病的时候，胃口也丝毫不减。也有的宝宝胃口较小，而且容易受到情绪或者身体状况的影响。但是几乎没有例外，宝宝一生下来的胃口足以使他们保持身体健康，并且使他们的体重以正常的速度生长。

但是宝宝生来也具有一种对逼迫进行反抗的天性和对不爱吃的食物产生厌恶感的本能。更麻烦的是，宝宝的胃口几乎随时都会发生变化。比如，他在一段时间内可能喜欢吃南瓜或者一种新的早餐麦片，但是下个月他就可能对这些食品厌恶起来。如果你明白了这一点，你就会知道，在宝宝的不同发育阶段，厌食的问题都可能出现。如果父母总是想方设法让几个月大的婴儿多喝奶，他就会有抵触行为。同样，如果刚开始时，你没有给宝宝逐渐适应的机会就让他吃固体食物，或者在他情绪不佳而被迫进食的时候，他都会拒绝吃东西。

当然，强迫幼儿吃饭并不是造成宝宝厌食的唯一原因。比如，宝宝可能因为嫉妒自己的弟弟或者妹妹而不吃东西，也可能由于各种各样的焦虑所致。然而无论最初的原因是什么，如果父母急于催促宝宝吃东西就可能使问题进一步恶化，从而使坏的食欲无法恢复。

让宝宝吃饭要有耐心

一旦幼儿出现了不好好吃饭的问题，就需要时间和耐心来解决这个问题。父母当然会感到着急。只要宝宝不想吃饭，他们自己也很难放松下来。但是，宝宝食欲下降的主要原因，正是由于他们的担心和一再催促宝宝吃东西。在这种情况下，即使他们尽最大的努力来改变自己的做法，宝宝也需要花上好几个星期的时间才能逐渐恢复自己的胃口。他需要有机会来慢慢地忘记一切与吃饭有关的不愉快联想。

父母不要有压力

当宝宝经常不好好吃饭时，父母精神上的压力也很重。最明显的是忧虑：担心宝宝会发展为营养不良或者失去一般的抗病能力。尽管医生反复地向宝宝的父母保证，吃饭有问题的宝宝不会比其他宝宝容易得病，但是仍然很难使父母相信这一点。这些父母经常感到内疚，猜想亲戚、朋友、领导、医生会认为他们没有尽到家长的责任。其实，大家根本就没有这样认为。实际上，这些人的家里很可能有一个不好好吃饭的宝宝，因此他们能理解这类父母的心情。

如何愉快地进餐

对于挑食或者厌食的宝宝，我们的目的不是强迫宝宝去吃饭，而是让他产生想吃东西的欲望。

吃饭的时候要尽量不谈论有关宝宝吃饭的问题，无论是恐吓的方式还是鼓励的方式都不要采用，因为那样做会无形中给宝宝增加压力。不要因为他吃得特别多而称赞他，也不要因为他吃得少而显得失望。当你不去关注这件事，宝宝也没有压力时，他自然就会把注意力转移到吃饭的问题上来。

有的父母建议：“把饭放在宝宝面前后你就什么也不要说。三十分钟后无论他吃掉多少，你都要把饭拿走，而且下顿饭之前不要给他吃东西。”这样确实管用，因为宝宝饿了，他自然就会吃东西的。但是，这种做法只有在父母不生气的情况下，而且不是把它作为一种惩罚手段时才是正确的。与此同时，父母还必须表现出心情愉快的样子。但是，这个时候父母往往可能是很生气的，反而会用强硬的语气恐吓宝宝，结果会适得其反，这样的恐吓只能使他更加倔犟，于是宝宝就会没有食欲。

其实，无论你采用强迫手段还是以拿走食物相威胁，你的目的都不应该是使他觉得对抗不过你就得吃饭，而应该让他觉得自己吃饭是因为自己想吃。

要想做到这一点，你首先应该给宝宝提供些他最喜欢吃的东西，要使他在吃饭的时候馋得直流口水，迫不及待地要吃东西。所以，培养这种进食态度的第一步，是为他提供他最喜欢吃，而且有益于健康的食品，同时，尽量使他的进食保持营养均衡。

不要给宝宝吃得太多

对那些不爱吃饭或者吃饭不香的宝宝来说，每次要少给他们吃。如果你在他的盘子里堆的食物太多，你不仅会提醒他去拒绝吃多少，而且还会破坏他的食欲。如果你第一次给他的量很少，就会促使他产生“这不够我吃”的想法，这样他才会多吃。你要使他像渴望得到某件东西那样，渴望吃到某种食物。

如果他的胃口确实很小，你就应该让他少吃，给他一茶匙豆类食品、一茶匙蔬菜、一菜匙米饭或者一菜匙土豆就可以了。宝宝吃完以后，不要急着去问：“你还想吃吗？”要让他自己主动要。即使需要好几天以后他才可能提出“还想再多吃点儿”的要求，你也应该坚持这样做。另外，用小碟子装食物是一个非常好的办法。

让宝宝自己动手吃饭

宝宝在12～18个月大时，如果给予适当的鼓励，完全能够自己吃饭。但是，如果父母总是担心宝宝吃不饱，因此一直把他们喂到2岁、3岁甚至4岁，还要不断地催促他们吃饭，这时，如果仅仅告诉他“从现在开始，你自己吃饭吧！”宝宝的吃饭习惯还是不会改变。

宝宝此时不可能有自己吃饭的愿望，因为他认为父母喂饭是理所当然的，是父母对他的关心和爱护的具体体现。如果现在突然不再喂他吃饭了，他就会感到非常不满，甚至很不开心。他很可能绝食两三天，而做父母的又不可能这么长时间对他坐视不管。等到父母再喂他们吃饭的时候，他们便对父母产生了新的怨恨。等父母试图再次让他们自己吃饭的时候，宝宝已经知道了自己的力量，并看清了父母的脆弱。

所以，2岁或者2岁多的宝宝应该尽早地学会自己吃饭。但是，这是一件棘手的问题，往往需要好几个星期才能见效。你不能让他觉得你在剥夺他的特权，而应该让他觉得是自己想吃饭，你才让他自己吃的。

你必须每天、每顿都为他准备他最喜欢吃的饭菜。把碟子放在他前面，然后去厨房或者另一个房间呆一两分钟，仿佛忘掉了什么东西。以后每天逐渐延长离开他的时间。返回来的时候，不管他在你离开的时候有没有吃东西，都不要做任何评论，而只能高兴地开始给他喂饭。当你在另一个房间时，宝宝等得不耐烦了就会喊你，你要立刻过来给他

喂饭，并心平气和地向他表示道歉。在一两周内，宝宝可能会在某顿饭时想自己吃饭，但是仍然坚持让你在其他的时候喂他。在这种情况下也不要着急。如果他只想吃一种食物，那就不要劝他再吃另一种。要是他对自己能吃饭感到很高兴，就应该适当地夸奖他长大了。

假如在一个星期左右的时间里，你给他端去了合他胃口的食物，让他自己吃，可是10分钟或者15分钟以后他什么也没吃。这时，你就应该想办法让他有饥饿感。你可以在三、四天内，把平时喂他的食物量逐渐减少一半。只要你处理问题机智得体，态度友好，就会使宝宝感到特别想吃饭，不由自主地自己动手吃起饭来。

当宝宝能自己有规律地吃到半饱时，就应该让他离开饭桌，而不要再去喂剩下的食物。这样他很快就会感到饥饿，因此，以后就会吃得更多。如果家长接着喂他没吃完的饭菜，宝宝就可能永远也不会自己吃完一顿完整的饭。所以你只能这样对他说："我想，你已经吃饱了。"如果宝宝让你喂他吃，你可以高兴地喂他两三口，然后漫不经心地表示他已经吃饱了。

宝宝已经自己独立地吃了一两个星期的饭以后，就千万不要再喂他吃饭了。如果某天他感到很累，要求家长喂他，你可以随便地喂他几口。

不要诱惑宝宝吃饭

家长不应该采取某种手段来让宝宝吃饭。比如向宝宝许诺说，他吃一口饭就给他讲一个小故事，或者吃完了菠菜就给他唱一首歌等等。尽管这种做法在当时看来可以起作用，让他多吃了几口饭，但从长远看，这样做只能越来越减弱宝宝吃饭的积极性。再往后就只能在许诺上不断加码来让他多吃饭，结果，宝宝每吃上五口饭就得给他表演一些节目，这样会把家长累得筋疲力尽。

也不要用一块甜点心，一块糖果或者其他各种小玩具作为奖品，诱惑宝宝去吃饭。也不要教育他吃饭是为了某一个人；或者是为了讨爸爸妈妈的欢心；或者为了不得病，长得又高又大。也不要让他仅仅为了把饭菜吃完而吃饭。如果为了让宝宝吃饭而采取用体罚或者剥夺他的某些特权的手段来威胁他，那就更不应该了。

不要什么都依着他

家长应要求宝宝做到按时吃饭，对其他就餐者有礼貌，不能挑剔饭菜，不能说自己不喜欢吃什么，以及饭桌上的举止要符合自己的年龄等。同时，家长也应该在准备饭菜的时候尽量考虑宝宝（也要考虑家里其他成员）的喜好，并偶尔问问宝宝爱吃什么，以作为对他们的特殊照顾。但是不要让宝宝认为一切都是以他们为中心。

在宝宝吃的食物方面，家长需要有一些限制。比如对白糖、糖果、汽水、糕点以及其他一些缺乏营养的食物就需要限制。

不爱吃块状食物

有的宝宝到了1岁后还只能吃粥状食物，这是因为他们常常被逼着吃饭，或者至少是连说带骂的吃饭。他们不吃块状食物并不是因为他们忍受不了块状食物，而是他们从心理上抵触。

解决宝宝不爱吃块状食物的问题需要三个步骤：第一，鼓励宝宝自己独立吃饭；第二，让他消除对某些食物的疑虑和偏见；第三，让他特别缓慢地把食物嚼碎，然后咽下。必要的时候，可以让他连续几个星期甚至几个月一直吃粥状食物，直到他完全消失了恐惧感，真正想吃块状食物为止。

换句话说，就是要根据宝宝的适应能力来决定是否给他吃块状食物。

图书在版编目（CIP）数据

精英宝宝三部曲：胎教、早教、喂养/刘英主编.--北京：中国人口出版社，2013.9

ISBN 978-7-5101-2012-1

Ⅰ.①精… Ⅱ.①刘… Ⅲ.①胎教－图解②早期教育－图解③婴幼儿－哺育－图解 Ⅳ.①G61-64②TS976.31-64

中国版本图书馆CIP数据核字（2013）第222928号

专家面对宝宝：

更专注、更细致、更全面

精英宝宝三部曲：胎教、早教、喂养

刘英 主编

出版发行 中国人口出版社
印　　刷 北京睿特印刷厂大兴一分厂
开　　本 1020毫米×710毫米 1/16
印　　张 24
字　　数 300千字
版　　次 2014年1月第1版
印　　次 2014年1月第1次印刷
书　　号 ISBN 978-7-5101-2012-1
定　　价 39.80元

社　　长 陶庆军
网　　址 www.rkcbs.net
电子信箱 rkcbs@126.com
电　　话 (010)83519390
传　　真 (010)83519401
地　　址 北京市西城区广安门南街80号中加大厦
邮　　编 100054